国家出版基金项目
NATIONAL PUBLICATION FOUNDATION

计/量/史/学/译/丛 —————— 主编 [法] 克洛德·迪耶博 Claude Diebolt
[美] 迈克尔·豪珀特 Michael Haupert

创新、交通 与旅游业

陈芑名 译

格致出版社 上海人民出版社

中文版推荐序一

量化历史研究是交叉学科,是用社会科学理论和量化分析方法来研究历史,其目的是发现历史规律,即人类行为和人类社会的规律。量化历史研究称这些规律为因果关系;量化历史研究的过程,就是发现因果关系的过程。

历史资料是真正的大数据。当代新史学的发展引发了"史料革命",扩展了史料的范围,形成了多元的史料体系,进而引发了历史资料的"大爆炸"。随着历史大数据时代的到来,如何高效处理大规模史料并从中获得规律性认识,是当代历史学面临的新挑战。中国历史资料丰富,这是中华文明的优势,但是,要发挥这种优势、增加我们自己乃至全人类对我们过去的认知,就必须改进研究方法。

量化分析方法和历史大数据相结合,是新史学的重要内容,也是历史研究领域与时俱进的一种必然趋势。量化历史既受益于现代计算机、互联网等技术,也受益于现代社会科学分析范式的进步。按照诺贝尔经济学奖获得者、经济史学家道格拉斯·诺思的追溯,用量化方法研究经济史问题大致起源于1957年。20世纪六七十年代,量化历史变得流行,后来其热度又有所消退。但20世纪90年代中期后,新一轮研究热潮再度引人注目。催生新一轮研究的经典作品主要来自经济学领域。在如何利用大数据论证历史假说方面,经济史学者做了许多方法论上的创新,改变了以往只注重历史数据描述性分析、相关性分析的传统,将历史研究进一步往科学化的方向推进。量化历史不是"热潮不热潮"的问题,而是史学研究必须探求的新方法。否则,我们难以适应新技术和海量历史资料带来的便利和挑战。

　　理解量化历史研究的含义，一般需要结合三个角度，即社会科学理论、量化分析方法、历史学。量化历史和传统历史学研究一样注重对历史文献的考证、确认。如果原始史料整理出了问题，那么不管采用什么研究方法，由此推出的结论都难言可信。两者的差别在于量化方法会强调在史料的基础上尽可能寻找其中的数据，或者即使没有明确的数据也可以努力去量化。

　　不管哪个领域，科学研究的基本流程应该保持一致：第一，提出问题和假说。第二，根据提出的问题和假说去寻找数据，或者通过设计实验产生数据。第三，做统计分析，检验假说的真伪，包括选择合适的统计分析方法识别因果关系、做因果推断，避免把虚假的相关性看成因果关系。第四，根据分析检验的结果做出解释，如果证伪了原假说，那原假说为什么错了？如果验证了原假说，又是为什么？这里，挖掘清楚"因"导致"果"的实际传导机制甚为重要。第五，写报告文章。传统历史研究在第二步至第四步上做得不够完整。所以，量化历史方法不是要取代传统历史研究方法，而是对后者的一种补充，是把科学研究方法的全过程带入历史学领域。

　　量化历史方法不仅仅"用数据说话"，而且提供了一个系统研究手段，让我们能同时把多个假说放在同一个统计回归分析里，看哪个解释变量、哪个假说最后能胜出。相比之下，如果只是基于定性讨论，那么这些不同假说可能听起来都有道理，无法否定哪一个，因而使历史认知难以进步。研究不只是帮助证明、证伪历史学者过去提出的假说，也会带来对历史的全新认识，引出新的研究话题与视角。

　　统计学、计量研究方法很早就发展起来了，但由于缺乏计算软件和数据库工具，在历史研究中的应用一直有限。最近四十年里，电脑计算能力、数据库化、互联网化都突飞猛进，这些变迁带来了最近十几年在历史与社会科学领域的知识革命。很多原来无法做的研究今天可以做，由此产生的认知越来越广、越来越深，同时研究者的信心大增。今天历史大数据库也越来越多、越来越可行，这就使得运用量化研究方法成为可能。研究不只是用数据说话，也不只是统计检验以前历史学家提出的假说，这种新方法也可以带来以前人们想不到的新认知。

　　强调量化历史研究的优势，并非意味着这些优势很快就能够实现，一项好的量化历史研究需要很多条件的配合，也需要大量坚实的工作。而量化历史研究作为一个新兴领域，仍然处于不断完善的过程之中。在使用量化历史研究方法的过程中,也需要注意其适用的条件,任何一种方法都有其适用的范围和局限,一项研究的发展也需要学术共同体的监督和批评。量化方法作为"史无定法"中的一种方法,在历史大数据时代,作用将越来越大。不是找到一组历史数据并对其进行回归分析,然后就完成研究了,而是要认真考究史料、摸清史料的历史背景与社会制度环境。只有这样,才能更贴切地把握所研究的因果关系链条和传导机制,增加研究成果的价值。

未来十年、二十年会是国内研究的黄金期。原因在于两个方面:一是对量化方法的了解、接受和应用会越来越多,特别是许多年轻学者会加入这个行列。二是中国史料十分丰富,但绝大多数史料以前没有被数据库化。随着更多历史数据库的建立并且可以低成本地获得这些数据,许多相对容易做的量化历史研究一下子就变得可行。所以,从这个意义上讲,越早进入这个领域,越容易产出一些很有新意的成果。

我在本科和硕士阶段的专业都是工科,加上博士阶段接受金融经济学和量化方法的训练,很自然会用数据和量化方法去研究历史话题,这些年也一直在推动量化历史研究。2013年,我与清华大学龙登高教授、伦敦经济学院马德斌教授等一起举办了第一届量化历史讲习班,就是希望更多的学人关注该领域的研究。我的博士后熊金武负责了第一届和第二届量化历史讲习班的具体筹备工作,也一直担任"量化历史研究"公众号轮值主编等工作。2019年,他与格致出版社唐彬源编辑联系后,组织了国内优秀的老师,启动了"计量史学译丛"的翻译工作。该译丛终于完成,实属不易。

"计量史学译丛"是《计量史学手册》(Handbook of Cliometrics)的中文译本,英文原书于2019年11月由施普林格出版社出版,它作为世界上第一部计量史学手册,是计量史学发展的一座里程碑。该译丛是全方位介绍计量史学研究方法、应用领域和既有研究成果的学术性研究丛书,涉及的议题非常广泛,从计量史学发展的学科史、人力资本、经济增长,到银行金融业、创新、公共政策和经济周期,再到计量史学方法论。其中涉及的部分研究文献已经在"量化历史研究"公众号上被推送出来,足以说明本套译丛的学术前沿性。

同时,该译丛的各章均由各研究领域公认的顶级学者执笔,包括2023年获得诺贝尔经济学奖的克劳迪娅·戈尔丁,1993年诺贝尔经济学奖得主罗伯特·福格尔的长期研究搭档、曾任美国经济史学会会长的斯坦利·恩格尔曼,以及量化历史研讨班授课教师格里高利·克拉克。这套译丛既是向学界介绍计量史学的学术指导手册,也是研究者开展计量史学研究的方法性和写作范式指南。

"计量史学译丛"的出版顺应了学界当下的发展潮流。我们相信,该译丛将成为量化历史领域研究者的案头必备之作,而且该译丛的出版能吸引更多学者加入量化历史领域的研究。

陈志武
香港大学经管学院金融学讲座教授、
香港大学香港人文社会研究所所长

中文版推荐序二

马克思在 1868 年 7 月 11 日致路德维希·库格曼的信中写道:"任何一个民族,如果停止劳动,不用说一年,就是几个星期,也要灭亡,这是每一个小孩都知道的。人人都同样知道,要想得到和各种不同的需要量相适应的产品量,就要付出各种不同的和一定数量的社会总劳动量。这种按一定比例分配社会劳动的必要性,决不可能被社会生产的一定形式所取消,而可能改变的只是它的表现形式,这是不言而喻的。自然规律是根本不能取消的。在不同的历史条件下能够发生变化的,只是这些规律借以实现的形式。"在任何时代,人们的生产生活都涉及数量,大多表现为连续的数量,因此一般是可以计算的,这就是计量。

传统史学主要依靠的是定性研究方法。定性研究以普遍承认的公理、演绎逻辑和历史事实为分析基础,描述、阐释所研究的事物。它们往往依据一定的理论与经验,寻求事物特征的主要方面,并不追求精确的结论,因此对计量没有很大需求,研究所得出的成果主要是通过文字的形式来表达,而非用数学语言来表达。然而,文字语言具有多义性和模糊性,使人难以精确地认识历史的真相。在以往的中国史研究中,学者们经常使用诸如"许多""很少""重要的""重大的""严重的""高度发达""极度衰落"一类词语,对一个朝代的社会经济状况进行评估。由于无法确定这些文字记载的可靠性和准确性,研究者的主观判断又受到各种主客观因素的影响,因此得出的结论当然不可能准确,可以说只是一些猜测。由此可见,在传统史学中,由于计量研究的缺失或者被忽视,导致许多记载和今天依据这些记载得出的结论并不可靠,难以成为信史。

因此,在历史研究中采用计量研究非常重要,许多大问题,如果不使用计量方法,可能会得出不符合事实甚至是完全错误的结论。例如以往我国历史学界的一个主流观点为:在中国传统社会中,建立在"封建土地剥削和掠夺"的基础上的土地兼并,是农民起义爆发的根本原因。但是经济学家刘正山通过统计方法表明这些观点站不住脚。

如此看来,运用数学方法的历史学家研究问题的起点就与通常的做法不同;不是从直接收集与感兴趣的问题相关的材料开始研究,而是从明确地提出问题、建立指标体系、提出假设开始研究。这便规定了历史学家必须收集什么样的材料,以及采取何种方法分析材料。在收集和分析材料之后,这些历史学家得出有关结论,然后用一些具体历史事实验证这些结论。这种研究方法有两点明显地背离了分析历史现象的传统做法:研究对象必须经过统计指标体系确定;在历史学家研究具体史料之前,已经提出可供选择的不同解释。然而这种背离已被证明是正确的,因为它不仅在提出问题方面,而且在解决历史学家所提出的任务方面,都表现出精确性和明确性。按照这种方法进行研究的历史学家,通常用精确的数量进行评述,很少使用诸如"许多""很少""重要的""重大的"这类使分析结果显得不精确的词语进行评估。同时,我们注意到,精确、具体地提出问题和假设,还节省了历史学家的精力,使他们可以更迅速地达到预期目的。

但是,在历史研究中使用数学方法进行简单的计算和统计,还不是计量史学(Cliometrics)。所谓计量史学并不是一个严谨的概念。从一般的意义上讲,计量史学是对所有有意识地、系统地采用数学方法和统计学方法从事历史研究的工作的总称,其主要特征为定量分析,以区别于传统史学中以描述为主的定性分析。

计量史学是在社会科学发展的推动下出现和发展起来的。随着数学的日益完善和社会科学的日益成熟,数学在社会科学研究中的使用愈来愈广泛和深入,二者的结合也愈来愈紧密,到了20世纪更成为社会科学发展的主要特点之一,对于社会科学的发展起着重要的作用。1971年国际政治学家卡尔·沃尔夫冈·多伊奇(Karl Wolfgone Deutsch)发表过一项研究报告,详细地列举了1900—1965年全世界的62项社会科学方面的重大进展,并得出如下的结论:"定量的问题或发现(或者兼有)占全部重大进展的三分之二，占 1930 年以来重大进展的六分之五。"

作为一个重要的学科，历史学必须与时俱进。20 世纪 70 年代，时任英国历史学会会长的历史学家杰弗里·巴勒克拉夫（Geoffrey Barractbugh）受联合国教科文组织委托，总结第二次世界大战后国际历史学发展的情况，他写道："推动 1955 年前后开始的'新史学'的动力，主要来自社会科学。"而"对量的探索无疑是历史学中最强大的新趋势"，因此当代历史学的突出特征就是"计量革命"。历史学家在进行研究的时候，必须关注并学习社会科学其他学科的进展。计量研究方法是这些进展中的一个主要内容，因此在"计量革命"的背景下，计量史学应运而生。

20 世纪中叶以来，电子计算机问世并迅速发展，为计量科学手段奠定了基础，计量方法的地位日益提高，逐渐作为一种独立的研究手段进入史学领域，历史学发生了一次新的转折。20 世纪上半叶，计量史学始于法国和美国，继而扩展到西欧、苏联、日本、拉美等国家和地区。20 世纪 60 年代以后，电子计算机的广泛应用，极大地推动了历史学研究中的计量化进程。计量史学的研究领域也从最初的经济史，扩大到人口史、社会史、政治史、文化史、军事史等方面。应用计量方法的历史学家日益增多，有关计量史学的专业刊物大量涌现。

计量史学的兴起大大推动了历史研究走向精密化。传统史学的缺陷之一是用一种模糊的语言解释历史，缺陷之二是历史学家往往随意抽出一些史料来证明自己的结论，这样得出的结论往往是片面的。计量史学则在一定程度上纠正了这种偏差，并使许多传统的看法得到检验和修正。计量研究还使历史学家发现了许多传统定性研究难以发现的东西，加深了对历史的认识，开辟了新的研究领域。历史学家马尔雪夫斯基说："今天的历史学家们给予'大众'比给予'英雄'以更多的关心，数量化方法没有过错，因为它是打开这些无名且无记录的几百万大众被压迫秘密的一把钥匙。"由于采用了计量分析，历史学家能够更多地把目光转向下层人民群众以及物质生活和生产领域，也转向了家庭史、妇女史、社区史、人口史、城市史等专门史领域。另外，历史资料的来源也更加广泛，像遗嘱、死亡证明、法院审判记录、选票、民意测验等，都成为计量分析的对象。计算机在贮存和处理资料方面拥有极大优势，提高了历史研究的效率，这也是计量史学迅速普及的原因之一。

　　中国史研究中使用计量方法始于 20 世纪 30 年代。在这个时期兴起的社会经济史研究，表现出了明显的社会科学化取向，统计学方法受到重视，并在经济史的一些重要领域（如户口、田地、租税、生产，以及财政收支等）被广泛采用。1935 年，史学家梁方仲发表《明代户口田地及田赋统计》一文，并对利用史籍中的数字应当注意的问题作了阐述。由此他被称为"把统计学的方法运用到史学研究的开创者之一"。1937 年，邓拓的《中国救荒史》出版，该书统计了公元前 18 世纪以来各世纪自然灾害的频数，并按照朝代顺序进行了简单统计。虽然在统计过程中对数据的处理有许多不完善的地方，但它是中国将统计方法运用在长时段历史研究中的开山之作。1939 年，史学家张荫麟发表《北宋的土地分配与社会骚动》一文，使用北宋时期主客户分配的统计数字，说明当时几次社会骚动与土地集中无关。这些都表现了经济史学者使用计量方法的尝试。更加专门的计量经济史研究的开创者是巫宝三。1947 年，巫宝三的《国民所得概论（一九三三年）》引起了海内外的瞩目，成为一个标志性的事件。但是在此之后，中国经济史研究中使用计量方法的做法基本上停止了。

　　到了改革开放以后，使用计量方法研究历史的方法重新兴起。20 世纪末和 21 世纪初，中国的计量经济史研究开始进入一个新阶段。为了推进计量经济史的发展，经济学家陈志武与清华大学、北京大学和河南大学的学者合作，于 2013 年开始每年举办量化历史讲习班，参加讲习班接受培训的学者来自国内各高校和研究机构，人数总计达数百人。尽管培训的实际效果还需要时间检验，但是如此众多的中青年学者踊跃报名参加培训这件事本身，就已表明中国经济史学界对计量史学的期盼。越来越多的人认识到：计量方法在历史研究中的重要性是无人能够回避的；计量研究有诸多方法，适用于不同题目的研究。

　　为了让我国学者更多地了解计量史学的发展，熊金武教授组织多位经济学和历史学者翻译了这套"计量史学译丛"，并由格致出版社出版。这套丛书源于世界上第一部计量史学手册，同时也是计量史学发展的一座里程碑。丛书全面总结了计量史学对经济学和历史学知识的具体贡献。丛书各卷均由各领域公认的大家执笔，系统完整地介绍了计量史学对具体议题的贡献和计量史学方法论，是一套全方位介绍计量史学研究方法、应用领域和既有研究成果的学术性研究成果。它既是向社会科学同行介绍计量史学的学术指导手册,也是研究者实际开展计量史学研究的方法和写作范式指南。

在此,衷心祝贺该译丛的问世。

李伯重
北京大学人文讲席教授

中文版推荐序三

　　许多学术文章都对计量史学进行过界定和总结。这些文章的作者基本上都是从一个显而易见的事实讲起，即计量史学是运用经济理论和量化手段来研究历史。他们接着会谈到这个名字的起源，即它是由"克利俄"（Clio，司掌历史的女神）与"度量"（metrics，"计量"或"量化的技术"）结合而成，并由经济学家斯坦利·雷特与经济史学家兰斯·戴维斯和乔纳森·休斯合作创造。实际上，可以将计量史学的源头追溯至经济史学的发端。19 世纪晚期，经济史学在德国和英国发展成为独立的学科。此时，德国的施穆勒和英国的约翰·克拉彭爵士等学术权威试图脱离标准的经济理论来发展经济史学。在叛离古典经济学演绎理论的过程中，经济史成了一门独特的学科。经济史最早的形式是叙述，偶尔会用一点定量的数据来对叙述予以强化。

　　历史学派的初衷是通过研究历史所归纳出的理论，来取代他们所认为的演绎经济学不切实际的理论。他们的观点是，最好从实证和历史分析的角度出发，而不是用抽象的理论和演绎来研究经济学。历史学派与抽象理论相背离，它对抽象理论的方法、基本假设和结果都批评甚多。19 世纪 80 年代，经济历史学派开始分裂。比较保守的一派，即继承历史学派衣钵的历史经济学家们完全不再使用理论，这一派以阿道夫·瓦格纳（Adolph Wagner）为代表。另一派以施穆勒为代表，第一代美国经济史学家即源于此处。在英国，阿尔弗雷德·马歇尔（Alfred Marshall）和弗朗西斯·埃奇沃斯（Francis Edgeworth）代表着"老一派"的对立面，在将正式的数学模型纳入经济学的运动中，他们站在最前沿。

在 20 世纪初,经济学这门学科在方法上变得演绎性更强。随着自然科学声望日隆,让经济学成为一门科学的运动兴起,此时转而形成一种新认知,即经济学想要在社会科学的顶峰占据一席之地,就需要将其形式化,并且要更多地依赖数学模型。之后一段时期,史学运动衰落,历史经济学陷入历史的低谷。第一次世界大战以后,经济学家们研究的理论化程度降低了,他们更多采用统计的方法。第二次世界大战以后,美国经济蓬勃发展,经济学家随之声名鹊起。经济学有着严格缜密的模型,使用先进的数学公式对大量的数值数据进行检验,被视为社会科学的典范。威廉·帕克(William Parker)打趣道,如果经济学是社会科学的女王,那么经济理论就是经济学的女王,计量经济学则是它的侍女。与此同时,随着人们越来越注重技术,经济学家对经济增长的决定因素越来越感兴趣,对所谓世界发达地区与欠发达地区之间差距拉大这个问题也兴趣日增。他们认为,研究经济史是深入了解经济增长和经济发展问题的一个渠道,他们将新的量化分析方法视为理想的分析工具。

"新"经济史,即计量史学的正式形成可以追溯到 1957 年经济史协会(1940 年由盖伊和科尔等"老"经济史学家创立)和"收入与财富研究会"(归美国国家经济研究局管辖)举办的联席会议。计量史学革命让年轻的少壮派、外来者,被老前辈称为"理论家"的人与"旧"经济史学家们形成对立,而后者更像是历史学家,他们不太可能会依赖定量的方法。他们指责这些新手未能正确理解史实,就将经济理论带入历史。守旧派声称,实际模型一定是高度概括的,或者是特别复杂的,以致不能假设存在数学关系。然而,"新"经济史学家主要感兴趣的是将可操作的模型应用于经济数据。到 20世纪 60 年代,"新""旧"历史学家之间的争斗结束了,结果显而易见:经济学成了一门"科学",它构建、检验和使用技术复杂的模型。当时计量经济学正在兴起,经济史学家分成了两派,一派憎恶计量经济学,另一派则拥护计量经济学。憎恶派的影响力逐渐减弱,其"信徒"退守至历史系。

"新""旧"经济史学家在方法上存在差异,这是不容忽视的。新经济史学家所偏爱的模型是量化的和数学的,而传统的经济史学家往往使用叙事的模式。双方不仅在方法上存在分歧,普遍接受的观点也存在分裂。计量史学家使用自己新式的工具推翻了一些人们长期秉持的看法。有一些人们公认的观点被计量史学家推翻了。一些人对"新"经济史反应冷淡,因为他们认为"新"经济史对传统史学的方法构成了威胁。但是，另外一些人因为"新"经济史展示出的可能性而对它表示热烈欢迎。

计量史学的兴起导致研究计量史学的经济学家与研究经济史的历史学家之间出现裂痕，后者不使用形式化模型，他们认为使用正规的模型忽略了问题的环境背景，过于迷恋统计的显著性，罔顾情境的相关性。计量史学家将注意力从文献转移到了统计的第一手资料上，他们强调使用统计技术，用它来检验变量之间的假定关系是否存在。另一方面，对于经济学家来说计量史学也没有那么重要了，他们只把它看作经济理论的另外一种应用。虽然应用经济学并不是什么坏事，但计量史学并没有什么特别之处——只不过是将理论和最新的量化技术应用在旧数据上，而不是将其用在当下的数据上。也就是说，计量史学强调理论和形式化模型，这一点将它与"旧"经济史区分开来，现在，这却使经济史和经济理论之间的界线模糊不清，以至于有人质疑经济史学家是否有存在的必要，而且实际上许多经济学系已经认为不再需要经济史学家了。

中国传统史学对数字和统计数据并不排斥。清末民初，史学研究和统计学方法已经有了结合。梁启超在其所著的《中国历史研究法》中，就强调了统计方法在历史研究中的作用。巫宝三所著的《中国国民所得（一九三三年）》可谓中国史领域中采用量化历史方法的一大研究成果。此外，梁方仲、吴承明、李埏等经济史学者也重视统计和计量分析工具，提出了"经济现象多半可以计量，并表现为连续的量。在经济史研究中，凡是能够计量的，尽可能做些定量分析"的观点。

在西方大学的课程和经济学研究中，计量经济学与经济史紧密结合，甚至被视为一体。然而，中国的情况不同，这主要是因为缺乏基础性历史数据。欧美经济学家在长期的数据开发和积累下，克服了壁垒，建立了一大批完整成熟的历史数据库，并取得了一系列杰出的成果，如弗里德曼的货币史与货币理论，以及克劳迪娅·戈尔丁对美国女性劳动历史的研究等，为计量经济学的科学研究奠定了基础。然而，整理这样完整成熟的基础数据库需要巨大的人力和资金，是一个漫长而艰巨的过程。

不过，令人鼓舞的是，国内一些学者已经开始这项工作。在量化历史讲习班上，我曾提到，量化方法与工具从多个方面推动了历史研究的发现和创新。量化历史的突出特征就是将经济理论、计量技术和其他规范或数理研究方法应用于社会经济史研究。只有真正达到经济理论和定量分析方法的互动融合,才可以促进经济理论和经济史学的互动发展。然而,传统史学也有不容忽视的方面,例如人的活动、故事的细节描写以及人类学的感悟与体验,它们都赋予历史以生动性与丰富性。如果没有栩栩如生的人物与细节,历史就变成了手术台上被研究的标本。历史应该是有血有肉的,而不仅仅是枯燥的数字,因为历史是人类经验和智慧的记录,也是我们沟通过去与现在的桥梁。通过研究历史,我们能够深刻地了解过去的文化、社会、政治和经济背景,以及人们的生活方式和思维方式。

中国经济史学者在国际量化历史研究领域具有显著的特点。近年来,中国学者在国际量化历史研究中崭露头角,通过量化历史讲习班与国际学界密切交流。此外,大量中国学者通过采用中国历史数据而作出的优秀研究成果不断涌现。这套八卷本"计量史学译丛"的出版完美展现了当代经济史、量化历史领域的前沿研究成果和通用方法,必将促进国内学者了解国际学术前沿,同时我们希望读者能够结合中国历史和数据批判借鉴,推动对中国文明的长时段研究。

龙登高

清华大学社会科学学院教授、中国经济史研究中心主任

英文版总序

目标与范畴

新经济史[New Economic History，这个术语由乔纳森·休斯(Jonathan Hughes)提出]，或者说计量史学[Cliometrics，由斯坦·雷特(Stan Reiter)创造]最近才出现，它字面上的意思是对历史进行测量。人们认为，阿尔弗雷德·康拉德(Alfred Conrad)和约翰·迈耶(John Meyer)是这个领域的拓荒者，他们1957年在《经济史杂志》(*Journal of Economic History*)上发表了《经济理论、统计推断和经济史》(Economic Theory, Statistical Inference and Economic History)一文，该文是二人当年早些时候在经济史协会(Economic History Association)和美国国家经济研究局(NBER)"收入与财富研究会"(Conference on Research in Income and Wealth)联席会议上发表的报告。他们随后在1958年又发表了一篇论文，来对计量史学的方法加以说明，并将其应用在美国内战前的奴隶制问题上。罗伯特·福格尔(Robert Fogel)关于铁路对美国经济增长影响的研究工作意义重大，从广义上讲是经济学历史上一场真正的革命，甚至是与传统的彻底决裂。它通过经济学的语言来表述历史，重新使史学在经济学中占据一席之地。如今，甚至可以说它是经济学一个延伸的领域，引发了新的争论，并且对普遍的看法提出挑战。计量经济学技术和经济理论的使用，使得对经济史的争论纷纭重起，使得对量化的争论在所难免，并且促使在经济学家们中间出现了新的历史意识(historical awareness）。

计量史学并不仅仅关注经济史在有限的、技术性意义上的内容，它更在整体上改变了历史研究。它体现了社会科学对过往时代的定量估计。知晓奴隶制是否在美国内战前使美国受益，或者铁路是否对美国经济发展产生了重大影响，这些问题对于通史和经济史来说同样重要，而且必然会影响到任何就美国历史进程所作出的（人类学、法学、政治学、社会学、心理学等）阐释或评价。

此外，理想主义学派有一个基本的假设，即认为历史永远无法提供科学证据，因为不可能对独特的历史事件进行实验分析。计量史学对这一基本假设提出挑战。计量史学家已经证明，恰恰相反，通过构造一个反事实，这种实验是能做到的，可以用反事实来衡量实际发生的事情和在不同情况下可能发生的事情之间存在什么差距。

众所周知，罗伯特·福格尔用反事实推理来衡量铁路对美国经济增长的影响。这个方法的原理也许和历史的时间序列计量经济学一样，是计量史学对一般社会科学研究人员，特别是对历史学家最重要的贡献。

方法上的特点

福格尔界定了计量史学方法上的特征。他认为，在承认计量和理论之间存在紧密联系的同时，计量史学也应该强调计量，这一点至关重要。事实上，如果没有伴随统计和/或计量经济学的处理过程和系统的定量分析，计量只不过是另一种叙述历史的形式，诚然，它用数字代替了文字，却并未带来任何新的要素。相比之下，当使用计量史学尝试对过去经济发展的所有解释进行建模时，它就具有创新性。换言之，计量史学的主要特点是使用假说-演绎（hypothetico-deductive）的模型，这些模型要用到最贴近的计量经济学技术，目的在于以数学形式建立起特定情况下变量之间的相关关系。

计量史学通常要构建一个一般均衡或局部均衡的模型，模型要反映出所讨论的经济演进中的各个因素，并显示各因素之间相互作用的方式。因此，可以建立相关关系和/或因果关系，来测量在给定的时间段内各个因素孰轻孰重。

计量史学方法决定性的要素，与"市场"和"价格"的概念有关。即使在并未明确有市场存在的领域，计量史学方法通常也会给出类似于"供给""需求"和"价格"等市场的概念，来对主题进行研究。

时至今日，假说-演绎的模型主要被用来确定创新、制度和工业过程对增长和经济发展的影响。由于没有记录表明，如果所论及的创新没有发生，或者相关的因素并没有出现会发生什么，所以只能通过建立一个假设模型，用以在假定的另一种情况下（即反事实）进行演绎，来发现会发生什么。的确，使用与事实相反的命题本身并不是什么新鲜事，这些命题蕴含在一系列的判断之中，有些是经济判断，有些则不是。

使用这种反事实分析也难逃被人诟病。许多研究人员依旧相信，使用无法被证实的假设所产生的是准历史（quasi history），而不是历史本身（history proper）。再者，煞费苦心地使用计量史学，所得到的结果并不如许多计量史学家所希冀的那般至关重大。毫无疑问，批评者们得出的结论是没错的：经济分析本身，连同计量经济学工具的使用，无法为变革和发展的过程与结构提供因果解释。在正常的经济生活中，似乎存在非系统性的突变（战争、歉收、市场崩溃时的群体性癔症等），需要对此进行全面分析，但这些突变往往被认为是外源性的，并且为了对理论假设的先验表述有利，它们往往会被弃之不理。

然而，尽管有一些较为极端的论证，令计量史学让人失望，但计量史学也有其成功之处，并且理论上在不断取得进步。显然，这样做的风险是听任经济理论忽略一整套的经验资料，而这些资料可以丰富我们对经济生活现实的认知。反过来说，理论有助于我们得出某些常量，而且只有掌握了理论，才有可能对规则的和不规则的、能预测的和难以预估的加以区分。

主要的成就

到目前为止，计量史学稳扎稳打地奠定了自己主要的成就：在福格尔的传统中，通过计量手段和理论方法对历史演进进行了一系列可靠的经济分析；循着道格拉斯·诺思（Douglass North）的光辉足迹，认识到了新古典主义理论的局限性，在经济模型中将制度的重要作用纳入考量。事实上，聚焦于后者最终催生了一个新的经济学分支,即新制度经济学。现在,没有什么能够取代基于成体系的有序数据之上的严谨统计和计量经济分析。依赖不可靠的数字和谬误的方法作出的不精确判断,其不足之处又凭主观印象来填补,现在已经无法取信于人。特别是经济史,它不应该依旧是"简单的"故事,即用事实来说明不同时期的物质生活,而应该成为一种系统的尝试,去为具体的问题提供答案。我们的宏愿,应该从"理解"(Verstehen)认识论(epistemology)转向"解释"(Erklären)认识论。

进一步来说,对事实的探求越是被问题的概念所主导,研究就越是要解决经济史在社会科学中以何种形式显明其真正的作用。因此,智识倾向(intellectual orientation)的这种转变,即计量史学的重构可以影响到其他人文社会科学的学科(法学、社会学、政治学、地理学等),并且会引发类似的变化。

事实上,社会科学中势头最强劲的新趋势,无疑是人们对量化和理论过分热衷,这个特征是当代学者和前辈学人在观念上最大的区别。即使是我们同像中最有文学性的,对于这一点也欣然同意。这种兴趣没有什么好让人惊讶的。与之前的几代人相比,现今年轻一代学者的一个典型特征无疑是,在他们的智力训练中更加深刻地打上了科学与科学精神的烙印。因此,年轻的科学家们对传统史学没有把握的方法失去了耐心,并且他们试图在不那么"手工式"(artisanal)的基础之上开展研究,这一点并不让人奇怪。

因此,人文社会科学在技术方面正变得更加精细,很难相信这种趋势有可能会发生逆转。然而,有相当一部分人文社会科学家尚未接受这些新趋势,这一点也很明显。这些趋势意在使用更加复杂的方法,使用符合新标准且明确的概念,以便在福格尔传统下发展出一门真正科学的人文社会科学。

史学的分支?

对于许多作者(和计量史学许多主要的人物)来说,计量史学似乎首先是史学的一个分支。计量史学使用经济学的工具、技术和理论,为史学争论而非经济学争论本身提供答案。

对于(美国)经济史学家来说,随着时间的推移,"实证"一词的含义发生了很大的变化。人们可以观察到,从"传统的历史学家"(对他们而言,在自己的论证中所使用的不仅仅是定量数据,而且还有所有从档案中检索到的东西)到(应用)经济学家(实证的方面包含对用数字表示的时间序列进行分析),他们对经验事实(empirical fact)概念的理解发生了改变。而且历史学家和经济学家在建立发展理论方面兴趣一致,所以二者的理论观点趋于一致。

在这里,西蒙·库兹涅茨(Simon Kuznets)似乎发挥了重要作用。他强调在可能确定将某些部门看作经济发展的核心所在之前,重要的是一开始就要对过去经济史上发生的重要宏观量变进行严肃的宏观经济分析。应该注意,即使他考虑将历史与经济分析结合起来,但他所提出的增长理论依旧是归纳式的,其基础是对过去重要演变所做的观察,对经济史学家经年累月积累起来的长时段时间序列进行分析给予他启迪。

因此,这种(归纳的)观点尽管使用了较为复杂的技术,但其与经济学中的历史流派,即德国历史学派(German Historical School)密切相关。可以说,这两门学科变得更加紧密,但可能在"归纳"经济学的框架之内是这样。除此之外,尽管早期人们对建立一种基于历史(即归纳)的发展经济学感兴趣,但计量史学主要试图为史学的问题提供答案——因此,它更多是与历史学家交谈,而不是向标准的经济学家讲述。可以用计量经济学技术来重新调整时间序列,通过插值或外推来确定缺失的数据——顺便说一句,这一点让专业的历史学家感到恼火。但是,这些计量史学规程仍旧肩负历史使命,那就是阐明历史问题,它将经济理论或计量经济学看作历史学的附属学科。当使用计量史学的方法来建立一个基于被明确测度的事实的发展理论时,它发展成为一门更接近德国历史学派目标的经济学,而不是一门参与高度抽象和演绎理论运动的经济学,而后者是当时新古典学派发展的特征。

库兹涅茨和沃尔特·罗斯托(Walt Rostow)之间关于经济发展阶段的争执,实际上是基于罗斯托理论的实证基础进行争论,而不是在争论一个高度概括和非常综合的观点在形式上不严谨(没有使用增长理论),或者缺乏微观基础的缺陷。在今天,后者无疑会成为被批判的主要议题。简而言之,要么说计量史学仍然是(经济)史的一个(现代化的)分支——就像考古学方法的现代化(从碳14测定到使用统计技术,比如判别分析)并未将该学科转变为自然科学的一个分支一样;要么说运用计量史学方法来得到理论结果,更多是从收集到的时间序列归纳所得,而不是经由明确运用模型将其演绎出来。也就是说,经济理论必须首先以事实为依据,并由经验证据归纳所得。

如此,就促成了一门与德国历史学派较为接近,而与新古典观点不甚相近的经济科学。

经济学的附属学科?

但故事尚未结束。(严格意义上的)经济学家最近所做的一些计量史学研究揭示,计量史学也具备成为经济学的一门附属学科的可能性。因此,所有的经济学家都应该掌握计量史学这种工具并具备这份能力。然而,正如"辅助学科"(anxiliary discipline)一词所表明的那样,如果稍稍(不要太多)超出标准的新古典经济学的范畴,它对经济学应有的作用才能发挥。它必定是一个复合体,即应用最新的计量经济学工具和经济理论,与表征旧经济史的制度性与事实性的旧习俗相结合。

历史学确实一直是一门综合性的学科,计量史学也该如此。不然,如果计量史学丧失了它全部的"历史维度"(historical dimension),那它将不复存在(它只会是将经济学应用于昔日,或者仅仅是运用计量经济学去回溯过往)。想要对整个经济学界有所助益,那么计量史学主要的工作,应该是动用所有能从历史中收集到的相关信息来丰富经济理论,甚或对经济理论提出挑战。这类"相关信息"还应将文化或制度的发展纳入其中,前提是能将它们对专业有用的一面合宜地呈现出来。

经济学家(实际上是开尔文勋爵)的一个传统看法是"定性不如定量"。但是有没有可能,有时候确实是"定量不如定性"?历史学家与经济学家非常大的一个差别,就是所谓的历史批判意识和希望避免出现年代舛误。除了对历史资料详加检视以外,还要对制度、社会和文化背景仔细加以审视,这些背景形成了框定参与者行为的结构。诚然,(新)经济史不会建立一个一般理论——它过于相信有必要在经济现象的背景下对其进行研究——但是它可以基于可靠的调查和恰当估计的典型事实(stylized facts),为那些试图彰显经济行为规律的经济学家们提供一些有用的想法和见解[经济学与历史学不同,它仍旧是一门法则性科学(nomological science)]。经济学家和计量史学家也可以通力合作,在研究中共同署名。达龙·阿西莫格鲁(Daron Acemoglu)、西蒙·约翰逊(Simon Johnson)、詹姆斯·罗宾逊(James

Robinson)和奥戴德·盖勒(Oded Galor)等人均持这一观点,他们试图利用撷取自传统史学中的材料来构建对经济理论家有用的新思想。

　　总而言之,可以说做好计量史学研究并非易事。由于计量史学变得过于偏重"经济学",因此它不可能为某些问题提供答案,比如说,对于那些需要有较多金融市场微观结构信息,或者要有监管期间股票交易实际如何运作信息的问题,计量史学就无能为力了——对它无法解释的现象,它只会去加以测度。这就需要用历史学家特定的方法(和细枝末节的信息),来阐述在给定的情境之下(确切的地点和时期),为什么这样的经济理论不甚贴题(或者用以了解经济理论的缺陷)。也许只有这样,计量史学才能通过提出研究线索,为经济学家提供一些东西。然而,如果计量史学变得太偏重"史学",那它在经济学界就不再具有吸引力。经济学家需要新经济史学家知晓,他们在争论什么,他们的兴趣在哪里。

经济理论中的一个成熟领域?

　　最后但同样重要的一点是,计量史学有朝一日可能不仅仅是经济学的一门附属学科,而是会成为经济理论的一个成熟领域。确实还存在另外一种可能:将计量史学看作制度和组织结构的涌现以及路径依赖的科学。为了揭示各种制度安排的效率,以及制度变迁起因与后果的典型事实(stylized facts),经济史学会使用该学科旧有的技术,还会使用最先进的武器——计量经济学。这将有助于理论家研究出真正的制度变迁理论,即一个既具备普遍性(例如,满足当今决策者的需求)而且理论上可靠(建立在经济学原理之上),又是经由经济与历史分析共同提出,牢固地根植于经验规律之上的理论。这种对制度性形态如何生成所做的分析,将会成为计量史学这门科学真正的理论部分,会使计量史学自身从看似全然是实证的命运中解放出来,成为对长时段进行分析的计量经济学家的游乐场。显然,经济学家希望得到一般性结论,对数理科学着迷,这些并不鼓励他们过多地去关注情境化。然而,像诺思这样的新制度主义经济学家告诫我们,对制度(包括文化)背景要认真地加以考量。

　　因此,我们编写《计量史学手册》的目的,也是为了鼓励经济学家们更系统地去对这些以历史为基础的理论加以检验,不过,我们也力求能够弄清制度创设或制度变迁的一般规律。计量史学除了对长时段的定量数据集进行研究之外,它的一个分支越来越重视制度的作用与演变,其目的在于将经济学家对找到一般性结论的愿望,与关注经济参与者在何种确切的背景下行事结合在一起,而后者是历史学家和其他社会科学家的特征。这是一条中间道路,它介乎纯粹的经验主义和脱离实体的理论之间,由此,也许会为我们开启通向更好的经济理论的大门。它将使经济学家能够根据过去的情况来解释当前的经济问题,从而更深刻地理解经济和社会的历史如何运行。这条途径能为当下提供更好的政策建议。

本书的内容

在编写本手册的第一版时,我们所面对的最大的难题是将哪些内容纳入书中。可选的内容不计其数,但是版面有限。在第二版中,给予我们的版面增加了不少,结果显而易见:我们将原有篇幅扩充到三倍,在原有 22 章的基础上新增加了 43 章,其中有几章由原作者进行修订和更新。即使对本手册的覆盖范围做了这样的扩充,仍旧未能将一些重要的技术和主题囊括进来。本书没有将这些内容纳入进来,绝对不是在否定它们的重要性或者它们的历史意义。有的时候,我们已经承诺会出版某些章节,但由于各种原因,作者无法在出版的截止日期之前交稿。对于这种情况,我们会在本手册的网络版中增添这些章节,可在以下网址查询:https://link.Springer.com/referencework/10.1007/978-3-642-40458-0。

在第二版中新增补的章节仍旧只是过去半个世纪里在计量史学的加持下做出改变的主题中的几个案例,20 世纪 60 年代将计量史学确立为"新"经济史的论题就在其中,包括理查德·萨奇(Richard Sutch)关于奴隶制的章节,以及杰里米·阿塔克(Jeremy Atack)关于铁路的章节。本书的特色是,所涵章节有长期以来一直处于计量史学分析中心的议题,例如格雷格·克拉克(Greg Clark)关于工业革命的章节、拉里·尼尔(Larry Neal)关于金融市场的章节,以及克里斯·哈内斯(Chris Hanes)论及大萧条的文章。我们还提供了一些主题范围比较窄的章节,而它们的发展主要得益于计量史学的方法,比如弗朗齐斯卡·托尔内克(Franziska Tollnek)和约尔格·贝滕(Joerg Baten)讨论年龄堆积(age heaping)的研究、道格拉斯·普弗特(Douglas Puffert)关于路径依赖的章节、托马斯·拉夫(Thomas Rahlf)关于统计推断的文章,以及弗洛里安·普洛克利(Florian Ploeckl)关于空间建模的章节。介于两者之间的是斯坦利·恩格尔曼(Stanley Engerman)、迪尔德丽·麦克洛斯基(Deirdre McCloskey)、罗杰·兰瑟姆(Roger Ransom)和彼得·特明(Peter Temin)以及马修·贾雷姆斯基(Matthew Jaremski)和克里斯·维克斯(Chris Vickers)等年轻学者的文章,我们也都将其收录在手册中,前者在计量史学真正成为研究经济史的"新"方法之时即已致力于斯,后者是新一代计量史学的代表。贯穿整本手册一个共同的纽带是关注计量史学做出了怎样的贡献。

《计量史学手册》强调,计量史学在经济学和史学这两个领域对我们认知具体的贡献是什么,它是历史经济学(historical economics)和计量经济学史(econometric history)领域里的一个里程碑。本手册是三手文献,因此,它以易于理解的形式包含着已被系统整理过的知识。这些章节不是原创研究,也不是文献综述,而是就计量史学对所讨论的主题做出了哪些贡献进行概述。这些章节所强调的是,计量史学对经济学家、历史学家和一般的社会科学家是有用的。本手册涉及的主题相当广泛,各章都概述了计量史学对某一特定主题所做出的贡献。

本书按照一般性主题将65章分成8个部分。* 开篇有6章,涉及经济史和计量史学的历史,还有论及罗伯特·福格尔和道格拉斯·诺思这两位最杰出实践者的文稿。第二部分的重点是人力资本,包含9个章节,议题广泛,涉及劳动力市场、教育和性别,还包含两个专题评述,一是关于计量史学在年龄堆积中的应用,二是关于计量史学在教会登记簿中的作用。

第三部分从大处着眼,收录了9个关于经济增长的章节。这些章节包括工业增长、工业革命、美国内战前的增长、贸易、市场一体化以及经济与人口的相互作用,等等。第四部分涵盖了制度,既有广义的制度(制度、政治经济、产权、商业帝国),也有范畴有限的制度(奴隶制、殖民时期的美洲、

---

* 中译本以"计量史学译丛"形式出版,包含如下八卷:《计量史学史》《劳动力与人力资本》《经济增长模式与测量》《制度与计量史学的发展》《货币、银行与金融业》《政府、健康与福利》《创新、交通与旅游业》《测量技术与方法论》。——编者注

水权)。

第五部分篇幅最大,包含12个章节,以不同的形式介绍了货币、银行和金融业。内容安排上,以早期的资本市场、美国金融体系的起源、美国内战开始,随后是总体概览,包括金融市场、金融体系、金融恐慌和利率。此外,还包括大萧条、中央银行、主权债务和公司治理的章节。

第六部分共有8章,主题是政府、健康和福利。这里重点介绍了计量史学的子代,包括人体测量学(anthropometrics)和农业计量史学(agricliometrics)。书中也有章节论及收入不平等、营养、医疗保健、战争以及政府在大萧条中的作用。第七部分涉及机械性和创意性的创新领域、铁路、交通运输和旅游业。

本手册最后的一个部分介绍了技术与计量,这是计量史学的两个标志。读者可以在这里找到关于分析叙述(analytic narrative)、路径依赖、空间建模和统计推断的章节,另外还有关于非洲经济史、产出测度和制造业普查(census of manufactures)的内容。

我们很享受本手册第二版的编撰过程。始自大约10年之前一个少不更事的探寻(为什么没有一本计量史学手册?),到现在又获再版,所收纳的条目超过了60个。我们对编撰的过程甘之如饴,所取得的成果是将顶尖的学者们聚在一起,来分析计量史学在主题的涵盖广泛的知识进步中所起的作用。我们将它呈现给读者,谨将其献给过去、现在以及未来所有的计量史学家们。

克洛德·迪耶博

迈克尔·豪珀特

参考文献

Acemoglu, D., Johnson, S., Robinson, J. (2005) "Institutions as a Fundamental Cause of Long-run Growth, Chapter 6", in Aghion, P., Durlauf, S.(eds) *Handbook of Economic Growth*, *1st edn*, *vol.1*. North-Holland, Amsterdam, pp. 385—472. ISBN 978-0-444-52041-8.

Conrad, A., Meyer, J.(1957) "Economic Theory, Statistical Inference and Economic History", *J Econ Hist*, 17:524—544.

Conrad, A., Meyer, J.(1958) "The Economics of Slavery in the Ante Bellum South", *J Polit Econ*, 66:95—130.

Carlos, A.(2010) "Reflection on Reflections: Review Essay on Reflections on the Cliometric Revolution: Conversations with Economic Historians", *Cliometrica*, 4:97—111.

Costa, D., Demeulemeester, J-L., Diebolt, C.(2007) "What is 'Cliometrica'", *Cliometrica*

1:1—6.

Crafts, N. (1987) "Cliometrics, 1971—1986: A Survey", *J Appl Econ*, 2:171—192.

Demeulemeester, J-L., Diebolt, C. (2007) "How Much Could Economics Gain from History: The Contribution of Cliometrics", *Cliometrica*, 1:7—17.

Diebolt, C. (2012) "The Cliometric Voice", *Hist Econ Ideas*, 20:51—61.

Diebolt, C. (2016) "Cliometrica after 10 Years: Definition and Principles of Cliometric Research", *Cliometrica*, 10:1—4.

Diebolt, C., Haupert M. (2018) "A Cliometric Counterfactual: What If There Had Been Neither Fogel Nor North?", *Cliometrica*, 12:407—434.

Fogel, R. (1964) *Railroads and American Economic Growth: Essays in Econometric History*. The Johns Hopkins University Press, Baltimore.

Fogel, R. (1994) "Economic Growth, Population Theory, and Physiology: The Bearing of Long-term Processes on the Making of Economic Policy", *Am Econ Rev*, 84:369—395.

Fogel, R., Engerman, S. (1974) *Time on the Cross: The Economics of American Negro Slavery*. Little, Brown, Boston.

Galor, O. (2012) "The Demographic Transition: Causes and Consequences", *Cliometrica*, 6:1—28.

Goldin, C. (1995) "Cliometrics and the Nobel", *J Econ Perspect*, 9:191—208.

Kuznets, S. (1966) *Modern Economic Growth: Rate, Structure and Spread*. Yale University Press, New Haven.

Lyons, J.S., Cain, L.P., Williamson, S.H. (2008) *Reflections on the Cliometrics Revolution: Conversations with Economic Historians*. Routledge, London.

McCloskey, D. (1976) "Does the Past Have Useful Economics?", *J Econ Lit*, 14:434—461.

McCloskey, D. (1987) *Econometric History*. Macmillan, London.

Meyer, J. (1997) "Notes on Cliometrics' Fortieth", *Am Econ Rev*, 87:409—411.

North, D. (1990) *Institutions, Institutional Change and Economic Performance*. Cambridge University Press, Cambridge.

North, D. (1994) "Economic Performance through Time", *Am Econ Rev*, 84 (1994):359—368.

Piketty, T. (2014) *Capital in the Twenty-first Century*. The Belknap Press of Harvard University Press, Cambridge, MA.

Rostow, W.W. (1960) *The Stages of Economic Growth: A Non-communist Manifesto*. Cambridge University Press, Cambridge.

Temin, P. (ed) (1973) *New Economic History*. Penguin Books, Harmondsworth.

Williamson, J. (1974) *Late Nineteenth-century American Development: A General Equilibrium History*. Cambridge University Press, London.

Wright, G. (1971) "Econometric Studies of History", in Intriligator, M. (ed) *Frontiers of Quantitative Economics*. North-Holland, Amsterdam, pp.412—459.

英文版前言

欢迎阅读《计量史学手册》第二版，本手册已被收入斯普林格参考文献库（Springer Reference Library）。本手册于 2016 年首次出版，此次再版在原有 22 章的基础上增补了 43 章。在本手册的两个版本中，我们将世界各地顶尖的经济学家和经济史学家囊括其中，我们的目的在于促进世界一流的研究。在整部手册中，我们就计量史学在我们对经济学和历史学的认知方面具体起到的作用予以强调，借此，它会对历史经济学与计量经济学史产生影响。

正式来讲，计量史学的起源要追溯到 1957 年经济史协会和"收入与财富研究会"（归美国国家经济研究局管辖）的联席会议。计量史学的概念——经济理论和量化分析技术在历史研究中的应用——有点儿久远。使计量史学与"旧"经济史区别开来的，是它注重使用理论和形式化模型。不论确切来讲计量史学起源如何，这门学科都被重新界定了，并在经济学上留下了不可磨灭的印记。本手册中的各章对这些贡献均予以认可，并且会在各个分支学科中对其予以强调。

本手册是三手文献，因此，它以易于理解的形式包含着已被整理过的知识。各个章节均简要介绍了计量史学对经济史领域各分支学科的贡献，都强调计量史学之于经济学家、历史学家和一般社会科学家的价值。

如果没有这么多人的贡献，规模如此大、范围如此广的项目不会成功。我们要感谢那些让我们的想法得以实现，并且坚持到底直至本手册完成的人。首先，最重要的是要感谢作者，他们在严苛的时限内几易其稿，写出了质量上乘的文章。他们所倾注的时间以及他们的专业知识将本手册的水准提升到最高。其次，要感谢编辑与制作团队，他们将我们的想法落实，最终将本手册付印并在网上发布。玛蒂娜·比恩（Martina Bihn）从一开始就在润泽着我们的理念，本书编辑施卢蒂·达特（Shruti Datt）和丽贝卡·乌尔班（Rebecca Urban）让我们坚持做完这项工作，在每一轮审校中都会提供诸多宝贵的建议。再次，非常感谢迈克尔·赫尔曼（Michael Hermann）无条件的支持。我们还要感谢计量史学会（Cliometric Society）理事会，在他们的激励之下，我们最初编写一本手册的提议得以继续进行，当我们将手册扩充再版时，他们仍旧为我们加油鼓劲。

最后，要是不感谢我们的另一半——瓦莱里（Valérie）和玛丽·艾伦（Mary Ellen）那就是我们的不对了。她们容忍着我们常在电脑前熬到深夜，经年累月待在办公室里，以及我们低头凝视截止日期的行为举止。她们一边从事着自己的事业，一边包容着我们的执念。

克洛德·迪耶博

迈克尔·豪珀特

2019 年 5 月

作者简介

斯坦利·L.恩格尔曼（Stanley L.Engerman）

美国罗切斯特大学经济系。

内森·罗森伯格（Nathan Rosenberg）

美国斯坦福大学经济学系。

约亨·施特雷布（Jochen Streb）

德国曼海姆大学经济系。

卡罗尔·简·博罗维斯基（Karol Jan Borowiecki）

南丹麦大学商业与经济系。

戴安娜·西夫·格林沃尔德（Diana Seave Greenwald）

美国国家艺术馆。

杰瑞米·阿塔克（Jeremy Atack）

美国范德比尔特大学。

丹·博加特（Dan Bogart）

美国加州大学欧文分校经济学系。

托马斯·韦斯（Thomas Weiss）

美国堪萨斯大学。

布兰登·杜邦（Brandon Dupont）

美国西华盛顿大学。

目 录

1

历史视角下的创新

斯坦利·L.恩格尔曼
内森·罗森伯格

摘要

　　为了了解技术变革的经济本质，有必要研究技术变革所面临的限制及其与其他经济部门互补性的历史记录，以便充分了解创新的本质。因而必须考虑市场环境、可用的生产设备、现有的知识体系以及创新的社会和组织背景，并考虑其他部门内部的一系列必要变化，而不能仅考虑狭义定义下关于创新有限的几个方面。由于理论模型不能完全处理发明、创新和新设备使用过程的复杂性，因此需要一些史学研究来增加对这些创新过程的全面理解。不思考过去，就很难理解现在和未来。对这些创新因素的思考，不仅可以增加我们的历史知识，更有助于丰富我们对创新问题的理论认识。

　　感谢菲利普·霍夫曼（Philip Hoffman）、佐里娜·汗（Zorina Khan）、乔尔·莫基尔（Joel Mokyr）以及本书编辑们对早期稿件提出非常有帮助的意见。

引　言

在与内森·罗森伯格关于创新话题的对话中,肯尼思·阿罗(Kenneth Arrow)指出(转述),理论模型并不能完整描述创新过程,部分原因是不可能有"一个非预期理论"①。而这样的理论模型在帮助理解过去和指出未来变化方面往往都是不成功的。这就意味着有必要研究有关技术变革的经济性质,它所面临的限制以及与其他经济部门的互补性等方面的历史记录,以便充分了解创新的本质。除了其他部门内部一系列必要变化以外,我们还必须考虑到市场环境、可用的生产设备、现有的知识体系以及创新的社会和组织背景,而不能仅考虑狭义定义下关于创新的有限的几个方面。这些观点将在本章的不同小节中讨论。简而言之,由于理论模型无法处理发明、创新和利用新设备过程的全部复杂性,所以需要进行一些历史研究来全面理解这些过程。同样重要的是历史背景在影响经济和技术发展中的作用,也就是一些人所说的路径依赖(或者说暗示一组不太确定的结果或路径影响),但无论怎样,"历史很重要"(Rosenberg,1994:9—23),不思考过去,我们就很难理解现在或未来。

西蒙·库兹涅茨在 20 世纪 70 年代发表的两篇文章(Simon Kuznets,1973,1979)中,较早地提出了关于创新性质一系列观点。库兹涅茨描述了关于创新性质的几个重要方面以及在评估其效果方面的困难。首先,任何一项创新的最终效果在最初都存在着很大的不确定性。其次,在确定一项创新的全部(正面和负面)效果之前,非常重要的一点是,人们能够在技术上、意识形态上和组织上(包括社会和法律机构)针对此创新进行补充性的积极调整。这意味着新发明所带来的所有影响需要很长时间才能导致人们"生活模式发生重大转变"(Kuznets,1973:199),并且也需要足够的时间来

1364

---

① 纳特(Nate)和斯坦(Stan)都没有找到这一说法的公开来源。阿罗自己也不确定它是否出现在出版物中,以及在哪里出现,这句话来自 Arrow,2012:43。可以指出的是,理论模型和历史复杂性之间的差异一般适用于所有理论模型。

1365 适应由于引入新创新而导致的生产劳动力、生产中其他资源错位以及其他社会困难（Kuznets，1973：202—208）。大多数创新的确存在负面效应并且会导致福利的减少。莫基尔（Mokyr，2014）引用滕纳（Tenner，1996）的观点，列举了创新所带来的积极好处与成本相抵消的例子，如 DDT、甜菜、涂料和汽油中含有的铅以及石棉，与之相对的是库兹涅茨更强调它们对环境的影响和污染的增加（Kuznets，1973：205—208）。例如，像自然环境可能恶化这些问题一旦被认识到，那么在适当的政治和技术发展条件下，它们是可以被解决的。在某些情况下，可以通过适当使用价格激励来实现，但在某些情况下，则需要政府引入监管政策。然而，这可能是一个漫长而昂贵的过程，并且也许只能解决部分问题。但库兹涅茨坚信创新的累积过程会带来长期净收益，这一观点在他对 1960 年真实世界与如果创新在一个世纪之前就已停止时消费品方面的比较中得到了证明（Kuznets，1973：189—190；1979：66—69）。

"用中学"的作用

本章旨在引起人们对技术变革的历史研究以及经济史对技术变革理论分析贡献等方面的关注。本章将首先关注某些创新的背景，以及这些创新可能带来的初始预期收益。然后，本章将讨论一些原因，这些原因通常被认为对被衡量的全要素生产率的影响相对缓慢，并描述为什么创新对经济的影响往往比对其所在部门的影响要大得多。鉴于内森·罗森伯格对这些问题研究的主要贡献，我们将大量介绍他在已发表作品所阐述的观点，但同时我们也将对他的观点进行补充扩展。

内森·罗森伯格在一篇题为"不确定性和技术变革"的文章中研究发明者的最初期望与他们创新所发挥的最终作用之间的差异性，并且他在文中很好地阐明了"预测和准备"某一特定创新以及准备应对任一创新所带来的全部影响方面的困难（Nathan Rosenberg，2010：153—173）。发明者的最初期望往往反映了发明所要解决的某一特殊具体问题，即使是创新者也无法预料随后可能会发生的进步和发展。比如，蒸汽机的早期发展是为了提供一种从被水淹没的矿井中抽水的方法（Rosenberg，2010：164—165）。"最早的铁路只是被期望作为现有运河系统的支线，或建在因地形原因而导致运河方案本身不可行的地方。"（Rosenberg，2010：162—164；MacGill，1917：291）亚历山大·格拉汉姆·贝尔（Alexander Graham Bell）则认为电话主要是"对电报的改进"，而不是对电报的替代（Rosenberg，2010：156）。马可尼（Marconi）认为他的无线创新主要是用于帮助船只，进行船对船或船对岸的通信（Rosenberg，2010：156）。更为近期的例子，则是有人认为晶体管的主要功能是为聋人开发更好的助听器（Rosenberg，2010：157）。显然，我们可以举出更多此类超出预期的例子，但很明显，这些例子都是为满足特定需求或特定目的而进行的创新，在经过改进和更充分的发展后，往往会有更多不同和更广泛的用途，其对经济变革的贡献也会比早期预期的大得多，而且往往是在一个意想不到的方向。

1366

有几个相关原因造成对一项创新的全部效果估计不足。首先，我们经常在发展进程早期引入一项创新，其可以被描述为"原始的"（Rosenberg，1994：69）。但随着运用［我们可以描述此过程为"用中学"（Rosenberg，1982：120—140）］和进一步的实验，硬件（严格意义上的创新）的特定部分将在其初始状态的基础上得到改进，使其更具生产力，并且还可能被视为具有更多且往往是意想不到的用途，从而增加初始创新的收益，而这些增加的收益在引入创新时是没有被预见到的。

"用中学"应与我们更熟悉的"干中学"概念相区分，因为后者更直接地指在生产过程中由于生产过程的重复而导致生产力的提高。"用中学"则是指在新创新的生产过程中出现新问题，而这些问题必须解决以允许新创新得以使用，并且这些问题在开始生产之前是无法预知和意想不到的。"用中学"的重要性在于，大多数创新在被引入时处在相当早期的阶段，因此需要进一步改进。通常只有在引入新创新之后才能知道和达成改进的需求和能力。在早期阶段，无论是分析新技术的理论方法还是实证方法，都无法预见生产过程中产生的诸多问题，只有通过对实际过程的观察，才能发现这些问题，以及知道进行改进所需要的基本信息。因此，可能需要相当长的时间才能获得创新所带来的收益。

"用中学"可以解释整体生产力变化的很大一部分。然而，现有对新科学知识的应用或对新物理机械初始引进的相关研究不能显著证明"用中学"的影响以及创新引进和创新对未来总产量的影响之间存在滞后性。与基本发明不同的是,引入创新后对初始创新或发明的调整改进可能无法获得专利,因而留下的可观察记录较少。然而,这些生产过程中所产生的调整改进却往往是使创新具有生产力和效率的关键。鉴于目前任何模型都无法描述所有可能的运行情况,我们需要更多关于创新在现实使用过程中的信息。"用中学"可以被视作与商品生产一起提供联合产品,并且联合生产的成本由产品生产和新知识所带来的未来收益共同分担;或者"用中学"可以被看作其生产所带来的"免费产品",一种生产开始时就产生的外部性,其所有成本都归于商品生产。

1367

一些重要文献已经对(新技术)学习过程中比较重要的几个方面进行了研究。亚马斯巴(Jamasb,2007)和斯坦(Stein,1997)提出了将学习纳入创新过程中的模型。斯坦还指出了外部利益和成本对其他企业的溢出效应,而布雷斯基等人(Breschi et al.,2000)则指出了新老企业之间在创新性质和创新速度上面可能存在的差异。约万诺维奇和拉赫(Jovanovic and Lach,1989)指出后进入厂商能够利用早期生产者所学到的东西而获得利益。兰蒂西(Rantisi,2002)把学习视为相似企业集聚所带来的一种功能,它提供了知识和实践的共享。

同样重要的是,正如库兹涅茨所详细描述的那样,我们需要一段时间来获得某项创新所带来的全部收益并抵消创新成本,这是因为通常必须对创新进行各种补充性的调整,包括物质和制度上的调整(Kuznets,1973:185—201;Kuznets,1979:56—99)。这里有两个关于经济能源发展方面极具戏剧性的例子可以说明此问题。电力的发展最初对经济生产力的影响有限,很大程度上说,这是由于需要进行技术和制度变革,以允许创新能够广泛运用。为了能够在制造业中获得更多收益,工厂车间有必要进行重新设计和重建,同时获得(电力发明)以前所不具备的工厂选址灵活的优势。电力使用范围的扩大使得其他部门(如冶金和钢铁生产部门)能够利用新技术,而这些因电力使用范围扩大而带来的好处在电力刚被发明时体现得并不明显。当然,电力对非工业经济领域也产生了巨大的影响,包括运输及街道和房屋照明,并且也是许多消费品的动力来源(Mowery and

Rosenberg，1998：105—109；Hughes，1983）。为了允许企业和消费者广泛使用电力，地上和地下需要进行布线，这意味着国家和/或私营部门侵犯个人和企业产权能力的增强。尽管政府长期以来一直在使用征用权，但电气化需要扩大这一法律原则的使用范围，以便让更多人士使用电力，这样才能取得成功。

20 世纪初，石油成为经济中重要的能源来源。石油在当时并不是一种新产品。美国最早的石油大发现是在 1859 年的宾夕法尼亚州（Rosenberg，1982：185—186）。事实上，那时的石油前景是非常不确定的，甚至像安德鲁·卡耐基*这样精明的商人在思考石油的未来时也只是试图占领市场，因为他预计美国的石油很快就会耗尽（Sabin，1999）。幸运的是，卡耐基做了一个分散化投资组合。经过几十年时间，才有更多的石油新发现并增加了供应量，各类产品对石油的使用需求也有了明显增加，至此石油才对经济产生全方位影响。举例来说，汽车内燃机的创新及完善和飞机的改进一样都是依赖于作为其燃料的石油（Mowery and Rosenberg，1998：47—70；Mowery and Rosenberg，1982：163—177）。温琴蒂（Vincenti，1990）详细研究了"用中学"在飞机发明中的具体作用。他发现为了从这些交通发展中获得充分收益，（美国）联邦、州和地方政府以及私营部门的企业必须进行大量支出。公共部门承担了建设公路、道路和桥梁的责任，以允许私人旅行和货物的商业流动。对于航空旅行，政府提供机场和交通管制以及安全法规。在汽车方面，私营部门提供了汽车和卡车的生产和销售，这两种汽车的生产都有相对快速的技术改进以及一个私人加油站网络，能够为汽车和卡车提供服务，并为有需求的客户提供汽油和燃油。各种信贷安排［如早期由胜家缝纫机公司（Singer Sewing Machine Company）开创的分期付款］也被引入，这使得个人和企业能够负担购买汽车和卡车的费用。

在其他案例中，我们可以反复发现创新能够发挥其全部影响力所需条件的例子。这些案例中，创新被最初引入后的发展是极其重要的，无论是在发生创新的部门还是在其他经济部门，无论是硬件创新还是制度创新。关于

1368

---

*　安德鲁·卡耐基（Andrew Carnegie，1835—1919），生于苏格兰，美国卡耐基钢铁公司的创始人，被誉为"钢铁大王"。——译者注

后面这一点,库兹涅茨(Kuznets,1979:56—66)进行了阐述,他说:"技术进步与组织结构、经济和社会调整的相互作用才是创新的关键特征,即新技术元素的应用。"正如罗森伯格(Rosenberg,2010:163)所指出的那样,之所以电力在对工厂生产产生巨大影响之前会有很长一段时间,是因为"这种技术创新通常也需要重大组织变革(来与之相适应)"(Kuznets,1979:65)。

通用技术

通用技术是一种特殊类型的创新,它在一个经济体多个部门中具有广泛的用途和作用(详见 Rosenberg and Trajtenberg,2010:97—135;Bresnahan and Trajtenberg,1995)。这些技术被描述为"某种类型的戏剧性创新","具有在大多数部门中普遍使用的潜力,会极大地改变其运作模式"(Helpman,1998:3;另见 Lipsey et al.,2005)。虽然这些通用技术在最初创新时往往没有预料到会有如此广泛的用途,但通用技术在首次采用后无一例外地为某个特定目的发展了许多新的应用。典型例子有 18 世纪和 19 世纪的蒸汽机,19 世纪后期和 20 世纪初的电动机,以及 20 世纪末的半导体、激光和计算机。通用技术要想充分发挥作用,就必须要有大量补充性创新,以及经济体内不同部门所发生的技术和组织方面的相关变化。

1369　　通用技术的演化性质是对新技术产生全面影响的不确定性的一种解释,因为一项创新所带来的全部用途往往是远超其最初使用意图的。虽然最初可能为了某一特定用途而作出(技术)改进,但随着新改进的发生,会在其他部门具有更多不同和意想不到的用途。这意味着创新随后所带来的促进作用不会局限在其最初部门,也会发生在其他部门,这就产生了不同部门间协调的问题。这种分散化决策可能会带来整体技术进步的速度比(技术)变化更集中时更慢的问题。为了利用通用技术被充分使用后所带来的网络外部性,人们需要时间来开发互补技术并进行其他调整,这意味着在很长一段时间后才能观察到技术进步率的明显变化。

错误的预言

一些知名科学家作出了更为错误的预测，即认为现在已经到达了不会有进一步创新，或者说至少不可能对高就业或经济快速增长产生实质性影响的发展阶段。像约翰·斯图尔特·穆勒和阿尔弗雷德·马歇尔如此杰出的19世纪经济学家提出了一些类似的主张，而在20世纪30年代的大萧条中，20世纪的经济学家阿尔文·汉森也持有相似观点（Mill，1895，II：334—340；Marshall，1920：67—68，242—244；Hansen，1939）。更多关于穆勒所有的乐观性预测，详见霍兰德（Hollander，1985：223，881—888）的著作。与其他许多学者不同，穆勒将静止状态视为一种理想的结果。事实上，正如约翰·泰勒（John Taylor，2014）所指出的那样，在大多数经济衰退时期会出现创新衰退论的支持者。尽管有一系列观点相反的历史证据，但本杰明·弗里德曼（Benjamin Friedman）和罗伯特·戈登（Robert Gordon）等经济学家最近也提出了这样的主张（Gordon，2012，2014；Friedman，2013；Mokyr，2014）。

新旧技术之争

鉴于经济的性质，可以预见新方法和创新将在与旧技术的竞争中出现。旧技术的持续存在往往会引起新创新的收益延迟出现，从而导致新方法的引进速度减缓。这可能是因为对旧技术的改进使得旧技术在很长一段时间内能够保持与新技术的竞争力。由于之前对旧技术进行资本投入，其资本存量长期存在，不需要再支付固定成本，这就意味着旧技术具有价格优势，可以用相对较低的价格继续使用旧技术。还有可能是因为旧技术的投资者通过市场力量或政府行动努力减少或消除新技术。同样，喜欢旧技术经济条件下的劳动者也可以利用市场或政府来阻止或推迟新方法的引入，如集装箱化（Levinson，2006）。19世纪末的政治评论家亨利·萨姆奈·梅因

1370

9

（Henry Sumner Maine，1897）在其反对民主的论点中声称，如果工人能够对创新的引入进行投票，工业革命就不会发生了。其他新创新的延迟影响则可能反映了政府所选择的政策有时是对公民意愿的回应。关税（或无关税）长期以来在新技术的引进时间上起着重要作用。随着时间的推移，专利制度的性质及其变化将影响到创新的动力及传播（Khan，2005）。

在纽约州引入铁路之初，在与伊利运河的竞争中，曾试图几次减少铁路的竞争优势，如将铁路运营时间限制在运河关闭期间，要求铁路支付与运河运载货物相当的费用，并要求铁路的运费与运河相同（MacGill，1917：291—294，316—322，344，353—356，368，389，398—400，489，495，533—557；Engerman and Sokoloff，2006：110—112）。其他各州和国家也出台了政策，限制以运河为代价的铁路扩张。宾夕法尼亚州在 1846 年对宾夕法尼亚铁路征税，以"保证各州不因新铁路和公共工程之间的竞争而遭受损失"（Hartz，1948：267—271；Dunlavy，1994）。同样，俄亥俄州也通过了立法，要求铁路公司"向州政府偿还俄亥俄运河上各城市间所有货运的一半运河费损失"，以及其他限制性规定（Scheiber，1969：270—317）。尽管这些州的相关立法都没有持续很长时间，但它们确实表明了创新在与能够利用政府权力的根深蒂固的利益集团竞争时所面临的各类问题。

另一个需要考虑的则是创新的引进时机、规模及其全部实现所会受到的经济周期性影响，而经济周期则反映了人们对未来利润率的预期以及投资资本的可获得性（Rosenberg and Frischtak，in Rosenberg，1994：62—84）。周期性变化的影响可以用来解释创新的集群性及创新出现和用创新进行生产之间的滞后性，而这正是熊彼特所强调的一点（Rosenberg，1982：5—7）。

不可或缺性公理

在确定导致创新出现所进行的研发（research and development，R&D）活动的全部支出的收益—成本比时，必须要记住，我们不应该只看到成功的创新而忽视开发新技术失败所带来的成本，而这些失败的研究方法往往与那些已经成功的方法之间存在直接竞争。因此，在估计美国内战前的运河网络回报时,不应只衡量伊利运河所带来的收益,还需要考虑其他六个城市的损失,因为大约在同一时间,这六个城市与伊利运河竞争未果(Engerman and Sokoloff,2006:97—98,112;另见 Rosenberg,2010:275—279;1982:55—62)。

在估计创新收益时需要着重考虑罗伯特·福格尔所说的不可或缺性公理(Fogel,1964:10;比较 Rosenberg,1982:27—29)。福格尔认为如果铁路创新没有成功,资源可能会被用于寻找其他的陆路运输方式,比如汽车,而汽车可能会比现实更早地出现,并像铁路一样,可以随着时间的推移提高其效率。因此,福格尔否认铁路是美国经济增长必不可少的条件。鉴于社会用于创新和技术改进的资源规模有限性,对某一特定创新和技术改进的支出将减少替代创新的支出,而这些替代创新和技术改进即使不如最终成功的创新那样有效,也可能与已采用的特定创新几乎一样成功。这种替代创新成功的可能性并不是空穴来风,比如内燃机的变革模式是否是以牺牲开发电动汽车等其他替代品为代价,从而使我们在适应当前气候危机方面远远落后。

进一步来讲,福格尔所提出的不可或缺性公理会引出一个议题,即替代创新取代任何一个特定创新或几个相关创新的可能性。而这指向了一个更广泛的问题,即在世界不同地区进行替代创新的可能性。这一问题常在讨论东西方差异和西方经济崛起原因时涉及。大多数研究集中在对中国和欧洲的创新性质及影响的比较上。这里就涉及几个研究问题。第一个研究问题是由李约瑟提出的,中国早期在创新方面比欧洲更成功,然而随着欧洲在经济和其他方面的扩张超过中国,这种持续了几个世纪的创新领先优势消失了(Needham,1969;Winchester,2008)。第二,很多学者讨论在许多情况下,为什么近代欧洲在创新实用性方面比中国做得更多,这是由文化因素或品位差异、实用知识范围、相对要素价格和资源稀缺性的差异所致,还是由技术水平限制(Allen,2011;Landes,1996;Jones,1981;Rosenberg and Birdsall,1986;Mokyr,2002)所致? 第三个研究问题则是由不可或缺性公理本身直接提出的,即东西方是否有可能通过追求不同的技术和制度手段来实现相同的一般性目标? 鉴于历史背景和资源不同,是否在东西方社会大规模接触之前就已经在技术发展方面出现了差异? 毕竟在当今世界,科学家和发明家之间能够及时交流和联系,出现重大分流的可能性很小。无论如何,研究在科学技术发展的早期阶段东西方社会是否存在这种差异,应该是非常重要的,也充满了趣味。

线性模型与链环-回路模型

尽管熊彼特的理论对经济学家和经济史学家们在研究技术变革对经济增长影响方面发挥了重要作用,但其理论在某些方面仍然是不完整的(Rosenberg,2000)。熊彼特把主要创新和随后的改进区分开来,他把后者称为"单纯的模仿者",淡化了引进创新之后进行改进的重要性。然而这些模仿者可以在很大程度上提高某项创新的生产力(Rosenberg,2000:55—78)。模仿者可能不会得到创新者的荣耀,但模仿者往往获得了最大的经济回报。正如埃姆斯和罗森伯格在一篇文章中指出的那样,"(创新)先行者"未必是(技术)变革的最大经济受益者(Ames and Rosenberg,1963)。这一现象不仅适用于创新者,也适用于国家的经济增长(Engerman and Sokoloff,2012)。

熊彼特进一步认为,重大创新的重要性在维护资本主义制度方面发挥了巨大作用(Rosenberg,1994:47—61)。资本主义创造了新结构、新商品、新技术、新供应来源、新市场和新组织形式,他将这一过程称为"创造性破坏"(Schumpeter,1942:81—86),即新的创新驱除旧机制,现有的结构被淘汰。熊彼特认为正是通过重大创新和创新中的重大提升而非小变化,资本主义才能够不断扩张(Rosenberg,1982:3—33)。

这种对创新过程的习惯性看法,即所谓的线性模型,认为从科学的新发展到发明、创新、生产,再到销售,是一个相当"平稳、良好的线性过程"。这种模型不允许在各个步骤之间有任何反馈和互动,并且与熊彼特式强调创新是一个外生过程以及技术变化是非连续性的观点相吻合。此外,线性模型把科学前沿和科学知识累积进行了区分。然而,对于那些研究创新历史过程的人来说,创新过程更应被描述为一个链环-回路模型(chain-linked model),即"复杂,多变,难以衡量"。这可能包括科学累积、创新、生产和市

1372

场之间的反馈和临时互动(Kline，1985；Kline and Rosenberg，in Rosenberg，2010:173—202)。各阶段的发展会互相影响,例如,技术改进对科学进步的贡献。这种观点与最近的创新相关研究的观点是一致的,即创新是渐进的和连续的,并且这些研究注意到主要基于经验和"用中学"所带来的小改进的重要性,典型的案例是航空工业(Vincenti，1990；Rosenberg，2010:153—172；Rosenberg，1982:120—140；Mowery and Rosenberg，in Rosenberg，1982:161—177)。

创新的引入和改进不一定始于新的科学信息,而往往是基于已经存在的知识水平。通常情况下,技术的发展会带来新的科学发现,如显微镜的发展。这可能是"用中学"的结果,即解决生产过程中出现的问题所带来的收益。

由于种种原因,在用于强调创新过程中的困难性和复杂性方面,这种链环-回路模型比线性模式更加符合现实。创新可能不仅仅基于最新的科学研究,也可以借鉴过去科学发展的积累。这种链环-回路模型在描述飞机生产力变化以及电力在经济中重要性提升方面相当有用(Vincenti，1990；Kline，1985)。因为这两个案例都有许多意想不到的困难,需要对产品设计以及操作和维护程序进行必要的修改。此外,从19世纪的美国和20世纪的日本的情况来看,技术发展中的国家可以模仿拥有更先进科学的国家,从而从中获益,而不需要自己亲自开发新的创新。

结　语

本章旨在汇集一些在最近的文献中被低估了的技术变革和创新的研究角度。对创新的产生、引进和促进经济增长的历史过程的研究表明,这一过程的复杂性在一些理论中被忽视了。

然而,人们已经认识到创新的出现、引进以及扩散到整个经济这一过程的复杂性。长期以来,大幅度的技术进步一直是研究技术变革的主要焦点。但最近,那些看起来相对较小的调整开始成为历史和经济研究的重点。这使人们更好地理解预测未来技术变化的巨大不确定性、对测量主要新技术

1373

成就的长期延迟以及对将制度研究引入技术变化分析的必要性。对这些因素的考虑不仅会增加我们的历史知识,也有助于丰富我们对这些问题的理论研究。

参考文献

Allen, R.C. (2011) *Global Economic History: A Very Short Introduction*. Oxford University Press, Oxford.

Ames, E.D., Rosenberg, N. (1963) "Changing Technological Leadership and Industrial Growth", *Econ J*, 73:13—31.

Arrow, K.J. (2012) "The Economics of Inventive Activity Over Fifty Years", in Lerner, J., Stern, S. (eds) *The Rate and Direction of Inventive Activity Revisited*. University of Chicago Press, Chicago, pp.43—48.

Breschi, S., Malerba, F., Orsenigo, L. (2000) "Technological Regimes and Schumpeterian Patterns of Innovation". *Econ J*, 110: 388—410.

Bresnahan, T.F., Trajtenberg, M. (1995) "General Purpose Technologies 'Engines of Growth'?", *J Econom*, 65:83—108.

Dunlavy, C.A. (1994) *Politics and Industrialization: Early Railroads in the United States and Prussia*. Princeton University Press, Princeton.

Engerman, S.L., Sokoloff, K.L. (2006) "Digging the Dirt at Public Expense: Governance in the Building of the Erie Canal and Other Public Works", in Glaeser, E. L., Goldin, C. (eds) *Corruption and Reform: Lessons from America's Economic History*. University of Chicago Press, Chicago, pp.95—122.

Engerman, S. L., Sokoloff, K. L. (2012) *Economic Development in the Americas Since 1500: Endowments and Institutions*. Cambridge University Press, Cambridge.

Fogel, R.W. (1964) *Railroads and American Economic Growth: Essays in Econometric History*. Johns Hopkins Press, Baltimore.

Friedman, B.M. (2013) "Brave New Capitalists Paradise: The Jobs?", *New York Review of Books*, 60(November 7), 74—76.

Gordon, R. J. (2012) "Is US Economic Growth Over? Faltering Innovation Confronts the Six Headwinds", National Bureau of Economic Research, Working Paper 18315.

Gordon, R. J. (2014) "The Demise of U.S. Economic Growth: Restatement, Rebuttal, and Reflections", National Bureau of Economic Research, Working Paper, 19895.

Hansen, A.H. (1939) "Economic Progress and Declining Population Growth", *Am Econ Rev*, 29:1—15.

Hartz, L. (1948) *Economic Policy and Democratic Thought: Pennsylvania, 1776—1860*. Harvard University Press, Cambridge, MA.

Helpman, E. (1998) *General Purpose Technologies and Economic Growth*. MIT Press, Cambridge, MA.

Hollander, S. (1985) *The Economics of John Stuart Mill*, 2 vols. Toronto University Press, Toronto.

Hughes, T.P. (1983) *Networks of Power: Electrification in Western Society, 1880—1930*. Johns Hopkins University Press, Baltimore.

Jamasb, T. (2007) "Technical Change Theory and Learning Curves: Patterns of Progress in Electricity Generation Technologies", *Energy J*, 28:51—71.

Jones, E.L. (1981) *The European Miracle: Environments, Economics, and Geopolitics in the History of Europe of Europe and Asia*. Cambridge University Press, Cambridge.

Jovanovic, B., Lach, S. (1989) "Entry, Exit, and Diffusion with Learning By Doing",

Am Econ Rev, 79:690—699.

Khan, B. Z. (2005) *The Democratization of Invention: Patents and Copyrights in American Economic Development*, *1790—1920*. Cambridge University Press, Cambridge.

Kline, S. J. (1985) *Research*, *Invention*, *Innovation*, *and Production: Models and Reality*. Stanford University: Department of Mechanical Engineering, Stanford.

Kuznets, S. (1973) "Innovations and Adjustments in Economic Growth", in *Population*, *Capital*, *and Growth: Selected Essays*. Norton, New York, pp.185—211.

Kuznets, S. (1979) "Technological Innovations and Economic Growth", in *Growth*, *Population*, *and Income Distribution: Selected Essays*. Norton, New York, pp.56—99.

Landes, D.S. (1996) *The Wealth and Poverty of Nations: Why Some are so Rich and Some so Poor*. Norton, New York.

Levinson, M. (2006) *The Box: How the Shipping Container Made the World Smaller and the World Economy Bigger*. Princeton University Press, Princeton.

Lipsey, R. G., Carlaw, K. I., Becker, C.T. (2005) *Economic Transformations: General Purpose Technologies and Long-term Economic Growth*. Oxford University Press, Oxford.

MacGill, C. (1917) *History of Transportation in the United States Before 1860*. Carnegie Institution, Washington, DC.

Maine, H.S. (1897) *Popular Government: Four Essays*, 5th edn. J.Murray, London.

Marshall, A. (1920) *Industry and Trade: A Study of Industrial Technique and Business Organization*. Macmillan, London.

Mill, J.S. (1895) *Principles of Political Economy: With Some of Their Application to Social Philosophy*, 2 vols. D. Appleton, New York.

Mokyr, J. (2002) *The Gifts of Athena: Historical Origins of the Knowledge Economy*. Princeton University Press, Princeton.

Mokyr, J. (2014) "The Next Age of Invention", *City J*, 24:12—21.

Mowery, D.C., Rosenberg, N. (1998) *Paths of Innovation: Technological Change in 20th Century America*. Cambridge University Press, Cambridge.

Needham, J. (1969) *The Grand Titration: Science and Society in East and West*. George Allen & Unwin, London.

Rantisi, N. (2002) "The Competitive Foundations of Localized Learning and Innovation: The Case of Women's Garment Production in New York City", *Econ Geogr*, 78: 441—462.

Rosenberg, N. (1982) *Inside the Black Box: Technology and Economics*. Cambridge University Press, Cambridge.

Rosenberg, N. (1994) *Exploring the Black Box: Technology*, *Economics*, *and History*. Cambridge University Press, Cambridge.

Rosenberg, N. (2000) *Schumpeter and the Endogeneity of Technology: Some American Perspectives*. Routledge, London.

Rosenberg, N. (2010) *Studies on Science and the Innovation Process: Selected Works*. World Scientific, Singapore.

Rosenberg, N., Birdsall, L. E. Jr (1986) *How the West Grew Rich: The Economic Transformation of the Industrial World*. Basic Books, New York.

Sabin, P. (1999) "A Dive Into Nature's Great Grab-bag: Nature, Gender and Capitalism in the Early Pennsylvania Oil Industry", *Pa Hist*, 66:472—505.

Scheiber, H. N. (1969) *Ohio Canal Era: A Case Study of Government and the Economy*, *1820—1861*. Ohio University Press, Athens.

Schumpeter, J.A. (1942) *Capitalism*, *Socialism*, *and Democracy*. Harper and Brothers, New York.

Stein, J. (1997) "Waves of Creative Destruction: Firm-specific Learning by Doing and the Dynamics of Innovation", *Rev Econ Stud*, 64:265—288.

Taylor, J.B. (2014) "Will the Real Secular Stagnation Thesis Please Stand up", *Wall*

Street Journal，(January 5)；A17.

Tenner，E. (1996) *Why Things Bite Back：Technology and the Revenge of Unintended Consequences*. Knopf，New York.

Vincenti，W. G. (1990) *What Engineers Know and How They Know It：Analytical Studies From Aeronautical History*. Johns Hopkins University Press，Baltimore.

Winchester，S. (2008) *The Man Who Loved China：The Fantastic Story of the Eccentric Scientist Who Unlocked the Mysteries of the Middle Kingdom*. Harper，New York.

第二章

关于创新的计量史研究

约亨·施特雷布

摘要

　　根据定义,关于创新的计量史研究使用统计方法来分析大量的数据。这就是为什么历史上的专利统计已经成为创新的标准测量方式。笔者首先讨论专利数据的优缺点,然后表明专利在国家、地区或发明者之间的分布具有两个显著特征:其偏态和随时间推移的持久性。为了解释这些特征,我们将讨论各种供给侧、需求侧和制度因素的影响。笔者会强调路径依赖的重要性。本章结尾将会讨论技术转让以及随之而来的专利转让和外国专利。

关键词

专利　专利统计　人力资本　偏态分布　技术转让　路径依赖　创新　地区　专利法　市场准入

引　言

经济史学家们在一个典型事实上达成共识，即创新是经济长期增长的主要动力。例如，格雷格·克拉克（Greg Clark，2007:197—202）基于增长核算估计，在工业化社会中单位工人产出的长期增长，四分之三可以直接归因于生产力的永久性增长，在他看来，这主要源于为提高生产过程的效率而进行的无数小型和大型创新。基于这一经验观察的一个重要推论是，创新在地理分布上的不平衡可能是解释一些国家变得富有而其他国家保持贫穷的关键因素。因此，对创新的计量史研究通常集中在两个方面：一是测量创新在空间和时间上的分布，二是基于创新时空分布的测量来确定影响国家、地区或企业创新的因素。有别于其他创新史的研究方法，高级统计分析被用于创新的计量史研究中，而这需要大量数据，因此如何收集这些数据也是该方法论面临的主要挑战之一。这方面的研究显然与发展经济学的研究领域有关：当今不发达国家可以从历史经验中学习如何培养自己的创新能力，从而促进其未来的经济表现。笔者将在"量化创新"和"偏态分布"两个小节中讨论衡量创新的问题和结果；在"解释创新"和"技术转让"小节中介绍和阐明关于创新发展和传播的计量史研究方法。

1378

量化创新

20 世纪初，熊彼特（Schumpeter，1934:66）提出了他著名的、时至今日仍具有启发性的关于创新的定义，他区分了五种不同的创新类型：（1）引进一种新商品或一种商品的新品质；（2）引进一种新的生产方法；（3）开辟一个新市场；（4）获得一个新的原材料或半成品的供应来源；（5）任一行业实行新的组织架构。以熊彼特对创新的定义为基础进行实证研究的经济史学家在实际研究中需要面对的问题是，如何收集这些不同类型创新的完整数据，以便进行跨越时空的统一比较。通常由技术史学者提供的创新历史事件汇编并不全面,而且经常显示出相当大的选择偏差,这是因为历史学家倾向于选择基本创新和产品创新,而不是渐进式创新及流程和组织创新。这就是为什么经济史学家通常依靠专利统计作为量化过去创新的标准方法。这种偏好显然是基于这样的隐含假设,即与历史学家对创新的汇编相比,专利统计方法为创新领域提供了一个更加完整、更少偏见的概述。一般来说,有两种类型的专利统计必须加以区分,即申请专利和授予专利。专利申请是对创新的一种衡量标准,这些创新被发明人评价为新的及有可能实现的。在专利制度中,专利局被赋予了因缺乏新颖性而拒绝专利申请的任务,专利授予可以理解为一种衡量方式,管理部门、公正的技术专家判定为新的创新子集。这两组专利可以有很大的不同。例如,第一次世界大战前德国只有大约40%的专利申请成功通过了专利局的技术审查(Burhop and Wolf, 2013:76)。

专利统计方法也有明显的缺陷。格里利克斯(Griliches, 1990:1669)强调了其中最重要的三个缺陷:"不是所有的发明都可以申请专利,也不是所有的发明都是专利,而且那些获得专利的发明在'质量'和与之相关创新产出规模上有很大的不同。"这句话的第一部分指出,专利统计方法只包含产品和工艺创新的信息,但正如大多数创新汇编一样完全忽略了熊彼特所说的后三类创新,因为一般来说这后三类创新是不能申请专利的。为了填补这一空白,现代创新经济学中基于调查的研究有时会明确要求提供关于市场营销、采购或公司内部组织等关于组织创新的信息。然而,在经济史上通常没有大量的可比数据。投入指标也是如此,例如私营企业或公共研究机构的研发支出。这些指标也经常被用于对创新的非历史性研究,而这些研究只专注于过去几十年的发展。

格里利克斯观点的第二部分是指各行业对专利的重视程度有很大差别。有些行业试图借助专利活动来获得创新回报,而另一些行业则倾向于将其保密。例如,可口可乐的配方从来没有申请过专利,因为它在专利申请中的公开披露会使竞争者在专利保护期结束后模仿这种产品。鉴于各行业专利活动的差异,将某一行业相对较少的专利数量自动理解为其创新水平低于平均水平会产生误导。为了评估关于创新的计量史研究中这种测量问题的严重性,莫泽(Moser, 2012)使用了另一种(数据)来源来识别它们。她研究了1851—1915年间英国和美国在世界博览会上展出的展品数量。用来引导参观者参观某届世界博览会的历史目录包括参展商的名字、地点以及创新描述等信息。创新描述能够使莫泽准确地将每件展品分配给十个不同行业。由于目录还提供了关于展品是否获得专利的信息,她还可以计算出展品的专利率。例如,在 1851 年伦敦水晶宫举办的世界博览会上,大约 89% 的英国展品和 85% 的美国展品没有专利。根据这一观察,很难得出历史专利统计数据可以提供足够精确的创新活动概览这一结论。此外,莫泽发现各行业的专利倾向有很大差异。1851 年,英国展品的特定行业专利率存在很大差异,从机械制造业的 30% 和发动机业的 25% 到采矿和冶金业的仅 5% 不等。莫泽的结论是,在那些创新难以被模仿的行业,其专利率特别低。在 19 世纪中叶,这一论点也适用于化学品,因为当时还没有发展出允许化学产品被"重新设计"的现代化学分析方法。尽管专利率在 19 世纪下半叶逐渐增加,但莫泽的分析清楚地表明,专利统计绝不是完美衡量历史创新的方法。另一方面,专利统计方法往往是进行创新计量史研究所需大规模数据的唯一来源。因此,在使用这种次优测量指标时,研究人员最好在回归分析中控制行业效应。

　　格里利克斯对专利统计方法阐述的第三部分涉及这样一个问题:专利计数对每项专利都分配了相同的权重,无论对专利权人或社会的经济价值是高是低。这也是从原始专利数量推断创新水平会导致相当大的测量误差的另一个原因。然而,对于这个特殊问题,学者们找到了各种方法来处理它。理想情况下,人们希望给每项专利分配一个单独的权重,以量化其技术或经济意义。例如,汤森(Townsend,1980)根据与煤矿有关的历史专利的重要性,在 1—4 的范围内对它们进行评级。这种程序对于特定的行业研究可能是值得推荐的,但对于庞大的专利群体来说是行不通的,因为仔细评估每一项专利将非常耗时,而且需要在广泛的技术领域具备工程能力。为了解决这个问题,经济史学家使用另外三种方法来识别具有高经济价值的专利。图 2.1 说明了这些方法。我们已经知道,在某一国家注册的专利集合只是一个在给定期间内所有创新成果的子集。在国内市场所有专利中,又包含三个相交的子集。由于各种原因,它们都可能代表有价值的专利。这三个相交子集分别是外国专利、长期专利和被引用最多的专利。

21

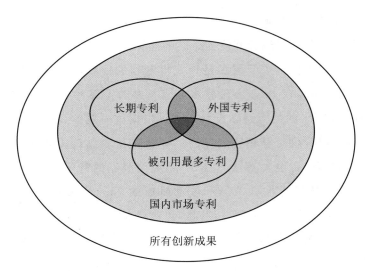

图 2.1　识别有价值专利的方法

发明者不仅可以在本国市场申请专利,也可以在外国申请专利。然而,获得外国专利会带来额外的费用,包括专利律师和翻译费用、专利申请和续展费用以及基础技术国际披露的长期费用。外国专利的未来回报可以来自两个主要方面。专利权人可以利用暂时的专利保护,通过出口创新产品或授权外国生产商在其各自国内市场上生产和销售创新产品来增加其收益。在权衡了国外专利的成本和收益后,大多数发明人决定只在本国申请专利。只有最有前途的创新才会在国外申请专利。这就是为什么外国专利可能是一个国家专利存量中特别有价值的部分。现今同时在欧洲专利局(EPO)、美国专利商标局(USPTO)和日本专利局(JPO)申请的所谓"三合一"专利被用来识别一个国家的最佳创新。

经济史学家通常集中研究美国的外国专利,原因有二。第一,美国很早就建立了一个庞大而发达的市场,只有优秀的外国创新才能在其中立足。第二,美国专利商标局提供相对详细和长期的历史专利统计数据。最全面的计量史分析是由坎特韦尔(Cantwell, 1989)提供的,他分析了 17 个工业化国家和 27 个部门在 1890—1892 年间、1910—1912 年间和 1963—1983 年间在美国的专利活动。这种识别策略的缺点是,外国专利的数量和结构可能与专利所在国的特点有关。一般来说,企业只会在两个先决条件成立的外国寻求专利保护：一是其创新的潜在市场很大，二是模仿的概率很高。更重要的是，有些国家甚至会歧视外国发明家，推迟甚至拒绝批准他们的专利申请（Kotabe，1992）。因此，一个国家的外国专利，也就是有价值的专利组合，可能看起来非常不同，这取决于它是否来自外国的专利活动，例如德国、日本、西班牙或美国。

　　在历史上的专利制度中，如德国或英国的专利制度，专利持有者必须通过支付续约费来对他们的专利进行续期，有价值的专利也可以通过专利的寿命来识别（Schankerman and Pakes，1986；Sullivan，1994）。立法者引入了专利续约费，希望许多不能有效利用其专利的专利持有者能提前放弃其专利，从而使专利文件中记载的新知识在可能的最长专利期限过期前就能公开使用。如果这个机制能如愿以偿，那么历史专利的漫长寿命就可以被视为其具有相对较高私人经济价值的可靠指标。例如，在德意志帝国，一个专利持有人必须每年决定是否要将他的专利再延长一年。从第二年开始时，续约费为 50 马克，然后在专利保护的第 15 年，即最后一年开始时稳步增长到 700 马克。由此产生的专利取消率很高。在 1891—1907 年间授予的所有德国专利中，大约 70％ 在短短 5 年后就被取消了。约有 10％ 的专利在 10 年后仍然有效，只有约 5％ 的专利达到了 15 年的最长期限。施特雷布等人（Streb et al.，2006）将那些至少存活 10 年的德国专利解释为德意志帝国境内有价值的专利。

1382

　　然而，这种通过专利寿命周期来识别有价值专利的方法有三个缺点。第一，只有在专利法规定了每年更新专利的义务，或者像英国的情况一样，分别在专利保护 3 年（后来为 4 年）和 7 年后更新专利，才能采用这种方法。而在经常被研究的美国专利制度中，情况并非如此，专利权人只需要支付注册费。第二，在技术进步率较高的行业中，即使是代表重要基础创新的专利，也可能在短短几年内随着技术前沿的发展而被取消。第三，在一个金融市场不完善的世界里，私人发明家和金融能力有限的小公司可能会因为相对较高的续展费而被迫放弃他们的专利，尽管他们仍然具有很高的经济价值（Macleod et al.，2003）。这两类寿命短但有价值的专利都会被这种专利寿命周期方法系统地忽略掉。

　　在学术界，一篇科普文章的价值通常是由以下数字来衡量的，即它在后来的出版物中被引用的次数。类似的措施也可以用来识别有价值的专利。我们的想法是,某项专利在随后的专利说明书中被引用的次数越多,发明人对其技术和经济意义的评价就越高(Jaffe and Trajtenberg,2002)。遗憾的是,在第一次世界大战之前,参考之前的专利来确定现有技术水平的做法并不常见。尽管大多数引用出现在专利发布后的十年内,但尼古拉斯(Nicholas,2011b)发现,战时的一些英国专利在第二次世界大战后的几十年内仍然被美国专利所引用。努沃拉里和塔尔塔里(Nuvolari and Tartari,2011)确定了另一种在计量史学研究中利用最多被引专利概念的方法。他们的基本研究设计是利用贝内特·伍德克夫特(Bennet Woodcroft)在1862年出版的《发明专利参考索引》。该索引提供了一份技术和工程文献、法律诉讼和评论的参考清单,其中提到了1617—1841年间授予的每一项英国专利。努沃拉里和塔尔塔里认为,分配给某项专利的参考文献的绝对数量显示了其在当代技术和法律讨论中的能见度,因此是衡量其基本价值的合理指标。

根据数据的可用性和特定的研究议程,研究人员可以在上述方法中自由选择最合适的方法来识别有价值的专利。然而,为了使定义更加清晰,可能1383需要同时采用两种或更多的方法,并集中于这些有价值的专利,这些专利位于图2.1中所描述的外国专利、长期专利和被引用次数最多的专利这三个子集的交汇处。

总而言之,由于缺乏大量数据来源,绝大部分关于创新的计量史研究是对专利活动的研究。这种方法的主要问题是,专利统计忽略了所有从未获得专利的创新,要么是因为发明者宁愿保密也不愿意将专利作为获得创新回报的手段,要么是因为专利法没有规定对特定的创新提供专利。组织创新就是后一种问题的一个例子。另一方面,使用专利统计数据有一个重要的优势,即研究人员可以选择不同的复杂方法来识别所有授权专利集合中的有价值的创新。

偏态分布

专利统计的一个引人注目的(也是经常被忽视的)特点是,专利在国家、地区或发明人之间的分布呈高度偏态分布。例如,图 2.2 显示了第一次世界大战前 20 个最具创新性国家的企业和私人发明家所拥有的德国长期专利的数量。这代表了每个国家的长期专利和其在德国注册的专利之间的交集,是一个特别有价值的专利子集。

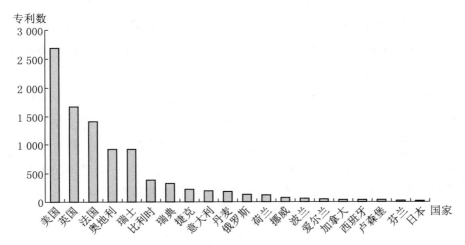

专利数

资料来源:Degner and Streb, 2013:24。

图 2.2　第一次世界大战前 20 个最具创新能力国家在德国的长期专利数量

第一次世界大战前,美国在德国的外国专利活动中占主导地位,占所有长期外国专利的 29%。总体而言,三个(五个)最具创新性的国家各自的份额达到了 63%(82%)。这种技术领导地位的排名随着时间推移而持续存在。在世界范围内,美国、英国、法国和德国(根据定义,德国无法在图 2.2 中出现)在超过 120 年的时间里一直主导着外国专利活动(Cantwell, 1989;Hafner, 2008)。唯一能够加入这个独家技术领袖俱乐部的国家是 20 世纪下半叶的日本。坎特韦尔认为大多数落后国家无法达到类似的创新水平,因为在大多数行业中,新知识的产生是一个渐进的、累积的和路径依赖的过程。由于研发的长期路径没有为后来者提供明显的捷径,因此在发展重大创新方面,技术领先者通常远远领先于其追随者。

假设交易成本(包括搜索和信息成本、讨价还价成本、监督和执行成本)通常随着距离的增加而增加,引力模型预测地理(和文化)上的接近会促进双边对外贸易的流动。伯霍普和沃尔夫（Burhop and Wolf，2013）的研究表明，第一次世界大战前德国专利在国际贸易中也同样成立。在其他条件相同的情况下，专利转让的频率随着某项德国专利的买卖双方间距离的增加而减少。此外，在更普遍的外国专利活动中也可以找到类似的证据。特别是奥地利或现代捷克共和国等国家拥有相对较多的长期德国专利（见图2.2），这可能是直接靠近这个大型邻国经济体（德国）的结果。相比之下，这两个国家在美国的专利市场上没有发挥主要作用，而加拿大则在美国拥有相对较多的专利。

创新在各国之间的分布非常不均匀，这在创新国家本身也有反映。这一观察让人想起分形几何的自相似性。索科洛夫在对有关创新的计量史研究极具影响力的一篇论文中（Sokoloff，1988）指出，在19世纪早期，新英格兰南部和纽约的人均专利水平超过了美国其他地区的20倍之多。1890—1930年间，大多数日本独立发明家居住在东京和大阪周围地区（Nicholas，2011b）。施特雷布等人（Streb et al.，2006）的研究揭示，第一次世界大战前授予德国国内专利权人的长期专利也不是均匀分布在德国的不同地区，而是在地理上聚集在莱茵河沿岸地区以及大柏林和萨克森地区。特别高的创新水平，似乎是一个地区而不是国家的特征。为此，学者们最近集中分析了区域创新系统（Malmberg and Maskell，2002）。

企业层面的数据表明，高于平均水平区域的创新往往基于少数具有高创新力的公司所取得的成就。例如，德格纳（Degner，2009）提出了一个惊人的结果：在德国所有授予国内企业的长期专利中，三分之二（1877—1900年间）或40%—55%（1901—1932年间）的专利由30家最具创新能力的企业所持有。而1930年，德国有超过26.6万家雇用5名以上工人的企业，这一事实强调了创新在企业间的分布是极其不均衡的。德格纳名单上的许多企业，如西门子或巴斯夫，也是21世纪初德国最具创新力的企业之一。

总而言之，许多经验观察得出的结论是通过（有价值的）专利数量来衡量创新，在宏观经济和微观经济层面都是一种罕见的、持续的特征。令人惊讶的是，大多数关于创新的计量史研究并没有明确地处理这些特征。

解释创新

　　传统上,学者们一直在争论所观察到的创新增长主要由供给侧还是由需求侧因素导致。例如,莫基尔(Mokyr,1990)认为,需求侧因素可能影响创新活动的方向,但不能解释一个社会技术创造力的绝对水平。在他看来,在历史上,后者是由各种供给侧因素决定的,如地理或基本技术知识的可用性。他还认为,人口结构及其对劳动力成本的影响,以及大众的偏好,如风险厌恶程度或对新(技术)信息的开放程度等因素都很重要。最近,研究者们还探讨了专利立法如何具体地影响发明的数量和结构。图 2.3 描述了这三类因素之间的关系。

图 2.3　创新的决定性因素

　　支持莫基尔观点的人认为,经济的供给侧推动了创新,强调了人力资本的重要性。一般来说,人力资本包括能提高个人在经济活动中生产力的全部资质和技能储备。它可以通过正规教育和实践学习来获得,因此在工人或研究人员的一生中不断积累。然而,像物质资本一样,人力资本也会贬值。这种情况很可能发生在技术冲击之后。例如,在 18 世纪末,手织棉工是高薪专业人员,但在 1785 年埃德蒙·卡特赖特(Edmund Cartwright)发明了动力织机之后,这些专家很快就被非熟练的成年人甚至儿童取代。不幸的是,准确的人力资本测量指标并不存在。因此,研究者们往往依靠不完美的替代指标,如识字率、受教育年限、正式学位,甚至是衡量一个社会中年龄堆积程度的惠普尔指数(Baten and Crayen,2010)。

至少从第二次工业革命以来,人力资本已经成为工业创新过程中不可缺少的投入因素。19世纪末,化学和电气工程公司发明了研发部门这种新组织概念。因此,历史上科学家和工程师第一次进行合作,系统地寻找可以由其雇主销售并盈利的新商品。在其他行业,如机械工程、绘图室和实验部门,也必须配备训练有素的员工,这已成为一个越来越熟悉的景象。现在,即使是企业的纯模仿活动,也需要人力资本。例如,在实践中,逆向工程意味着工人必须具备拆解复杂机器的技能,在工程图纸的帮助下记录每一个部件,并生产复制部件和功能齐全的仿制品。这就是为什么本哈比和斯皮格尔(Benhabib and Spiegel,1994)认为,人力资本对于提高一个国家的技术水平至关重要,因为它可以模仿外国的先进技术或开发自己的创新。在他们的实证方法中,他们用人力资本存量来衡量一个国家的创新能力,用小学、中学和高等教育的入学率来估计人力资本存量。具体来说,一个国家的模仿潜力近似于技术领先者的生产力水平和其自身低下的生产力水平之间的差距。这种潜力能在多大程度上被用于追赶,又取决于现有的人力资本存量。在分析了1965—1985年间79个国家人均国内生产总值增长率的跨国差异的原因后,他们认为为了经济增长,新兴国家可以依靠采用外国技术,而发达国家则必须开发出更好的技术。这些不同的增长战略可能也需要不同的人力资本组成战略。阿西莫格鲁等人(Acemoglu et al.,2006)建议,希望通过模仿外国技术来迎头赶上的落后国家应该主要投资于中等教育,而处于技术前沿的国家应该集中精力提高高等教育的质量和数量。

比较第一次世界大战前英国、德国以及美国的合成染料工业的发展,穆尔曼(Murmann,2003)认为,以创新和全球销售份额指标来测量,相对丰富且训练有素的国内化学家是解释为什么德国企业在该行业中占据主导地位的关键因素之一。从这一观察中可以提出一个疑问,即适当的人力资本存量是否也会影响到更细分层面上的创新。为了回答这个问题,巴腾等人(Baten et al.,2007)分析了1900年左右位于德国巴登州(Baden)52个区的2 407家公司的专利活动。他们用每千名居民中技术和商业学校的学生数量来衡量地区人力资本的形成。如果一个企业的研发效率主要取决于当地可用的人力资本,那么位于学生多的地区的企业应该比受良好教育程度人数少的地区的企业有更多的创新。计量结果表明,巴登州的中小型企业主要雇用其邻近地区的技术和商业学校的毕业生。相比之下,巴登州大型创新企业显然能够跨越地域界限,从遥远的德国其他地区和外国获得新的研究人员和工程师。

委托-代理理论认为,一个工人的生产力不仅取决于他自己的人力资本,也取决于他在工作中愿意付出的个人努力。如果雇主因为信息不对称而无法观察到准确的工人努力水平,因此无法奖励勤奋或惩罚懒惰,那么工人在完成保住工作所需做的事情后就不会再做其他事情。这一假设对于工业研发部门的雇员来说也可能是真实的,特别是如果他们以固定工资的形式获得报酬。如果一个研究人员不能获得自己的创新所产生的额外收益,他就没有动力全身心地投入新产品和新工艺的开发中。理论上说,雇主可以通过支付可变工资(即工资随研究人员产出的增加而提升)来设置激励。伯霍普和吕贝斯(Burhop and Lübbers, 2010)探讨了这种激励计划是否在1900 年左右的德国化学和电气工程行业的研发部门发挥作用。他们分析了研究人员的工作合同内容,发现在拜耳、巴斯夫和西门子这三家公司中,只有拜耳公司提供了依据受雇研究人员发明所得的事前合同奖金。相比之下,巴斯夫和西门子实施的是自由裁量的奖励计划,奖金水平与研究人员的个人成就之间没有明确的联系。回归分析显示,奖金在总报酬中的高份额明显地增加了公司获得长期专利的数量。此外,个人经验也很重要,专利总产出随着研究人员平均任期的增加而增加。

1388

如果人力资本在历史上一直是创新活动的瓶颈,那么它在各国和各地区的不平等分布可能有助于阐明专利在地理上更加显著的不均衡分布。索科洛夫和汗(Sokoloff and Khan, 1990)不同意这种供给侧的论点。他们认为,在美国早期的工业化过程中,成功的专利活动所需的技能和知识在普通民众中广泛传播。在他们看来,正是由于创新产品进入大众市场的机会不平等,才解释了为什么有些地区成为创新地区而其他地区没有。这种需求侧的论点是基于这样的假设:专利的预期利润率会随着被注册专利的创新的潜在市场规模的扩大而增加。由于在引入铁路之前,陆路运输的费用非常昂贵,因此,那些位于人口密集的大城市附近的企业或是能够通过已通航的水路将其创新产品以低价运往远方市场的企业,比位于更偏远地区的企业更有动力去申请专利。为了支持这一假设,索科洛夫(Sokoloff, 1988)证明,在运河附近的美国东北部地区,在这些水路建成后,以前没有创新能力的地区大大增加了它们的专利活动。汗和索科洛夫(Khan and Sokoloff,1993)分析了 160 位"美国伟大发明家"的传记资料发现,具有伟大技术创造力而没有居住在新英格兰和纽约的传统创新中心地区的人,往往会迁往那里。有趣的是,即使美国其他地区由于铁路网络的大规模延伸而获得了类似的市场准入之后,新英格兰和纽约仍然保持着高于平均水平的创新能力。这意味着路径依赖存在的可能性,我们将在下文中更详细地讨论这一问题。

1389

需求侧因素不仅影响创新,还影响企业最初地点的选择。这就是为什么有必要明确区分公司对地点的选择和申请专利的决策。索科洛夫很清楚这个问题,因此控制了农业和制造业之间的劳动力分工。事实证明,无论是否考虑一个地区的工业活动水平,公司靠近通航水道的程度与专利申请量之间呈现稳健的正向关系。因此,在索科洛夫的样本中,需求因素似乎影响了专利的地理分布,与最初的地点选择无关。然而,德国的情况表明,工业活动的总体水平可能不是区分需求侧因素对企业地点和申请专利决策影响的合适变量。德国各行业的专利倾向差别很大。在 1877—1918 年间,"电气工程""包括染料在内的化学品"和"科学仪器"这三类专利共占所有长期专利的四分之一以上(Streb et al.,2006)。此外,机械工程领域许多有价值的专利主要分布在几个专利类别中,如"机器零件"或"蒸汽机"以及不太明显的"纺织"或"农业"(分别包括纺织机和农业机械)。各行业间专利倾向的不均衡性之所以显得重要,是因为各行业在德国的地理分布也不均衡。

显然,高价值专利数量高于德国平均水平的中部东西狭长地带也是大多数高价值专利来源产业所青睐的地方。早在 1877 年德国专利法实际生效之前,这些产业最初的地点选择可能受到各种因素的影响,如预期市场容量或可用的原材料和中间产品。例如,像巴斯夫或拜耳这样的大型(以及后来非常创新的)化学公司更愿意在莱茵河畔设厂,因为莱茵河不仅是一条重要的通航水道,而且还被用作水源及处理废水。绝大多数的化工企业都是沿着水路而建,这与它们后来是否决定申请专利无关。因此,水道地区的化工企业密度高于平均水平,而且由于该行业的专利活动较多,其专利数量也高于具有类似工业活动水平的地区(这些地区以专利较少的行业为主)。同样的论点也适用于机械和电子工程行业。机械工程领域的公司主要集中在钢铁生产地区附近[即大鲁尔(Greater Ruhr)地区]以及纺织厂附近(即萨克森州)。柏林是德国电气工程的中心。为了检验索科洛夫提出的企业与大城市或大众交通基础设施的接近程度与专利倾向之间的关系是否稳健,最好不仅要控制一个地区的总体工业活动水平,还要控制位于该地区的不同行业的活动水平。

还有一点值得一提。索科洛夫和他的合作者关注19世纪初美国第一次工业革命时期,当时发明新蒸汽机或纺织机所需的相对较低水平的人力资本广泛分散在商人和工匠中。这就是为什么在19世纪初及之前,创新商品可以进入大众市场使得潜在发明家能够成为实际的发明家。然而,在19世纪末的第二次工业革命期间,当化学品和电气工程开始进行基本的创新活动时,广泛传播的一般技术知识和技能可能不再足以实现重大的技术突破。这一假设也得到了以下事实的支持:在这一时期,独立发明人在所有专利权人中的比例稳步下降,而工业研发部门的研究人员的比重却在增加(Nicholas,2011b:1003)。那时,专利不平等的地理分布已经相当程度上由高等教育的不平等供给所决定。因此可以想象,在19世纪进程中,科学技术对创新过程的重要性不断增加,而在解释创新时,重点则从需求侧因素转移到供给侧因素。

然而,另一个支持创新主要由需求侧因素驱动的观点是上游制造商对创新的寻求往往是由其下游客户的具体需求驱动的。施特雷布等人(Streb et al.,2007)观察到德国布匹净出口与"染料"和"染色"技术类别的专利之间存在统计学上显著的双向格兰杰因果关系,这表明在德意志帝国时期,化工和纺织企业之间的知识交流创造了一个内生增长的上升周期。特别是在19世纪最后三分之一时期,许多合成染料被发明之后,德国的化学公司很快就意识到,纺织品制造商无法用他们的传统设备加工合成染料。这就是为什么前者也参与开发适合加工合成染料的新化学和机械程序。下一步,这种新知识被传达给下游的纺织工业。这种知识转移的主要渠道是德国染料制造商新发明的客户咨询服务,它定期向纺织公司通报新染料和新染色方法。随后,德国纺织企业通过出口创新染料染色的布料,在很大程度上提高了国际竞争力。蓬勃发展的纺织企业对合成染料的需求不断增加,反过来又鼓励了具有创新力的化学工厂进行进一步的研发,从而获得了新的专利,

1390

并通过客户咨询,再次为德国纺织业带来额外的经济收益。然而,这个上升周期并不是无限的,当合成染料技术成熟后,它就结束了。

各种关于创新的计量史研究(Burhop and Lübbers,2010；Cantwell,1989；Khan and Sokoloff,1993)显示,某些地区、公司和独立发明人的杰出创新可能是在一个路径依赖过程中建立起来的。德格纳(Degner,2012)阐述了这一假设。他的理论考虑的出发点是一项新技术的出现,比如前面提到的19世纪中期的合成染料。在第一轮研发中新技术带来的经济机会的激励下,许多具有类似创新能力的新公司将努力实现创新。然而,鉴于创新过程的高度不确定性,这些公司中只有少数会成功。这些公司在接下来的第二轮研发中拥有两个优势。它们现在的努力可以建立在其员工第一轮研发过程中获得的科学和经济知识的基础之上。此外,第一轮研发中开发的创新产品的销售,可能推动建立大量的资金储备,使创新企业能够扩大其研发能力,从而在第二轮研发中同时进行几个创新过程。这两种优势加在一起,大大增加了第一轮研发的赢家在第二轮研发中进行创新的概率,这反过来又会进一步促进它们在第三轮研发中的创新水平。相反,在第一轮研发中失败的企业很快就没有机会赶上早期创新者不断增长的优势。从长远来看,一个路径依赖的创新过程将把最初非常相似的公司分为少数非常创新的公司和许多非创新的公司。

为了检验他的理论模型,德格纳分析了1 000多家德国企业在1877—1932年间的专利活动。他得出的惊人结果是,企业有价值的专利存量是未来专利活动的可靠预测因素,而企业规模、进入资本市场的机会、市场结构或地区人力资本禀赋对有价值的专利数量都没有明显的影响。未来研究将显示这些经验观察是否可以被推广。如果是这样的话,创新企业和创新型地区(创新企业和个人聚集的地方)的偏态分布及创新的持久性,都可以用德格纳所概述的路径依赖过程来解释。

到目前为止,我们一直把专利统计数据解释为一种公认的不完美但仍然客观的创新衡量方法。这种观点忽视了这样一种可能性,即某项专利法的引入或改变本身可能会影响创新活动的水平和方向。从理论的角度来看,引入正规的知识产权有望促进创新。其论点是,在一个没有专利保护的世界里,许多发明家将不得不担心经济损失,因为竞争者会迅速模仿创新,并以仅能支付其自身生产成本而非原发明者研发成本的价格出售。由于事先预计到这种破坏性的竞争，许多潜在的发明者可能会决定放弃本来可以对社会带来益处的创新研发项目。为了应对这种研发投资不足的情况，政府引入了专利保护，允许成功的发明人通过作为临时垄断者来出售他们的创新成果以便收回研发成本。

在新兴国家努力追赶技术领先者这一更复杂的历史背景下，这种对正规知识产权收益的简单教科书式的解释可能会产生误导。例如，穆尔曼（Murmann，2003）认为，德国的化学公司在 19 世纪末迅速崛起，成为世界市场的主导者，这在很大程度上要归功于 1877 年前德国专利法的缺失，这使得模仿英国和法国的合成染料的创新及在不受专利法保护的德国市场上销售仿制品成为可能。在这个野蛮模仿时期，德国的模仿者掌握新技术，建立了研发部门，并开发了自己的创新产品。毫不奇怪，在模仿学习完成后，德国的化工企业开始游说引入国内专利法，因为它们认为新获得的创新能力比传统的模仿策略更能获利。里希特和施特雷布（Richter and Streb，2011）证实了穆尔曼对德国机床制造商案例的叙述，这些制造商在 19 世纪下半叶利用各种渠道，如逆向工程、参观国际展览和外国公司、仔细研究国际专利申请、雇用外国工匠和工程师来模仿美国的卓越技术。在 20 世纪初，许多曾经的产品侵权者成为国际知名的机床创新者。

19 世纪，西班牙政府找到了一个两全其美的解决方案：一个完整的国家专利制度，同时保持免费模仿外国优秀技术的可能性。所谓的引进专利可以授予那些率先将外国创新技术引入西班牙市场的西班牙人。对于这种技术转让，不需要原始外国发明人的授权（Sáiz and Pretel，2013）。

总而言之，当不安全的知识产权为它们提供了适应国际创新竞争所需的时间时，优秀的模仿者可以成为优秀的创新者。然而，有一个重要的警告：德格纳（Degner，2012）表明，一般来说，要赶上已在之前许多研发项目中积累经验的发达国家的创新企业非常困难。然而，发展中国家可能会意识到，过早地遵守知识产权方面的国际法律规则其实并不划算。这样做不仅会扩大传统技术领先者的主导地位，而且会减慢国内产业的技术和经济进步速度。

莫泽（Moser，2005）从更普通的层面上对专利保护所声称的创新刺激效

33

应提出了质疑。根据她对 1851—1915 年间世界博览会上展品的研究，她表明没有国内专利法国家的创新水平并不比有长期专利保护传统的国家低。例如，瑞士在 1907 年才开始实行全面的专利制度，但它在世界博览会上展示的高质量创新产品的数量相对较多，其衡量标准是这些产品因特殊的新颖性和实用性而获得的评委会奖项。然而，莫泽不得不承认，专利法可能已经影响了创新活动的方向。根据她的研究，没有国内专利保护的国家将其研发活动集中在那些保密性相对较好的行业，以获取创新回报。例如，食品加工领域的许多发明，如牛奶巧克力、婴儿食品和预制汤，是由瑞士或荷兰的发明家在两国都没有专利法的时期开发的。从这个角度看，荷兰和瑞士的公司目前在国际消费品市场上的领先地位可能是一个漫长且没有专利保护时代的产物。

尼古拉斯（Nicholas，2011a）采用了另一种方法来检验专利保护对创新的影响。他的出发点是他观察到，国际专利制度在专利权人为保持专利权的有效性而必须支付的费用方面有很大差异。19 世纪末，在德国维持 15 年专利的费用为 265 英镑，在比利时为 84 英镑（20 年专利），在法国为 60 英镑，在意大利为 54 英镑。重要的例外是美国，仅用 7 英镑就能获得 17 年专利的保护，这一事实被认为促进了美国创新活动的"民主化"（Sokoloff and Khan，1990）。尼古拉斯没有利用这种跨国差异，而是专注于英国的情况。在英国，14 年期限的专利费用从 175 英镑降至 1883 年的 154 英镑。准确地说，英国专利费用的减少并没有影响到第四年年底（50 英镑）和第七年年底（100 英镑）的两项续费。只是在专利保护开始时应缴纳的初始费用从 25 英镑下降到 4 英镑。

根据麦克劳德等人（Macleod et al.，2003）的论点，第一次支付的 25 英镑对英国许多潜在发明家来说可能是非常昂贵的。从这个群体的角度来看，1883 年的专利费减免意味着他们的发明首次得到了可以承担的专利保护。因此，我们可以预期 1883 年后英国的专利活动会增加，而这一情况确实发生了。然而，尼古拉斯想知道 1883 年的改革是否也促进了有价值的专利来衡量的创新，他通过专利被引用次数和专利的寿命来确定这些有价值的专利。他使用双重差分回归分析了有价值的英国专利相对于在美国授予英国专利所有人的有价值专利的变化，他得出结论：专利费的减少并没有增加创新。这一发现具有重要的方法论意义。如果专利费水平只影响专利总数，而不影响其中有价值专利的数量，那么即使各国专利费差异很大，也可以对后者进行国际比较。

各国的专利法在其他方面也有不同的特点。例如，一些国家引入了技术审查或强制许可条款，而其他国家则没有。此外，一些专利管理机构歧视外国发明人，而另一些则没有（Khan，2013；Moser，2013）。由于这些不同的差异，学者们在比较不同国家的专利活动时应该保持一定程度的谨慎。

技术转让

专利法的一个主要优点是，它为国家内部和国家之间的技术传播建立了一个可靠的法律框架。技术传播的第一个渠道是对新知识的公开披露。专利权人被要求在专利说明书中对其创新提供详细的技术描述，然后向公众公开。尽管在专利有效期内，其他人不可以利用这些信息达到专利中规定的经济目的，但他们可以立即将其作为相关研发项目的起点。为了证明这种扩散机制在 19 世纪已经起作用，莫泽（Moser，2011）指出，美国化学工业的专利在 19 世纪末增加后，该部门的创新活动在地理上的集中程度降低。

为了实证分析国际技术转让的数量、方向和影响，研究者们传统上依赖双边贸易流量或外国直接投资的国际数据。然而，专利说明书也可以作为新知识的来源，特别是当这些专利是以他们的母语发表时。这就是为什么伊顿和科图姆（Eaton and Kortum，1999）通过外国市场的专利活动来衡量技术转让的方向。他们的结论是，第二次世界大战结束后，世界生产力长期增长主要是由少数领先的研究型经济体的国外专利活动所推动的。美国一直是新知识的主要来源，其次是日本和德国。汗（Khan，2013）将视角从来源国转向接受国。有趣的是，在 1840—1920 年间，外国专利占所有专利授权的平均比例在各国之间存在相当大的差异。例如，加拿大为 78%，西班牙为59%，德国为 34%，英国为 22%，而美国仅为 7%。基于这一观察，她提出了这样一个假设：外国发明家较低的专利申请率表明其国内竞争对手的创新水平较高。这一假设可能是正确的，如果任何其他国家的发明家首先参与

1394

外国市场,那么说明他们不需要担心此外国市场本土竞争对手的高水平创新。然而,请注意,汗的观点与传统的假设相矛盾,即外国专利集中在那些由于技术能力和技能相对丰富而模仿概率较高的国家。

根据汗的统计,相对于其他第三方市场,德国专利市场是外国发明家的首选目的地。德格纳和施特雷布(Degner and Streb,2013)利用显性技术优势的概念,根据1877—1932年间欧洲核心区、欧洲边缘区和海外的21个国家在德国的专利活动,分析了技术专业化的国际模式。结果发现,欧洲核心国家在第一次工业革命的旧技术领域和第二次工业革命的新技术领域显示了技术实力。例如,英国在纺织品、机床、电气工程、化学品和大众消费技术方面表现出色。相比之下,欧洲外围的东欧和南欧国家只在第一次工业革命的著名技术领域表现出技术实力,如西班牙或波兰的纺织、煤炭和钢铁工业。这种差异表明,一个国家的技术优势在很大程度上受到其当前经济发展阶段的影响。欧洲核心区的经济发达国家已经探索了第二次工业革命中更多基于科学的技术前景,而不太发达的国家仍然主要在第一次工业革命的传统技术领域寻求发展。这一发现支持了坎特韦尔(Cantwell,1989)的假设,即落后国家无法赶上发达研究型经济体的卓越创新水平。

1395　　仔细观察各个国家的表现,可以揭示出更多的见解。国内自然资源的可用性显然影响了一个国家的技术专业化。大多数拥有煤、铁或其他有色金属天然矿藏的国家,特别是比利时、卢森堡、当代捷克、波兰、挪威和西班牙,这些国家在煤炭和钢铁工业技术领域(包括有色金属的开采技术方面)显示出强大的优势。法国、荷兰和丹麦利用其先进的农业,集中力量进行创新,促进了食品和饮料的大规模消费。意大利和法国在汽车领域显示出强大的技术实力,这一点并不令人惊讶。然而,并不以制造汽车而闻名的加拿大,在第一次世界大战前也在这一领域显示了一些技术优势。因此,技术专业化的历史模式也可能提供关于那些被废弃的国家技术发展道路的信息,否则这些信息就会被遗忘。

专利保护促进技术传播的第二个渠道是降低信息交流的交易成本。只要知识产权没有保障,想要出售新想法的发明人就不得不担心被欺骗,而无法得到经济补偿。在引入专利保护后,专利转让让知识转移变得更容易,风险也更小,特别是可以让有创造力的发明家专门从事发明活动。拉莫罗和索科洛夫（Lamoreaux and Sokoloff，1999，2001）称，美国专利制度的特点，即非常低的注册费和只有"第一个和真正的"发明者才有权申请专利保护，也是美国创新活动中存在明显劳动分工的关键所在。专业的发明家们集中精力创造技术发明，然后通过专利转让将他们的新知识卖给那些接手制造和销售创新产品的成熟企业。专利代理人或律师经常充当发明人和公司之间的中介。1900 年左右，约有三分之一的美国专利在发行后被全部或部分转让，这一事实证明了这种技术转让的相对重要性。德国历史上的专利市场的流动性不如美国，这至少可以部分解释为对发明人的保护不足（Burhop，2010）。德国专利法规定，第一申请人而不是最初的发明人，有权获得专利授权。因此，许多在工业研发部门创造的创新成果被直接授予公司而不是被雇用的研究人员。这是国家专利法的细节如何能极大地影响创新过程的结果，从而影响专利统计的另一个例子。

未来研究

到目前为止，大多数关于创新的计量史研究集中在美国、英国、德国或日本等发达的研究型经济体的专利活动上。为了更多地了解发展中国家的模仿和创新情况，未来的计量史研究项目应更密切地关注欧洲周边地区和海外的专利活动。最大的挑战是如何协调不同国家的专利统计，并将其合并为一个统一的数据库，以便在一个广义的国际面板数据基础上检验专利活动的各种决定因素。鉴于专利统计的明显缺陷，研究者们还应该继续寻找另外的大量历史数据，其中包括从未获得过专利的创新信息。

另一个值得考虑的问题是获得更多关于历史研发管理的微观经济学信息。仔细研究历史上受雇研究人员的工作合同（Burhop and Lübbers，2010）可能是进一步进行实证分析的良好起点。令人惊讶的是，创新方面的计量史研究广泛忽视了创新对经济绩效影响的研究。然而，如果能更多地了解创新在国家、地区和发明人之间的偏态（和持续）分布是如何影响经济结果指标（如人均国内生产总值、生产力或利润）的分布的，将是非常有趣的。

1396

参考文献

Acemoglu, D., Aghion, P., Zilibotti, F. (2006) "Distance to Frontier, Selection, and Economic Growth", *J Eur Econ Assoc*, 4:37—74.

Baten, J., Crayen, D. (2010) "Global Trends in Numeracy 1820—1949 and Its Implications for Long-term Growth", *Explor Econ Hist*, 47:82—99.

Baten, J., Spadavecchia, A., Streb, J. et al. (2007) "What Made Southwest German Firms Innovative around 1900? Assessing the Importance of Intra- and Inter-industry Externalities", *Oxf Econ Pap*, 59:i105—i126.

Benhabib, J., Spiegel, M.M. (1994) "The Role of Human Capital in Economic Development: Evidence from Aggregate Cross-country Data", *J Monet Econ*, 34:143—173.

Burhop, C. (2010) "The Transfer of Patents in Imperial Germany", *J Econ Hist*, 70:921—939.

Burhop, C., Lübbers, T. (2010) "Incentives and Innovation? R&D Management In Germany's Chemical and Electrical Engineering Industries around 1900", *Explor Econ Hist*, 47:100—111.

Burhop, C., Wolf, N. (2013) "The German Market for Patents during the 'Second Industrialization', 1884—1913: A Gravity Approach", *Bus Hist Rev*, 87:69—93.

Cantwell, J. (1989) *Technological Innovation and Multinational Corporations*. Basil Blackwell, Oxford.

Clark, G. (2007) *A Farewell to Alms: A Brief Economic History of the World*. Princeton University Press, Princeton/Oxford.

Degner, H. (2009) "Schumpeterian Firms before and after World War I: The Innovative Few and the Non-innovative Many", *Z Unternehm*, 54:50—72.

Degner, H. (2012) *Sind große Unternehmen innovativ oder werden innovative Unternehmen groß? Eine Erklärung des unterschiedlichen Innovationspotenzials von Unternehmen und Regionen*. Jan Thorbecke, Ostfildern.

Degner, H., Streb, J. (2013) "Foreign Patenting in Germany, 1877—1932", in Donzé, P-Y., Nishimura, S. (eds.) *Organizing Global Technology Flows. Institutions, Actors, and Processes*. Taylor & Francis, New York/Oxford, pp.17—38.

Eaton, J., Kortum, S. (1999) "International Technology Diffusion: Theory and Measurement", *Int Econ Rev*, 40:537—570.

Griliches, Z. (1990) "Patent Statistics as Economic Indicators: A Survey", *J Econ Lit*, 33:1661—1707.

Hafner, K. (2008) "The Pattern of International Patenting and Technology Diffusion", *Appl Econ*, 40:2819—2837.

Jaffe, A., Trajtenberg, M. (2002) *Patents, Citations and Innovation: A Window on the Knowledge Economy*. MIT Press, Cambridge, MA.

Khan, B.Z. (2013) "Selling Ideas: An International Perspective on Patenting and Markets for Technological Innovations, 1790—1930", *Bus Hist Rev*, 87:39—68.

Khan, B. Z., Sokoloff, K. L. (1993) "'Schemes of Practical Utility': Entrepreneurship and Innovation among 'Great Inventors' in the United States, 1790—1865", *J Econ Hist*, 53:289—307.

Kotabe, M. (1992) "A Comparative Study of the U. S. and Japanese Patent Systems", *J Int Bus Stud*, 23:147—168.

Lamoreaux, N.R., Sokoloff, K.L. (1999) "Inventors, Firms, and the Market for Technology: US Manufacturing in the Late Nineteenth and Early Twentieth Centuries", in Lamoreaux, N. R., Raff, D. M. G., Temin, P. (eds.) *Learning by Doing in Firms, Organizations, and Nations*. University of Chicago Press, Chicago, pp.19—60.

Lamoreaux, N.R., Sokoloff, K.L. (2001) "Market Trade in Patents and the Rise of a Class of Specialized Inventors in the Nineteenth-century United States", *Am Econ Rev*, 91:39—44.

Macleod, C., Tann, J., Andrew, J. et al. (2003) "Evaluating Inventive Activity: The Cost of Nineteenth-century UK Patents and the Fallibility of Renewal Data", *Econ Hist Rev*, 56:537—562.

Malmberg, A., Maskell, P. (2002) "The Elusive Concept of Localization Economics. Towards a Knowledge-based Theory of Spatial Clustering", *Environ Plann A*, 34:429—449.

Mokyr, J. (1990) *The Lever of Riches: Technological Creativity and Economic Progress*. Oxford University Press, Oxford.

Moser, P. (2005) "How do Patent Laws Influence Innovation? Evidence from 19th-century World Fairs", *Am Econ Rev*, 95:1214—1236.

Moser, P. (2011) "Do Patents Weaken the Localization of Innovations? Evidence from World's Fairs, 1851—1915", *J Econ Hist*, 71:363—382.

Moser, P. (2012) "Innovation without Patents: Evidence from World's Fairs", *J Law Econ*, 55:43—74.

Moser, P. (2013) "Patents and Innovation: Evidence from Economic History", *J Econ Perspect*, 27:23—44.

Murmann, J. P. (2003) *Knowledge and Competitive Advantage: The Coevolution of Firms, Technology, and National Institution*. Cambridge University Press, Cambridge.

Nicholas, T. (2011a) "Cheaper Patents", *Res Policy*, 40:325—339.

Nicholas, T. (2011b) "Independent Invention during the Rise of the Corporate Economy in Britain and Japan", *Econ Hist Rev*, 64:995—1023.

Nuvolari, A., Tartari, V. (2011) "Bennet Woodcroft and the Value of English Patents, 1617—1841", *Explor Econ Hist*, 48:97—115.

Richter, R., Streb, J. (2011) "Catching-up and Falling Behind: Knowledge Spillover from American to German Machine Tool Makers", *J Econ Hist*, 71:1006—1031.

Sáiz, P., Pretel, D. (2013) "Why did Multinationals Patent in Spain? Several Historical Inquiries", in Donzé, P-Y., Nishimura, S. (eds.) *Organizing Global Technology Flows. Institutions, Actors, and Processes*. Taylor & Francis, New York/Oxford, pp.39—59.

Schankerman, M., Pakes, A. (1986) "Estimates of the Value of Patent Rights in European Countries during the Post-1950 Period", *Econ J*, 96:1052—1076.

Schumpeter, J. A. (1934) *The Theory of Economic Development*. Harvard University Press, Cambridge, MA.

Sokoloff, K.L. (1988) "Inventive Activity in Early Industrial America: Evidence from Patent Records, 1790—1846", *J Econ Hist*, 48:813—850.

Sokoloff, K.L., Khan, B.Z. (1990) "The Democratization of Invention during Early Industrialization: Evidence from the United States, 1790—1846", *J Econ Hist*, 50:363—378.

Streb, J., Baten, J., Yin, S. (2006) "Technological and Geographical Knowledge Spillover in the German Empire, 1877—1918", *Econ Hist Rev*, 59:347—373.

Streb, J., Wallusch, J., Yin, S. (2007) "Knowledge Spill-over from New to Old Industries: The Case of German Synthetic Dyes and Textiles 1878—1913", *Explor Econ Hist*, 44:203—223.

Sullivan, R. J. (1994) "Estimates of the Value of Patent Rights in Great Britain and Ireland, 1852—1976", *Economica*, 61:37—58.

Townsend, J. (1980) "Innovation in Coal-mining: The Case of the Anderton Shearer Loader", Pavitt, K. (ed) *Technical Innovation and British Economic Performance*. Macmillan, London, pp.142—158.

Woodcroft, B. (1862) *Reference Index of English Patents of Invention, 1617—1852*. G.E.Eyre & W.Spottiswoode, London.

第三章

艺术与文化

卡罗尔·简·博罗维斯基
戴安娜·西夫·格林沃尔德

摘要

艺术和文化的经济史包括"高雅文化"（如美术、戏剧和古典音乐）和流行文化（如流行音乐、电影和报纸）。本章主要集中于高雅艺术，但也提供了一个关于更为流行的文化生产的简要文献综述。本章的四个小节对应于艺术和文化经济史中的四个关键领域：关于艺术的相关数据以及如何捕捉这些数据、市场力量如何鼓励文化的消费和供应、艺术生产如何与地理位置和集群相关联、创造性文化的产出因素。本章考察了学者们在广义的艺术形式和不同时期内，对这些问题的研究成果。本章最后讨论了艺术和文化的经济史研究为什么代表了跨学科合作的独特机遇，并与当今的服务经济特别相关。

关键词

艺术　创意　创新　艺术市场　文化

引　言

　　艺术和文化的章节是一本计量史学研究手册的必要组成部分，即使只是 1400
为了纪念以她的名字命名该学科的希腊女神。根据希腊神话，克利俄
(Clio)是掌管历史的缪斯女神，与她的同伴们坐在一起，负责激发诗歌、音
乐、舞蹈和其他艺术的灵感。克利俄本人有时也被认为是所有这些艺术的
"代言人"，为宣扬、保存和赞美它们的历史(Graves，2012:577—781)。与缪
斯女神们一样，关于艺术和文化的经济史也包含各种学科。经济学家、经济
史学家、社会学家和艺术史学家都对该领域作出了重大贡献。因此，尽管本
章将主要关注经济史学家的贡献，但它也必然会总结并涉及源自其他领域
的研究工作。

　　尽管被认为是计量史研究的一个子类别，但艺术和文化的经济史内容非
常广泛。它既包括"高雅文化"，如高雅艺术、歌剧、古典音乐和芭蕾舞，也包
括更为流行的文化，如流行音乐、电影、小说、报纸和电子游戏。在本章中，
我们不可能总结所有关于这些主题的工作。因此，本章主要关注高雅艺术，
这是本章两位作者的专长。虽然我们专注于高雅艺术，但重要的是要注意
这些是文化产品。它们是存在于特定文化环境中的个人财富和品位的结
果。我们尽最大能力对其他关于更流行文化产品的文献进行至少粗略的描
述，即露丝·陶斯所描述的"媒体经济学……广播、视听和出版业的领域"
(Towse，2010:6)。然而，本章不是对所有可被归类为艺术和文化的计量史
研究工作的调查。相反，它是对这一领域的介绍，包括对那些有兴趣从事艺
术和文化经济史研究的人提供阅读建议。

　　本章分为四个小节，每个小节都对艺术和文化的经济史中的四个关键问
题作出了回应。第一节"数据和文化方面的问题"，提出了什么是关于艺术
和文化的相关数据，以及我们如何捕捉它们。第二节"艺术市场及其逻辑"
部分的核心研究问题是：如果艺术产出是对市场力量的反应，那么这些力量
如何随着时间的推移而改变，从而鼓励和形成消费及供给？第三节"文化产
出与地理"，研究了艺术消费和产出的地理区位。艺术市场不是一个能以全

1401 球价格进行交易的全球化商品市场。相反,艺术市场中心是在特定的地方,往往涉及现场表演。第四节"捕捉和激发创造力",则对探讨是否有可能理解创造性产出的驱动性因素以及这些因素如何激励创造性产出的文献进行了总结。随着各经济体成为服务型经济体,了解创造力的驱动因素具有重要的政策意义。在服务经济中,经济增长是由受过高等教育的劳动者推动的,他们通常受雇于需要创造力和创新力的职位和行业。了解艺术产出的经济史可以帮助政策制定者了解哪些因素会激励未来创造性的产出。

在本章的结论中,我们将描述该领域的未来发展和我们认为它将如何继续解决这些问题,以及哪些新问题可能即将出现。我们鼓励准备更深入研究艺术经济史的读者去进一步探索所列的参考文献清单。

数据和文化方面的问题

为了解决艺术经济史的研究主题,例如个人如何以及个人为何会创造高质量的艺术品,并理解艺术市场是如何运作的,学者们需要关于文化产出的高质量历史数据。就像经济史的其他领域一样,找到这些数据是有挑战性的。然而,当涉及艺术和文化研究时,寻找高质量的历史数据需要从几个重要的新维度去思考。学者们在确定什么是艺术和文化的相关数据以及如何获取这些数据时,面临着一些障碍。

学者们面临的第一个障碍是将艺术、音乐、文学或表演作品的审美质量和价值转化为数据的能力。首先,学者们需要调整他们通常的数据驱动方法,以便衡量文化产出的独特且通常具有主观性的质量。例如,学者们应该把艺术家作为他们的观察层次,从而要把整个职业生涯的专业表现汇总起来,还是应该把重点放在个人作品上,这样可以捕捉到著名艺术家好的作品和糟糕的作品,以及一个不成功的艺术家偶尔有影响力的作品。这个问题没有正确答案,但它是经济史学家需要对艺术产出研究的特殊性进行调整的一个例子。

第二个困难是与幸存者偏差有关,这一点在对艺术和文化史的研究上体现得尤为明显。与人口普查或其他系统的数据收集不同,艺术史数据的重点不在于普通人,而在于一些特殊的人。数据通常只存在于著名的艺术家身上,那些"成功"的艺术家,在他们死后的几十年或几个世纪内,都可以观察到。第三个困难之处在于艺术和文化市场特别不透明。即使在今天,也有很大一部分艺术品是由私人经销商以从未公开的价格出售的。如果是独立的电影或戏剧制片人,其生产的艺术品价格底线也是他们的特权。因此,计量史研究者们去寻找历史上的艺术数据时,面临两个问题:搜寻过去几年的数据和由相对较小市场产生的数据,而这些市场的定价往往是私人制定的。在这一领域中,数据质量的重要性不言而喻,其中许多数据对现有文献的贡献是非常重要的,部分原因是它们提供了新的艺术数据,从而使人们有了新的见解。

1402

艺术经济史学家最纠结的问题之一是如何掌握艺术产出的质量。然而,在解决质量问题之前,要掌握一段时间内艺术生产和消费的真实数量是非常困难的。对于视觉艺术来说,有几个数据来源可以利用。当然,拍卖数据可以获得几个世纪以来大量的艺术品样本,从古代到现在的艺术品都可以在当代拍卖会上出售。一些在线数据库,如 artnet 和 Blouin Art Index 则提供了过去几十年的数据;像杰拉尔德·赖特林格(Gerald Reitlinger)的三卷本大作《品位经济学》(*The Economics of Taste*,1961—1970)列出了从 1760 年到 1960 年的拍卖作品(尽管这一数据在出版后受到了批评,特别是 Guerzoni,1995)。其他产出数量的来源包括展览数据,如格林沃尔德作品(Greenwald,2018a)中使用的数据、越来越容易获得的博物馆永久收藏品清单以及艺术史学家收集的目录说明,即某位艺术家作品的完整清单等。最后,一些学者已经找到了历史上的市场销售数据。最近许多论文,除了对艺术市场作出分析性贡献外,还为历史上的艺术生产贡献了大量新数据。最近贡献出卓越的艺术市场数据的例子包括费代里科·埃特罗和劳拉·帕加尼对 17 世纪意大利艺术市场的研究(Etro and Pagani,2012)、金·奥斯特林克、克里斯蒂安·休默、杰拉尔丁·戴维对 19 世纪多国艺术经销商古皮尔画廊(Goupil & Cie)的研究工作(David et al.,2014),以及理查德·戈德恩韦特最近关于一位早期意大利作曲家的"经济传记"(Carter and Goldthwaite,2013)。

当然,学者们不仅对绘制和了解更多艺术产出的数量感兴趣,也对跟踪和了解哪些因素推动了更高质量的创造性工作感兴趣。根据标准经济学理论,许多学者用价格来估算商品和服务的价值,这也包括艺术产出。在视觉艺术领域,利用过去的艺术品拍卖结果,并在市场价格反映一幅画的真实质量这一假设前提下,可以比较方便地做到用艺术品价格来估算其价值。经济学家戴维·加伦森首先在一篇具有里程碑意义的论文(Galenson and Weinberg,2001)中,随后在《大师与天才少年》(*Old Masters and Young Geniuses*,2007)一书中将拍卖价格作为艺术品质量的代理变量。他聚焦于19世纪的法国艺术家,他的论点基于艺术品创作几十年后的拍卖价格可以作为艺术品内在质量的代理变量这一前提。其他研究视觉艺术的学者,特别是克里斯蒂亚娜·赫尔曼齐克和道格拉斯·霍奇森也将拍卖价格作为质量的指标(Hellmanzik,2010;Hodgson,2011)。然而,这些方法存在一些偏见,因为价格受到当代或历史上某些不可观察的趋势和时尚潮流的影响,而且要说明这些问题是很困难的。例如,自20世纪初以来,现代艺术品的价格大幅上涨,特别是与同期的巴洛克艺术品相比。这不太可能是对现代艺术更高质量和艺术价值的反映,而是时尚潮流在转变(对宗教艺术的品位在下降),市场趋势在变化(对现代主义的更高预期回报吸引了进一步的投资,促使价格上升)。虽然使用拍卖数据对研究艺术品很有用,但它在视觉艺术之外有其局限性,不能轻易应用于音乐或文学。一个作曲家的音乐手稿可以被高价拍卖,但其音乐质量和拍卖价格之间的联系并不明显。因为这些手稿是历史文物,而不是音乐作品本身。

评估艺术家作品质量的另一种方法是使用当代专家意见,即通过文化作品产生时形成的意见来判断一件艺术作品的质量和重要性。有益之处在于,不仅有关于视觉艺术的专家意见,也有关于表演艺术、音乐、电影和书籍的专家意见。经济学家试图衡量中立的历史文化专家,如评论家和颁奖委员会,挑选在经济上和艺术声誉方面都算是"赢家"的能力。在2003年的两篇文章中,维克托·金斯伯格研究了专家意见在古典音乐比赛、美国电影奖和国际图书奖中的作用(Ginsburgh and van Ours,2003;Ginsburgh,2003)。他的结论是,积极的专家意见或在作品产生后不久给予的奖项通常与经济成功相关。然而,这些积极意见和奖项并不与艺术作品或艺术家的长期生存或赞誉相关。在视觉艺术领域,凯瑟琳·格兰迪专门检验了17世纪著名艺术评论家罗歇·德皮勒为活跃在他那个时期的艺术家所做的质量排名与这些艺术家在随后三个世纪的拍卖市场上的价格之间的相关性。她发现，德皮勒排名最高的艺术家在市场上获得了更好的经济回报和艺术史上的赞誉（Graddy，2013）。因此，目前关于同时代专家意见的可靠性还无定论。

因此，许多学者选择实用的回顾性专家意见。简而言之，他们使用"最佳"名单，关于艺术家、作家和音乐家的综合词典（如"牛津格罗夫艺术在线""牛津格罗夫音乐在线"和《不列颠百科全书》）以及其他回顾性汇编资料来衡量某个文化制作人及其作品的重要性。[1]利用这些汇编中关于制作人的条目长度来衡量制作人对其领域贡献的重要性和质量是一种研究策略。奥里根和凯利（O'Hagan and Kelly，2005）[2]深入讨论了这种方法和相关文献。他们还开发了自己的选择算法，采用列英寸法，即在艺术词典中查看每个艺术家所占的空间，并通过分配给他或她的空间多少来衡量艺术家的特质。词条长度与艺术家的重要性相关的基本假设在实证证据中得到了支持。然而，这种方法也有缺点。第一，寿命更长的艺术家自然会有更长篇幅的词条长度，尽管长寿也可能与他们的名气相关，这些人可能只是有更多的时间来创作潜在的著名作品。第二，早期的艺术家，特别是18世纪之前的艺术家，通常生平较短，因为早期的文献和历史资料较少，保存质量也较差。第三，也许是最难处理的问题，即参考文献对本国或目标市场国家存在偏见，而这个问题甚至也存在于最有声望的出版物中。因此，仅从一个参考作品中挑选艺术家，将不可避免地由于资料来源国家的原因产生偏见。我们将标签化某一特定国籍或性别的艺术家，而忽略其他艺术家，例如长期以来一直被忽视的女性艺术家、有色人种艺术家和来自全球南方的艺术家。

为了解决这些问题，人们最好使用更多的国际艺术词典，并根据研究的目标，寻求各种选择算法。一个例子就是查尔斯·默里（Charles Murray，2003）的著作《文明的解析》（*Human Accomplishment*）。在这本书中，"卓越及其识别"一章描述了默里如何在各个领域（包括视觉艺术、音乐和文学）选择最杰出的人物，并概述了他的综合选择方法。他的选择基于许多国际词

1404

---

[1]　例如，在《作曲家及其音乐词典》（1979，1993）中，两位音乐学家吉尔德和波特提供了关于谁写了什么，以及什么时候写的信息。该词典是公认的对最有影响力古典作曲的调查，并经常作为作曲家作品的来源（例如 Borowiecki，2013）。

[2]　http://www.tandfonline.com/doi/abs/10.3200/HMTS.38.3.118-125.

典和参考书,以减少国家或市场偏见的风险。默里的著名成就者名单经常被用来在其他研究项目中确定样本(例如,在视觉艺术方面参见 Hellmanzik,2010;在音乐方面参见 Borowiecki,2013)。虽然博物馆的藏品,歌剧、交响乐和剧院的演出项目不包括在默里的资料来源中,但这些数据来源可以用来衡量艺术家重要性,都是通过观众的需求和策展人或艺术总监的主观选择来决定的,如阿尔弗雷德·勒文贝格尔(Alfred Loewenberg)所著的《歌剧年鉴》(*Annals of Opera*,1978)是一本关于著名表演的参考书,焦尔切利和莫泽(Giorcelli and Moser,2016)及其他学者都使用过。

使用文化机构收藏的百科全书式数据的方法也是衡量艺术家的特质质量和地位的实用方法,也适用于许多领域,但容易出现明显的样本偏差。一个艺术家、作曲家或作家必须对相关的艺术典籍作出有意义的贡献,才有资格被纳入这些出版物和机构。这些出版物中介绍的创作者都是非随机的样本(Gilder and Port,1993;Borowiecki,2013),因此,人们可能会问:普通艺术家的生活和作品呢?没有关于平庸艺术家或低质量艺术作品的词典。然而,最近的研究提出了绕过这一障碍的方法,即从人口普查中获取数据。例如,博罗维茨基(Borowiecki,2018)使用这种方法,利用"综合公共使用微数据系列"(Integrated Public Use Microdata Series)数据库中记录的美国人口普查数据,收集了数千名普通艺术家的数据。综合十年一次的人口普查所提供的 1850 年以来的职业状况信息,可以用来识别各种高级艺术职业,包括艺术家(视觉艺术)、作家(文学艺术)、音乐家(音乐)和演员(表演艺术)。在个人作品的层面上,格林沃尔德(Greenwald,2018a,2018b)探索了有关历史展览的数据,这些数据捕捉到了 19 世纪在法国和美国各地一系列场所参加当代艺术展览的所有艺术家。还有一些学者在网上搜索某些艺术家或艺术作品,或从流媒体平台下载某些类型的音乐,以便更接近艺术观众的非策划性需求(Borowiecki and O'Hagan,2012;Waldfogel,2014;Aguiar,2017)。

正如经济史的其他研究领域一样,关于艺术和文化的信息并没有一个完美的数据来源。与艺术作品和艺术家有关的幸存者偏差,在视觉艺术、音乐、文学和其他领域尤为明显。值得注意的是,艺术作品和艺术家在现有数据中占主导地位。我们可以断言,著名艺术家对艺术和我们的文化遗产作出了非常重大的贡献,因此构成了一个特别有吸引力的样本。如果人们有

1405

兴趣了解是什么推动了杰出的创造性产出和天才,那么著名艺术家也是合适的样本。尽管研究艺术和文化方面的经济史学家已经进行了详尽的档案研究,并提出了捕捉创造性产出的新方法,但在这个领域,持续的样本偏差是一个必须承认和需要解决的问题,也许比在其他计量史学学科中更为重要。

艺术市场及其逻辑

不难看出,许多涉及艺术和文化的经济史著作往往涉及与艺术和文化市场有关的研究问题。经济学家普遍认为,任何商品的产出都是对市场力量的一种反应。因此,就像其他商品一样,学者们研究这些力量如何随着时间的推移而改变,以鼓励创造性产出的消费和供给。

艺术市场,尤其是视觉艺术市场,在以下几个方面表现特殊。首先,这些市场的"价值"是主观的。对文化产品相对质量的判断取决于专家意见和观众接受程度的综合评价。此外,对一本书、电影或其他艺术作品价值的判断会随着时间的推移而发生重大变化。以梵高为例,他的作品在他一生中几乎没有得到认可。尽管他创作了大约 2 000 幅画作,但在他活着的时候卖出的画作很少,而且在 37 岁的时候就一贫如洗。今天,他的画作是世界上最有价值的作品之一。由于这些主观评价大量存在,文化市场上的供应商和消费者之间存在着巨大的信息不对称性。这就为诸如艺术品经销商、唱片公司、电影制片厂、出版商等中介机构的存在创造了理想条件,以调解文化生产者与受众之间的互动。在本节后面,我们将描述越来越多关于这些中介机构及它们的发展和行为的文献。本节更关注视觉艺术市场,因为它拥有庞大的文献,并且涉及与其他艺术形式市场有关的研究问题,但我们也会努力讨论其他文化产品市场的研究。

在研究艺术市场时,学者们主要的研究问题通常可以分为三类。第一类是描述在艺术史上一个特定的具有重大意义的时刻,包括市场结构发生重大转变的时刻。第二类是艺术作为一种资产在一段时间内的表现,这在很大程度上取决于艺术市场的结构。第三类是努力了解艺术和文化市场是如

1406

何在更广泛的社会经济背景下形成的,反过来说,这些市场是如何对其所在的社区产生长期影响的。本节介绍了这些领域中的每一项研究。

艺术和文化方面的经济史研究有几项重大贡献,它们提供了关于艺术市场历史上重要时刻的具体数据和历史细节。这类研究的一个基础性例子是关于荷兰黄金时代艺术市场的文献。经济学家约翰·迈克尔·蒙蒂亚斯对17世纪荷兰绘画的研究(Montias,1982,1989)为这一时期创作的绘画提供了大量价格数据及关于艺术生产和艺术消费团体的社会和经济细节。他是包括菲利普·弗尼梅伦、尼尔·德·马尔基和汉斯·维梅伦(例如,Vermeylen,2003;De Marchi and Van Miegroet,1994)在内的艺术史学家和经济学家中第一个在该领域开展一系列经济史研究工作的。其他学者解决了意大利文艺复兴和巴洛克时期的问题,如理查德·戈德思韦特关于文艺复兴时期佛罗伦萨的研究(Goldthwaite,1993),费代里科·埃特罗和劳拉·帕加尼对17世纪意大利艺术市场的研究(Etro and Pagani,2012;Etro,2018),这些研究展示了来自艺术家和赞助人之间合同的特殊数据。最近这种处理另一个时期和地理相关工作的显著例子是金·奥斯特林克、杰拉尔丁·戴维和杰伦·厄弗关于第二次世界大战期间德国占领的欧洲地区艺术市场的研究。他们利用新的数据表明,战争期间对艺术品的需求很旺盛,这种需求可归因于战时对可移动和可销售资产的需要(Oosterlinck,2017;David and Oosterlinck,2015;Euwe,2007)。通过这种研究工作,学者们试图了解在明确时间点上的供给(谁出售艺术品以及为什么和如何出售艺术品)和需求(谁是购买者以及他们为什么决定购买艺术品)的特性。在艺术的其他领域也有类似的研究目标。以电影市场为例,波科尔尼和塞奇威克(Pokorny and Sedgwick,2010)描绘了美国电影市场从1929年到1999年的发展,重点是对20世纪30年代和20世纪90年代进行比较。他们特别指出,这两个年代存在着类似的利润变化水平。然而,在20世纪30年代,利润的主要来源是中低预算电影,而在20世纪90年代,利润的主要来源是高预算电影。

其他相关研究试图了解从一种艺术市场结构到另一种结构的转变。例如,弗雷德里克·谢勒描述了欧洲音乐市场从18世纪到19世纪的演变。特别是他研究了作曲家如何从受雇于他们的赞助人转变为作为企业家从各种资源中寻求支持和获得收入(Scherer,2004)。20世纪60年代,威廉·鲍莫

尔和威廉·鲍恩利用历史和当代的融合数据,研究了 20 世纪以来表演艺术
的生产和供给成本是如何增加的。他们将这种增长归因于歌剧、芭蕾舞或
其他艺术形式的演出所需要的成本,包括不断增长的劳动力成本在内的巨
大固定成本支出,他们把这个问题称为"成本病"。反过来说,他们认为这种
成本压力会影响需求,要么使许多潜在的观众无法承受表演艺术的票价,要
么要求国家或私人基金为演出提供大量的补贴。这种现象损害了表演艺术
的经济可行性(Baumol and Bowen,1965),但这一理论自提出以来一直受到
争论和质疑(Cowen,2000)。

　　鲍莫尔和鲍恩对表演艺术市场的持续转变感兴趣。其他学者则是进行
纯粹的回顾性工作,即关注过去的变化。艺术市场结构中最值得研究的转
变之一发生在 19 世纪的法国。在《画布与职业:法国绘画界的制度变革》
(Canvases and Careers:Institutional Change in the French Painting World)中,
社会学家哈里森·A.怀特和艺术史学家辛西娅·A.怀特研究了 19 世纪末
法国视觉艺术从国家集中支持制度向"经销商-批评家"制度的转变,即一个
基于当代艺术展览和销售市场的分散化系统(White and White,1993)。许
多作品追随怀特夫妇的脚步,探索和解释为什么艺术和文化的市场会随着
时间而改变。戴维·加伦森和几位合著者发表了一些论文,对《画布与职
业:法国绘画界的制度变革》作出直接回应。与罗伯特·詹森一起发表的一
篇论文认为,19 世纪法国集中化的国家赞助展览系统的断裂可以部分归因
于艺术家在他们自己的群展中进行展览和销售的创业冲动(Galeson and
Jensen,2002)。在另一篇文章中,加伦森和布鲁斯·温伯格描述了新的基
于市场的分散化系统如何鼓励和奖励艺术家创新,并帮助促进现代艺术的
出现(Galenson and Weinberg,2001)。

　　我们详细描述这些 19 世纪艺术市场的文献,不仅是因为它在该领域被
大量引用,还因为它引入了艺术经济史的一个重要话题:随着时间的推移,
鉴定人和中介机构在艺术市场中的重要性不断变化。在"经销商-评论家"
的分散化系统下,参与市场的个人数量增加。这使市场中介机构的作用越
来越大,如艺术经销商和拍卖行,包括佳士得、苏富比和德鲁奥。被研究最
多的中介机构是当代艺术的经销商。包括比斯特林(Bystryn,1978)和菲茨
杰拉德(Fitzgerald,1995)在内的研究表明,经销商对于现代艺术家的经济成

51

功(也许还有艺术史上的持久力)已经变得至关重要。这一领域最近主要的贡献是奥拉夫·维尔苏斯的《艺术品如何定价》(*Talking Prices*,2005),该书提出了令人信服的人群志研究,并表明初级艺术市场的定价是怎样波动的,而这种波动取决于特定经销商是否有能力持续调整当前的供需状况。

市场中介的作用是其他文化产品(如书籍、新闻和音乐)市场的研究重点。在图书史上,出版商、印刷商和书商是一个特别的焦点(St Clair,2004;Dittmar,2011;Finkelstein and McCleery,2012)。从事音乐产业经济史研究的学者们已经研究了技术驱动对传统中介机构如唱片公司和他们所代表的音乐家构成的挑战。随着当代音乐市场的急剧变化(即唱片和 CD 最初的主导地位和随后的衰落、合法和非法下载时代的到来,以及现在流媒体的兴起),音乐市场变迁"历史"也在加速。关于知识产权保护及其对音乐生产的质量、数量和形式影响的争论,一直是有关音乐中介机构研究文献的核心。许多文章(例如,Oberholzer-Gee and Strumpf,2007;Waldfogel,2012)发现,利用 Napster 等软件进行的非法下载对 21 世纪初能观察到的唱片销量下降几乎没有影响,也没有导致同一时期音乐质量的下降。随着音乐盗版变得不那么普遍,特别是在欧洲和北美,学者们转而评估合法数字音乐流的影响(Aguiar and Martens,2016)。这些关于音乐产业的文献与艺术经济史中另一个反复出现的主题直接相关,即版权和知识产权保护的重要性。我们将在"捕捉和激发创造力"一节中详细讨论这个话题。

从 19 世纪开始,随着艺术市场和中介机构数量的增加,买家开始出于经济和审美原因投资艺术品。艺术品成为一种有价值的、容易出售的资产(Velthuis,2011)。有大量文献致力于判断艺术品作为一种资产的长期表现。总的来说,这些文献发现艺术品作为投资品的表现很差。弗雷和艾肯伯格(Frey and Eichenberger,1995)、戈茨曼等人(Goetzmann et al.,2011)以及瑞尼布格和斯潘杰尔斯(Renneboog and Spaenjers,2013)进行的研究支撑了这些结论。艺术市场的特殊性,即持续的信息不对称以及拍卖行和艺术品经销商等中介机构的影响,对艺术品作为一种资产的表现有深刻的影响。戴维、奥斯特林克和沙弗兰斯(David,Oosterlinck and Szafarz,2013)以及奥利·阿申费尔特、凯瑟琳·格兰迪和克里斯托夫·斯潘杰尔斯的多篇论文研究了艺术品和其他奢侈品在拍卖中的缺陷,以及这些缺陷如何对作为资产的艺术品的表现产生负面影响（Graddy and Ashenfelter，2011a，2011b；Spaenjers et al.，2015）。

第三类也是最后一类关于艺术市场的研究则探讨了艺术市场与它们所处的更广泛社会和经济背景之间的互动。在这部分文献中，被引用最多的文献来自于社会学。著名社会学家皮埃尔·布尔迪厄在《区分：判断力的社会批判》（Distinction：A Social Critique of the Judgement of Taste）中断言，"存在一种具有特定逻辑的文化产品经济"（Bourdieu，1984：xxv）。[①]这种逻辑是由文化经济参与者的教育和教养——习惯——决定的。布尔迪厄写道："我们可以说，看见的能力（voir）是知识（savoir）的一个功能……一件艺术作品只有对拥有文化特征的人来说才有意义和兴趣，文化特征就是它被编写的代码。如果观赏者缺少特定的编码，会感到自己迷失在声音和节奏、颜色和线条的混沌中，缺乏韵律或理性。"[②]由于在这种文化经济中的交易需要这种编码，布尔迪厄的结论是，阶级不仅可以被表达，而且可以通过文化产品的消费来定义和传递给后代。最后，他认为在文化品位的基础上所形成的阶级区分特别有效。虽然社会阶层向上流动的人能够在一生中积累金融资本，但文化理解则是"完全的、早期的、不易察觉的学习，从生命的最初几天就在家庭中进行，并由预设和完成它的专业学习来拓展……我们的家庭将（这些）像传家宝一样传给他们的后代"（Bourdieu，1984：59）。自《区分：判断力的社会批判》出版以来，该书已经确立了这样的论断：文化活动、品位和机构是阶级形成的有力场所。这一论断对艺术研究的各个领域都产生了深远的影响，其中包括文化经济学和艺术经济史。

布尔迪厄使用当代调查数据和定量方法来支持他的论断。虽然研究当代问题的文化经济学家也使用调查数据来研究艺术消费和社会生态背景之间的联系（例如 Ateca-Amestoy，2008），但经济史学家需要寻找其他资料，让他们去研究历史上的这种联系。因此，这一领域的经济史文献经常关注对艺术品的需求是如何与实体文化机构相关联并施加影响的。这类学术研究

1409

---

① Pierre Bourdieu，Distinction：A Social Critique of the Judgement of Taste，trans. Richard Nice（Oxford：Routledge，1984），xxv.

② Ibid.

提出的研究问题是：对艺术的特殊需求或供给如何被博物馆、歌剧院和交响乐团鼓励和保存？此外，这些机构在成立之后如何继续形成艺术市场？

　　在视觉艺术领域，已经有一些关于艺术需求和建立艺术博物馆之间关系的研究。虽然不是经济史学家，但社会学家保罗·迪马乔对博物馆和其他艺术机构的经济史作出了重大贡献。在布尔迪厄工作的基础上，迪马乔研究了19世纪美国赞助人出于社会动机建立的新博物馆、歌剧和交响乐。他认为这些机构改变了文化输出的方式，并在什么是"高级文化"和什么是"大众文化"之间设置了一道明确的界限（Dimaggio，1982）。今天，这些艺术类别和它们的传播仍然是相互分离的，一个艺术家被纳入重要博物馆收藏（或一个作曲家的作品在一个重要的歌剧院或交响乐团被演奏）仍然是一个艺术作品作为"高级文化"的地位和质量的重要证明。布雷诺·S.弗雷和几位合著者为此作出了重要贡献，他们记录了历史上和现今出现这一现象的情况（例如，Frey，2013）。

　　目前，关于实体艺术机构影响，最活跃的调查领域主要研究一个机构的建立是如何在该机构成立后的几个世纪里形成特定的艺术供给和需求的。

1410 读者会注意到，这里描述的几乎所有文献都是关于某个特定时间和地点的艺术。即使是旨在衡量艺术作为全球交易资产回报的金融史论文，也必须承认像维尔索斯（Velthuis，2005）所描述的那些中介机构的地方性和特异性干预的重要性。艺术产出并不等同于小麦或煤炭这样的商品。相反，文化产品的交易往往是面对面的，它取决于个人关系，并在专门的实体机构中进行。这些地理因素将在下一节"地理与艺术"中进行详细探讨。

地理与艺术

　　在艺术经济史研究中，学者们经常会回到地理集群的话题上，包括艺术的消费者和供给者。他们观察到，在各个历史时期，最活跃的观众和最知名的艺术家往往集中在特定的城市。本节介绍了证明这一现象的文献，并探讨了集群对艺术产出的影响。本节从对艺术和文化需求的研究开始，然后转移到主要关注供给者的研究。

最近有两篇文章讨论了在具有长期艺术遗产支持的城市中文化需求的持久性。在一篇题为"歌剧魅影"（Phantom of the Opera）的论文中（Falck et al.，2011），奥利弗·法尔克、迈克尔·弗里奇和斯特凡·埃布利希将德国巴洛克歌剧院的位置作为一个准自然实验来检验高人力资本的雇员是否会被吸引到具有文化设施的城市。他们发现，巴洛克歌剧院的存在增加了目前受教育工人的存在。这表明在某些城市，"有文化"的活动以及有文化声誉的影响是持续存在的。尽管学界对这篇论文有一些评论和质疑，但最近的一项复制研究（Bauer et al.，2015）发现巴洛克歌剧院确实具有同样的效应，尽管历史上的妓院和啤酒厂对高人力资本工人的比例也有积极影响。《歌剧魅影》一文并不打算测量艺术需求，相反，它试图理解为什么高技能工人选择居住在某些地方，以及这种集聚是如何影响某个城市和地区的增长路径的。相比之下，博罗维茨基（Borowiecki，2015b）确实着手理解意大利某些城市对艺术的支持和对文化产品需求的持久性。他发现，过去有高水平文化活动的城市和省份（以该地区活跃的作曲家的数量来衡量），到现在仍然有更多的音乐会和歌剧演出。此外，与体育赛事等其他娱乐活动相比，居民在高水平文化活动上的花费仍然相对较多。对艺术的需求和支持一旦在一个特定的城市建立起来，似乎就会持续下去。

与旨在了解艺术家地理分布的学术研究相比，衡量艺术需求的集群是一个新的、小众的研究方向。其最早的定量研究可以追溯到 20 世纪初。古斯塔夫·米肖探索了美国艺术家和知识分子的空间分布，并于 1905 年在《世纪杂志》（*Century Magazine*）上发表的文章《国家的大脑》（The Brain of the Nation）中描述了他的发现（Michaud，1905）。这一领域的研究受到了极大的关注，尤其是在过去的 20 年里，许多国家都在向服务型经济转型。集聚经济学的研究已经明确，经济活动在地理上是集中的。然而，成功的艺术家的地理集聚明显更加集中，人们经常观察到，在整个历史上，全球著名艺术家都位于少数几个城市中。例如，米切尔（Mitchell，2016）记录了 1700—1925 年出生的英国和爱尔兰 370 名重要诗人和作家的地理集聚程度。她认为大伦敦地区是一个规模庞大的地理集群，有 79 名（或 21%）作家出生在这个地区，在其顶峰阶段，有 50% 以上的作家在这里工作。都柏林、爱丁堡、牛津和剑桥是除伦敦外在样本期间任何时候都能看到作家小规模集聚的城

1411

55

市。记录这种地理上高度集聚的其他主要文献还有霍尔（Hall，2006）、默里（Murray，2003）和席希等人（Schich et al.，2014）的研究。

在都柏林圣三一学院，现为荣誉教授的约翰·奥黑根（John O'Hagan）领导着一个专门致力于创意集群研究的小组。这个小组已经产出了一系列研究项目，汇编了详细的数据库，包括数百甚至数千名著名艺术家一生的迁移历史，涵盖范围从视觉艺术、音乐到文学艺术。这个小组和马克西米利安·席希（Maximillian Schich）的研究表明，艺术家的集聚主要不是由艺术家在特定城市的大量出生所驱动，而是由移民模式所驱动。席希等人（Schich et al.，2014）使用一个包括艺术家在内的 15 万名知名人士的数据库，研究表明这些人的出生地和死亡地之间的中位数距离从 14 世纪到 21 世纪基本保持不变。

奥黑根和赫尔曼齐克（O'Hagan and Hellmanzik，2008）专门研究了著名视觉艺术家在四个时期（根据他们的出生日期）的迁移和集聚模式：文艺复兴时期的意大利、19 世纪上半叶的欧洲，以及 1850—1899 年和 1900—1949 年间的整个西方世界。这些数据支持席希的结论，即著名艺术家在所有时期都集聚在一个非常高的水平上。佛罗伦萨和罗马在文艺复兴时期的意大利占主导地位，由于艺术家的出生地和国内移民的原因，出现了大量的集聚。巴黎和伦敦见证了 19 世纪上半叶出生的艺术家的显著集聚。在研究的 72 位艺术家中，有 55 位艺术家的主要工作地点是这两个城市。巴黎在 19 世纪下半叶出生的艺术家集聚中继续占主导地位，而 20 世纪上半叶出生的艺术家则集中在纽约，所有著名的美国艺术家都集中在那里。奥黑根和博罗维茨基（O'Hagan and Borowiecki，2010）研究了音乐作曲家的地理分布，他们研究了过去 800 年中 522 位重要作曲家的年度迁移和集聚模式。与视觉艺术家一样，研究表明巴黎一直是作曲家工作的主要中心城市。作曲家集中在这座城市，也许反映了巴黎作为文化城市的普遍突出地位。一些作曲家出生在巴黎，但大多数作曲家都是迁移到这里的。表 3.1 概述了几个世纪以来著名作曲家迁移的大致模式。奥黑根和博罗维茨基发现，86% 的作曲家其职业生涯中最长的一段时间是在远离出生地的地方度过的，59% 的人迁移到其出生国内的一座城市，而其余 27% 的作曲家迁移到其他国家工作。

表 3.1 各个世纪著名音乐作曲家的迁移类型

出生时间	迁移类型						
	未迁移		国内迁移		国外迁移		全部
	人数	占比	人数	占比	人数	占比	共计
12 世纪	2	0.50	2	0.50	0	0.00	4
13 世纪	0	0.00	2	0.50	2	0.50	4
14 世纪	2	0.18	8	0.73	1	0.09	11
15 世纪	0	0.00	31	0.61	20	0.39	51
16 世纪	14	0.13	66	0.63	24	0.23	104
17 世纪	14	0.17	52	0.62	18	0.21	84
18 世纪	16	0.17	41	0.44	36	0.39	93
19 世纪	27	0.18	88	0.59	34	0.23	149
20 世纪	2	0.09	16	0.73	4	0.18	22
全部	77	0.15	306	0.59	139	0.27	522

资料来源：O'Hagan and Borowiecki，2010。

这些研究表明，在几个世纪之前，艺术家、音乐家和其他创意人士的移民率相当高。这表明在普通人定期向城市迁移集聚之前，一个全球一体化的创意者世界就已经存在了多个世纪。重要的是，由于艺术和文化市场没有（而且仍然没有）全球一体化，艺术的供给者不得不前往艺术市场、机构、消费者和其他生产者所在的文化中心（Florida，2014）。

这些迁移模式似乎不仅仅适用于著名的艺术家。为了解决该领域的样本偏差问题，博罗维茨基（Borowiecki，2018）研究了1850年至今美国著名艺术家和普通艺术家在集聚强度和地点选择上的差异。这是用人口普查记录来涵盖普通艺术家和艺术词典中列出的著名艺术家的数据来完成的。他表明，人口普查中的艺术家（即"普通"艺术家）的地理分布更广，这意味着与著名创作者相比，集聚强度较低，但集聚特征仍然非常明显。这再次证实了之前的说法，即非凡成就者比普通人更集中。有趣的是，对于这两个艺术家群体来说，出现了相同的主导集群城市。纽约市排在首位，接下来是波士顿、芝加哥、洛杉矶和旧金山。博罗维茨基（Borowiecki，2018）也显示了不同艺术领域的有趣差异。然而，一些学科特定的集群已经出现，在新奥尔良出生的音乐家非常集中，而西雅图则是文学艺术家的重要工作地点。

通常情况下,帮助销售艺术家创意成果的企业也会集聚,通常是靠近艺术家本身。几项对艺术品经销商的地理位置进行的研究表明,就像艺术家本身一样,经销商高度集聚在同一个地方,甚至在文化活跃城市里的同一个街区。这种关于艺术品经销商地理位置研究工作的例子有艺术史学家帕梅拉·弗莱彻和安妮·黑尔姆赖希对 19 世纪伦敦艺术市场的研究(Fletcher and Helmreich,2012)以及巴黎高等师范学院 Artl@s 研究小组绘制的1815 年至 1955 年巴黎艺术品经销商位置地图(Saint-Raymond et al.,2015)。在戏剧业和电影业中也出现了大量的中介机构集群。纽约百老汇和伦敦西区是戏剧活动的高密度集群地区。处于这些集群中心的组织以及位于同一城市或大都会区但不在主要集群内的组织,在戏剧业产生了重大的创新,卡斯塔涅尔和坎波斯(Castañer and Campos,2002)对此进行了全面的概述。好莱坞是电影业中一个具有全球主导地位的集群。有几篇文章研究了这个集群是如何出现的,以及它是如何继续传播其主导地位的。研究特别关注早期好莱坞电影的巨额预算,以及 20 世纪初期至中期在加利福尼亚州南部制作的电影打入外国市场的能力(Miskell,2016;Bakker,2008;Sedgwick,2000)。就像艺术品经销商集聚在艺术家附近一样,好莱坞和百老汇这两个集群,将诸如演员、导演、作家等艺术创造者本身和为创作电影或戏剧作品提供必要资金和发行的个人和组织联合起来(Caves,2000;Scott,2004)。

观察地理集群特征是对经济史的一个重要贡献。然而,毫不奇怪的是经济学家和经济史学家并不满足于只作这种观察。他们想了解为什么集群会促进创造力。为了制定当今服务驱动型的经济政策,学者们试图了解政府和机构如何通过促进集群或其他政策干预来推动创新和创造性活动。下一节将讨论这些问题。

捕捉和激发创造力

人们是否有可能了解是什么驱动了创造性的产出以及该如何进行激励?虽然本章前三小节所介绍的学术研究肯定会涉及这个问题,但本节所介绍的论文的研究重点都是围绕该研究问题展开。因此,本节更多涉及的是那些有兴趣使用历史数据和案例分析来研究"创意产业"(一个包括从视觉艺术和时尚到广告、新闻和软件设计等行业的模糊类别)的就业,以及经济生产如何随着时间的推移而发展的学术研究工作(Towse,2010)。

　　重要的是,这项工作旨在了解创意和创意产业如何发展。创意和艺术部门被认为是"创造就业、创新和贸易的关键因素"(UNCTAD,2010),并被认为是萧条城市和发展中国家参与世界经济高增长领域的机会。通常情况下,从政策角度出发的学者将他们的研究领域描述为"文化经济学"。在这些文献中,创造力有时被模型化为理性决策的结果(Frey,2013),或被模型化为一些客观和可量化因素的函数,如通识教育或经验(Bryant and Throsby,2006)。然而,最近的贡献是研究特定的非凡个体如何在同行效应和情感驱动下有所发现并生产创造性产出,如何通过创新需求的增加来激发创造力,以及知识产权保护如何促进创造力。

　　著名的艺术家已经被证明有显著的聚类模式。考虑到这些,赫尔曼齐克(Hellmanzik,2010)通过将1850—1945年间出生的著名现代艺术家作为样本,对是否存在位置溢价进行了一项重要研究。她将拍卖数据与艺术家是否以及何时在巴黎或纽约工作的记录结合起来,这是该时期艺术家的两个主要聚集地。研究结果表明,在巴黎或纽约创作的绘画作品的估值分别高出11%和43%。此外,在这两个聚集地之一工作的艺术家比在其他地方工作的艺术家能够更早地达到其作品的年龄-价格曲线的峰值。米切尔(Mitchell,2016)对作家的研究也得到了类似的结果。米切尔发现,当一个作家居住在伦敦时,每年的生产力会提高11%左右。

　　在弄清集群的因果效应时,学者们必须弄清地理集聚是否吸引了最有创造力的艺术家,或者集聚的艺术家是否因为与集聚地点相关的正外部因素而更有生产力。换句话说,是自我选择使地理集群拥有更好表现的实证证据,还是集群收益本身就存在? 这个问题以及在回答这个问题时需要面临的内生性问题,不仅对艺术而且对其他行业都具有相当大的政策重要性(参见 Rosenthal and Strange,2004)。博罗维茨基(Borowiecki,2013)使用了全球116位出生于1750—1899年间的著名音乐作曲家的数据来回答这个问题。历史方法使他能够利用作曲家出生地和地理集聚之间的地理距离变化作为集群的外部性数据来源,从而令人信服地得出集群和生产力之间的关联是一种因果关系,而不仅仅是一种相关关系的结论。博罗维茨基发现,地理集聚增加了创造力,例如作曲家在一个集群中每三年就会多写一部有影响力的作品。进一步深入研究著名艺术集群的动态,可以了解到集群如何鼓励高质量的艺术生产。博罗维茨基(Borowiecki,2015a)开发了一个简单的理论框架,解释了集群经济(同行效应)和不经济(同行排挤)之间的权衡,这表明,由于同行存在所带来的生产力增长呈倒 U 形,如果同行群体的规模变得非常大,收益最终会减少。这些理论得到了音乐作曲家数据的支持,当一个作曲家所在的同一个城市有一个额外的知名作曲家时,他的生产力会提高 10% 左右。然而,这种影响是非线性的,在同行人数非常多的情况下可能影响开始减弱。

1415   但是到底是什么推动了同行集聚的收益?现有文献对集群的内部动态提供了三个不同的答案:一是同一领域的同行之间的知识交流,二是不同创意领域个体之间的互动,三是同行之间的竞争。地理上的接近有利于同一领域的个体之间产生溢出效应(Marshall,1890)。因此,在艺术家特别集中的城市,协同效应和溢出效应可能对个人的创新能力产生积极影响。波特(Porter,1996)认为在专业化、地理集中的经济活动中,当地的竞争可能对增长产生重大刺激。当艺术家们集中在一起时,他们所经历的竞争性工作环境迫使他们创新。我们可以为这一论点找到一些轶事证据。1778 年,莫扎特在巴黎,那是他生活过的最拥挤的创作市场。他的生产力在这一年达到了顶峰,他写了 19 部有影响力的作品,这比他每年工作生活中的平均作品产出(6.6 部)高出三倍。①

研究文献也提出了更多可以促进创意集群的出现,并促进更广泛创新的集群外部因素。这些因素包括对创新的特定市场需求、不同程度的知识产权保护,以及对创意人才的政策竞争。加伦森和温伯格(Galenson and Weinberg,2001)在他们关于现代艺术的有影响力的研究中提出了艺术创新需求的重大转变。作者探讨了艺术家的作品质量如何在他或她的一生中发生变化,并用拍卖价格数据进行了估算,结果表明,面临创新需求增加的艺术家

---

① "有影响力的作品"这一类别被吉尔德和波特作品(Gilder and Port,1993)中的音乐学家(专家选择)所记录。

的创作高峰年龄出现得更早。因此,塞尚和毕加索在一年内创作了他们最重要的作品,尽管他们的出生时间相差 40 多年,这并非偶然。除了特定时间和地点的市场条件外,许多学者还发现,随着时间的推移,不同国家和地区的版权保护创造了不同的创意环境。露丝·陶斯对这一研究作出了广泛的贡献,她研究了版权保护对各种创意产业的影响,以及艺术家和中介机构之间关于知识产权所有权的冲突(Towse,2001)。她的工作主要涉及当代政策和经济状况。佩特罗·莫泽在她的工作中更注重历史,她研究了版权和专利保护对各行业、地域和时代的影响(例如,Moser,2011;2013)。最近,她利用艺术数据,特别是 19 世纪英国的图书出版(Li et al.,2017)和拿破仑统治对意大利歌剧的影响(Giorcelli and Moser,2016)来研究版权对创新的影响。焦尔切利和莫泽探讨了因拿破仑在意大利取得军事胜利而导致版权采用方面出现的变化。因此,作者能够估计版权对创造力的因果效应,并发现基本水平的版权保护不仅增加了创造性产出的数量,还提高了其质量。这些创造力成果是由于版权奖励了生产高质量作品所需的更多创作努力。

除了知识产权法规,其他政治和政策因素也会对艺术产出产生重要影响。沃贝尔(Vaubel,2005)提出了一个假设,即邻国之间的竞争可能有利于文化创新。这一假设随后得到了实证观察的支持,即欧洲器乐在巴洛克时代取得了突破性发展,最著名的作曲家来自政治分裂程度最高的两个国家:意大利和德国。然后,沃贝尔测量了作为需求侧竞争的代理变量的平均就业时间,结果显示,巴洛克时期著名的意大利和德国作曲家更换雇主的频率明显高于法国和英国的同行。这些观察表明,政治分裂不仅促进了音乐创作,鼓励了作品质量,还刺激了作曲家的流动。

虽然大部分关于创造力的研究集中在集群和特定政策的影响上,但也有越来越多的经济史文献在探讨生物因素如何驱动艺术创造力。自亚里士多德以来,思想家们就认为创造力和情绪状态是相关的。其他学科(特别是应用心理学)已经探究了这种联系,并在著名创意人士与抑郁症和双相情感障碍等精神疾病之间发现了明显关联。艺术经济史学家最近参与了这一研究,他们研究了著名艺术家的信件,探寻他们的情绪状态与他们的创作成果如何相互关联。例如,博罗维茨基(Borowiecki,2017)使用文本分析来计算

1416

莫扎特、贝多芬和李斯特的大量信件中所表达的积极和消极情绪的程度。这使得他能够创建幸福指数，以捕捉每个人一生中的情绪状态。结果表明，负面情绪有一种因果影响，即它会导致创造力的增加。创造力可以用写出高质量作品的数量来衡量。

尽管显而易见的是，集群推动了创造性产出的增加，但这种更多的创意产出可能是以艺术家的身体和情感健康为代价的。同行之间的激烈竞争可能会导致抑郁症和神经衰弱，拉威尔就是这样，1912年他的芭蕾舞剧《达夫尼和克洛伊》（*Daphnis et Chloé*）失败后立即被诊断为神经衰弱。他的病情可能是因他的法国同胞和竞争对手德彪西《牧神午后前奏曲》的出色表演而加重的，该作品10天前刚刚在巴黎演出。考虑到这样的轶事，博罗维茨基和凯维索斯（Borowiecki and Kavetsos，2015）认为，人才的集中很可能在健康和幸福感方面产生不利影响。他们将这些结果归因于个人为实现其愿望而经历的持久性精神压力，而这种压力在一个人的同行蓬勃发展的环境中变得更加强烈。博罗维茨基和凯维索斯以各种方式对同行竞争进行了近似估计，认为同行竞争减少了作曲家的寿命。例如，在其他条件不变的情况下，位于同一地区和时间的作曲家数量每增加1%，就会使作曲家的寿命减少约7.2周。从本质上讲，集群会带来数量更多和质量更好的创造性产出，但这可能要以个人的幸福感为代价。这些发现是发人深省的，特别是福利经济学的第一个基本定理也认为竞争是产生帕累托最优结果所不可或缺的。

结　语

经济史学家很少将注意力转向艺术。通常情况下，当他们决定研究艺术时，主要不是因为相信艺术和文化在经济史中的核心地位，而是因为他们个人对艺术、音乐或其他文化产品的热爱。这些后来的职业参与创造了优秀的学术成果，但这个领域中也有例外，一些学者在职业生涯中期就开始此项研究工作（事实上，本章的合著者就是这样一个例外）。然而，事实上，研究艺术经济史长期以来一直是经济史研究中的次要议题。

令人高兴的是，这种情况现在正在发生改变。这一变化在很大程度上是由发达经济体的构成变化所导致的。发达经济体以服务业为主,包括不断增长的"艺术、娱乐和休闲"①。艺术部门和其他服务行业的持续增长需要创造力和创新,而这种创新往往出现在创意人员的集群中,无论是在硅谷、类似巴黎这样的大城市,还是在大学和其他文化机构周围的小集群。因此,今天的经济动力与历史上的艺术产出有许多共同特点。理解什么因素促进和推动了创造性成就意味着理解什么因素促进和推动了今天的经济成功。出于这个原因,艺术和文化的经济史研究在更广泛的领域中变得更加重要,并会变得越来越重要。

除了应用于当代经济学和政策问题之外,艺术研究的计量史研究方法对其他通常拒绝定量研究的人文学科领域的影响越来越大。数字人文的兴起——首先是在文学研究中,现在是在艺术史、音乐学和其他领域——使人文学者更容易接受定量方法的使用(Jockers,2013;Moretti,2005;Fletcher and Helmreich,2012)。然而,文学学者、艺术史学家和其他人文学科的研究人员往往没有接受必要的统计和计算培训来汇编和分析量化证据。这就为计量史学研究者们创造了一个绝佳的机会,可以为这些领域作出贡献,并使用定量方法来解决这些领域长期存在的研究问题。如计量史学研究者们已经记录了创意集群的地理环境,并解释了这些集群是如何随着时间的推移和跨越世界各个地区进行演变的。这当然可以认为是艺术史学家和音乐史学家已经意识到巴黎是一个重要的艺术中心。然而,对于它有多重要、它的鼎盛时期以及它与其他主要城市的比较,学者之间可能未能达成一致。换句话说,巴黎的优势程度还没有被量化,也没有在不同的创意领域被做过比较。这样一来,计量史学研究者就为城市的重要性提供了一个有代表性的、客观且稳健的衡量标准,以后可以在各种背景下用于人文学科的研究。

不幸的是,计量史学研究者们还没有抓住这个合作的机会。数字人文学科的从业人员主要与计算机科学家和统计学家合作,以实现诸如三维映射、文学分析算法和语料库中的语言模式等工具。经济学家和经济史学家应该利用这个机会对另一个领域产生影响。早期的努力包括2014年牛津大学

1418

---

① 美国的这些数字可从美联储经济学数据(FRED)中获得。URL:https://fred.stlouisfed.org/series/CES7071000001。

和 2016 年布兰迪斯大学举办的"天才待售"（Genius for Sale）会议①。这些会议邀请了在人文和社会科学领域工作的学者，并在更广泛的经济背景下介绍了与艺术有关的话题。我们需要建立更多这类合作，这反过来可能有利于重要的跨学科成果的出版。

参考文献

Aguiar, L. (2017) "Let the Music Play? Free Streaming and Its Effects on Digital Music Consumption", *Information Economics and Policy*, 41:1—14.

Aguiar, L., Martens, B. (2016) "Digital Music Consumption on the Internet: Evidence from Clickstream Data", *Inf Econ Policy*, 34:27—43.

Ateca-Amestoy, V. (2008) "Determining Heterogeneous Behavior for Theater Attendance", *J Cult Econ*, 32(2):127—151.

Artnet Auctions: http://www.artnet.com.

Bakker, G. (2008) *Entertainment Industrialised: The Emergence of the International Film Industry*. Cambridge University Press, Cambridge, UK, pp.1890—1940.

Bauer, T.K., Breidenbach, P., Schmidt, C.M. (2015) "'Phantom of the Opera' or 'Sex and the City?' Historical Amenities as Sources of Exogenous Variation", *Labour Econ*, 37:93—98.

Baumol, W., Bowen, W. (1965) "On the Performing Arts: The Anatomy of Their Economic Problems", *Am Econ Rev*, 55 (1/2):495—502.

Blouin Art Sales Index. http://www.blouinartsalesindex.com/site/app.ai.

Borowiecki, K. J. (2013) "Geographic Clustering and Productivity: An Instrumental Variable Approach for Classical Composers", *J Urban Econ*, 73(1):94—110.

Borowiecki, K.J. (2015a) "Agglomeration Economies in Classical Music", *Pap Reg Sci*, 94(3):443—468.

Borowiecki, K.J. (2015b) "Historical Origins of Cultural Supply in Italy", *Oxf Econ Pap*, 67(3):781—805.

Borowiecki, K.J. (2017) "How Are You, My Dearest Mozart? Well-being and Creativity of Three Famous Composers Based on Their Letters", *Rev Econ Stat*, 99(4):591—605.

Borowiecki, K.J. (2018) "The Origins of Creativity: The Case of the Arts in the US since 1850", SDU Working Paper.

Borowiecki, K.J., Kavetsos, G. (2015) "In Fatal Pursuit of Immortal Fame: Peer Competition and Early Mortality of Music Composers", *Soc Sci Med*, 134:30—42.

Borowiecki, K.J., O'Hagan, J.W. (2012) "Historical Patterns Based on Automatically Extracted Data: The Case of Classical Composers", *Hist Soc Res*, 37(2):298—314.

Bourdieu, P. (1984) *Distinction: A Social Critique of the Judgement of Taste*. Harvard University Press, Cambridge, MA.

Bryant, W. D. A., Throsby, D. (2006) "Creativity and the Behavior of Artists", in Ginsburg, V.A., Throsby, D. (eds) *Handbook of the Economics of Art and Culture*. Elsevier, Amsterdam, pp.507—529.

Bystryn, M. (1978) "Art Galleries as Gatekeepers: The Case of the Abstract Expres-

---

① 这次会议由本章节的一位作者组织，另一位作者参加。如果不是这次活动，这一章可能就无法问世。

sionists", *Soc Res* 45(2):390—408.

Carter, T., Goldthwaite, R. (2013) *Orpheus in the Marketplace*. Harvard University Press, Cambridge, MA.

Castañer, X., Campos, L. (2002) "The Determinants of Artistic Innovation: Bringing in the Role of Organizations", *J Cult Econ*, 26 (1):29—52.

Caves, R. E. (2000) *Creative Industries: Contracts Between Art and Commerce*. Harvard University Press, Cambridge, MA.

Cowen, T. (2000) *In Praise of Commercial Culture*. Harvard University Press, Cambridge, MA.

David, G., Oosterlinck, K. (2015) "War, Monetary Reforms and the Belgian Art Market, 1945—1951", *Finan Hist Rev*, 22(2):157—177.

David, G., Oosterlinck, K., Szafarz, A. (2013) "Art Market Inefficiency", *Econ Lett*, 121(1):23—25.

David, G., Huemer, C., Oosterlinck, K. (2014) "Art Dealers' Strategy: The Case of Goupil, Boussod & Valadon from 1860 to 1914", Working Paper, Yale School of Management. 19 January, 2014.

De Marchi, N., Van Miegroet, H. J. (1994) "Art, Value, and Market Practices in the Netherlands in the Seventeenth Century", *Art Bull*, 76(3).

Dimaggio, P. (1982) "Cultural Entrepreneurship in Nineteenth-Century Boston: The Creation of An Organizational Base for High Culture in America", *Media Cult Soc*, 4(4): 33—50.

Dittmar, J. E. (2011) "Information Technology and Economic Change: The Impact of the Printing Press", *Q J Econ*, 126(3):1133—1172.

Encyclopaedia Britannica (2014) http://www.britannica.com.

Etro, F. (2018) "The Economics of Renaissance Art", *The Journal of Economic History*, 78(2):500—538.

Etro. F., Pagani, L. (2012) "The Market for Paintings in Italy During the Seventeenth Century", *J Econ Hist* 72 (2): 423—447. https://doi.org/10.1017/s0022050712000083.

Euwe, J. (2007) *De Nederlandse Kunstmarkt: 1940—1945*. Boom, Amsterdam.

Falck, O., Fritsch, M., Heblich, S. (2011) "The Phantom of the Opera: Cultural Amenities, Human Capital, and Regional Economic Growth", *Labour Econ*, 18(6):755—766.

Federal Reserve Economics Data. https://fred.stlouisfed.org.

Finkelstein, D., McCleery, A. (2012) *Introduction to Book History, 2nd edn*. Routledge, London.

Fitzgerald, M. (1995) *Making Modernism: Picasso and the Creation of the Market for Twentieth-century Art*. University of California Press, Berkeley.

Fletcher, P., Helmreich, A. (2012) "Local/Global: Mapping Nineteenth-century London's Art Market. Nineteenth-Century Art Worldwide 11(3)", http://www.19thc-artworldwide.org/autumn12/fletcher-helmreich-mapping-the-london-art-market.

Florida, R.L. (2014) *The Rise of the Creative Class: Revisited*. Basic Books, New York.

Frey, B. S. (2013) "Arts & Economics: Analysis & Cultural Policy", Springer Science & Business Media.

Frey, B.S., Eichenberger, R. (1995) "On the Return of Art Investment Return Analyses", *J Cult Econ*, 19(3):207—220.

Galenson, D. W., Jensen, R. (2002) *Careers and Canvases the Rise of the Market for Modern Art in the Nineteenth Century*. National Bureau of Economic Research, Cambridge, MA.

Galenson, D. W., Weinberg, B. A. (2001) "Creating Modern Art: The Changing Careers of Painters in France from Impressionism to Cubism", *Am Econ Rev*, 91(4):1063—1071.

Galenson, D. W. (2007) *Old Masters and Young Geniuses: The Two Life Cycles of Artistic Creativity*. Princeton University Press, Princeton，2007.

Gilder, E., Port, J. (1993) *The Dictionary of Composers and Their Music*. Wings Press，San Antonio.

Ginsburgh, V. (2003) "Awards, Success and Aesthetic Quality in the Arts"，*J Econ Perspect*，17(2):99—111.

Ginsburgh, V.A., Van Ours, J.C. (2003) "Expert Opinion and Compensation: Evidence from A Musical Competition"，*Am Econ Rev*，93(1):289—296.

Giorcelli, M., Moser, P. (2016) "Copyright and Creativity: Evidence from Italian Operas"，Working Paper, Social Science Research Network.

Goetzmann, W. N., Renneboog, L., Spaenjers, C. (2011) "Art and Money"，*Am Econ Rev*，101(3):222—226.

Graddy, K. (2013) "Taste Endures! The Rankings of Roger de Piles(† 1709) and Three Centuries of Art Prices"，*J Econ Hist*，73(3):766—791.

Graddy, K., Ashenfelter, O. (2011a) "Sale Rates and Price Movements in Art Auctions"，*Am Econ Rev Pap Proc*，101:212—216.

Graddy, K., Ashenfelter, O. (2011b) "Art Auctions", in Towse, R. (ed) *A Handbook of Cultural Economics*，*2nd edn*. Edward Elgar, Cheltenham, pp.19—28.

Graves, R. (2012) *The Greek Myths*，Deluxe edition. Penguin Publish, New York, pp.577—581.

Greenwald, D. (2018a) "Modernization and Rural Imagery at the Paris Salon: An Interdisciplinary Approach to the Economic History of Art"，*Eco Hist Rev*(forthcoming).

Greenwald, D. (2018b) "Colleague Collectors: A Statistical Analysis of Artists' Collecting Networks in Nineteenth-century New York"，Nineteenth-Century Art Worldwide (forthcoming).

Goldthwaite, R.A. (1993) *Wealth and the Demand for Art in Italy*，1300—1600. Johns Hopkins University Press, Baltimore.

Grove Art Online. http://www.oxfordartonline.com/groveart.

Grove Music Online. http://www.oxfordmusiconline.com.

Guerzoni, G. (1995) "Reflections on Historical Series of Art Prices: Reitlinger's Data Revisited"，*J Cult Econ*，19(3):251—260.

Hall, P. (2006) *Cities in Civilization*. Phoenix, London.

Hellmanzik, C. (2010) "Location Matters: Estimating Cluster Premiums for Prominent Modern Artists"，*Eur Econ Rev*，54(2):199—218.

Hodgson, D. (2011) "Age-price Profiles for Canadian Painters at Auction"，*J Cult Econ*，35:287—308.

Jockers, M. L. (2013) *Macroanalysis: Digital Methods and Literary History*. University of Illinois Press, Champagne-Urbana, IL.

Li, X., MaCgarvie, M., Moser, P. "Dead Poets' Property-How Does Copyright Influence Price?"，SSRN Working Paper, 15 June 2017.

Loewenberg, A. (1978) *Annals of Opera*. John Calder, London.

Marshall, A. (1890) *Principles of Economics*，vol 1. Macmillan, London.

Michaud, G. (1905) "The Brain of the Nation"，*Cent Magaz*，69:41—46.

Miskell, P. (2016) "International Films and International Markets: The Globalisation of Hollywood Entertainment, c. 1921—1951"，*Med Hist*，22(2):174—200.

Mitchell, S. (2016) "Essays on Synergies from the Geographic Clustering of Literary Artists"，Doctoral Thesis, Trinity College, Dublin.

Montias, J.M. (1982) *Artists and Artisans in Delft: A Socio-Economic Study of the Seventeenth Century*. Princeton University Press, Princeton.

Montias, J. M. (1989) *Vermeer and His Milieu: A Web of Social History*. Princeton University Press, Princeton.

Moretti, F. (2005) *Graphs, Maps, Trees: Models for A Literary History*. Verso, New

York.

Moser, P. (2011) "Do Patents Weaken the Localization of Innovations? Evidence from World's Fairs", *J Econ Hist*, 71(2):363—382.

Moser, P. (2013) "Patents and Innovation: Evidence from Economic History", *J Econ Perspect*, 27(1):23—44.

Murray, C. (2003) *Human Accomplishment: The Pursuit of Excellence in the Arts and Sciences, 800 BC to 1950*. Harper Collins, New York.

O'Hagan, J., Kelly, E. (2005) "Identifying the Most Important Artists in A Historical Context: Methods Used and Initial Results", *J Quant Interdisc Hist*, 38(3):118—125.

O'Hagan, J., Borowiecki, K. J. (2010) "Birth Location, Migration, and Clustering of Important Composers", *J Quant Interdis Hist*, 43(2):81—90.

O'Hagan, J., Hellmanzik, C. (2008) "Clustering and Migration of Important Visual Artists: Broad Historical Evidence", *J Quant Interdis Hist*, 41(3):121—136.

Oberholzer-Gee, F., Strumpf, K. (2007) "The Effect of File Sharing on Record Sales: An Empirical Analysis", *J Polit Econ*, 115(1):1—42.

Oosterlinck, K. (2017) "Art as A Wartime Investment: Conspicuous Consumption and Discretion", *Econ J*, 127(607):2665—2701.

Pokorny, M., Sedgwick, J. (2010) "Profitability Trends in Hollywood, 1929 to 1999: Somebody Must Know Something", *Econ Hist Rev*, 63(1):56—84.

Porter, M.E. (1996) "Competitive Advantage, Agglomeration Economies, and Regional Policy", *Int Reg Sci Rev*, 19(1—2):85—90.

Reitlinger, G. (1961) *The Economics of Taste: The Rise and Fall of Picture Prices, 1760—1960*. Barrie And Rockliff, London.

Renneboog, L., Spaenjers, C. (2013) "Buying Beauty: On Prices and Returns in the Art Market", *Manag Sci*, 59(1):36—53.

Rosenthal, S. S, Strange, W. C. (2004) "Evidence on the Nature and Sources of Agglomeration Economies", *Handbook of regional and urban economics*, vol 4. pp.2119—2171.

Saint-Raymond, L., De Maupeou, F., Cavero, J. (2015) *Les Rues des Tableaux: Géographie du Marché de L'art Parisien (1815—1955)*. Artl@s Bull 4(1):6. https://paris-art-market.huma-num.fr.

Scherer, F. M. (2004) *Quarter Notes and Bank Notes: The Economics of Music Composition in the Eighteenth and Nineteenth Centuries*. Princeton University Press, Princeton.

Schich, M., Song, C., Ahn, Y-Y., Mirsky, A., Martino, M., Barabási, A-L., Helbing, D. (2014) "A Network Framework of Cultural History", *Science*, 345(6196):558—562.

Scott, A. J. (2004) *On Hollywood: The Place, The Industry*. Princton University Press, Princeton.

Sedgwick, J. (2000) *Popular Filmgoing in 1930s Britain: A Choice of Pleasures*. University of Exeter Press, Exeter.

Spaenjers, C., Goetzmann, W. N., Mamonova, E. (2015) "The Economics of Aesthetics and Record Prices for Art since 1701", *Explor Econ Hist*, 57:79—94.

St Clair, W. (2004) *The Reading Nation in the Romantic Period*. Cambridge University Press, Cambridge.

Towse, R. (2001) *Creativity, Incentive and Reward*. Edward Elgar Publishing, Cheltenham.

Towse, R. (2010) *A Textbook of Cultural Economics*. Cambridge University Press, Cambridge.

United Nations Conference on Trade and Development, and United Nations Development Programme (2010) *Creative Economy Report 2010: Creative Economy: A Feasible Development Option*. United Nations, Geneva.

Vaubel, R. (2005) "The Role of Competition in the Rise of Baroque and Renaissance Music", *J Cult Econ*, 29(4):277—297.

Velthuis, O. (2005) *Talking Prices: Sy-*

mbolic Meanings of Prices on the Market for Contemporary Art. Princeton University Press, Princeton.

Velthuis, O. (2011) "Art Dealers", in Towse, R. (ed) *A Handbook of Cultural Economics*, 2nd edn. Edward Elgar, Cheltenham, pp.28—32.

Vermeylen, F. (2003) *Painting for the Market*. Brepols, Turnhout.

White, H.C., White, C.A. (1993) *Canvases and Careers: Institutional Change in the French Painting World*. University of Chicago Press, Chicago.

Waldfogel, J. (2012) "Copyright Protection, Technological Change, and the Quality of New Products: Evidence from Recorded Music since Napster", *J Law Econ*, 55(4): 715—740.

Waldfogel, J. (2014) "Chapter 12—Digitization, Copyright, and the Flow of New Music Products", in Ginsburgh, V., Throsby, C. D. (eds) *Handbook of the Economics of Art and Culture*, vol 2. North-Holland, Oxford, UK. http://proquest.safaribooksonline.com/?fpi=9780444537768.

第四章

铁　路

杰瑞米·阿塔克

摘要

　　从一开始,铁路就激发了公众的想象力,随着时间的流逝,铁路对经济增长和发展的贡献被过分夸大。对这些说法的怀疑最终导致真相被揭露,最著名的是罗伯特·福格尔的开创性工作,他的研究成果也是计量史学出现的原初成果,并引发了该学科的第一个重大争论。随之而来的大量研究成果描绘了一幅更加细致入微的画景,与福格尔相比,他们通常赋予铁路更大的增长和发展角色,但远低于过去几代人对其的夸大。铁路对经济很重要,具有变革作用,但不是决定性的作用。通过降低运输成本(特别是在根据质量进行调整后),不仅使贸易发生了转移,而且在一定程度上通过产生正外部性创造了新的机会,这些新的机会促进了规模经济和集聚经济,并产生了遍及整个大陆的网络溢出效应。

关键词

铁路　美国　历史　经济增长　发展　计量史学

引 言

在 19 世纪和 20 世纪的发展过程中,铁路是经济和社会进步的主导力 1424
量这一观点已经成为日益常见的话题[例如,埃默森在 1844 年的一次演
讲(Emerson,1903:364),美国人口普查局(United States Census Office,
1864:clxix)、亚当斯等人(Adams et al.,1871:335)或詹克斯(Jenks,
1944:3)所作的报告]。因此,当 W. W. 罗斯托断言,"在历史上,铁路的引
入是现代可自我持续性经济增长中最重要的单一驱动因素"(Rostow,
1956:45),很少有人质疑他的说法。然而,随着他对这一主题的阐述
(Rostow,1960,1963),这一说法受到越来越多的反驳。特别是当时还是
约翰斯·霍普金斯大学研究生的罗伯特·W.福格尔,在他的博士论文中
大胆挑战了罗斯托的主张(Fogel,1962,1964)。在该论文中,福格尔提
出了一个新的概念"社会节约(social saving),即社会从一项创新中获得的
收益"来衡量铁路对美国经济增长的贡献。在这个过程中,他帮助奠定了
我们今天所说的计量史学研究。事实上,因福格尔在铁路研究方面的工
作,他在 1993 年获得(与道格拉斯·诺思共同获得)诺贝尔经济学奖。[①]因
此,这篇关于铁路在美国经济发展和增长中的作用的评论,也揭示了计量
史学研究领域的演变。

还有一组在福格尔之后进行的研究其他国家和各大洲铁路发展的工
作,本章在这里将忽略不计。这些文献基本上受到了和美国人同样问题的
启发。另外,由于包括实证和应用研究工具(例如贸易理论与地理信息系
统)在内的研究统计工具的发展,铁路依然是全世界关注的重点(例如,
Donaldson and Hornbeck,2016),其中也包括了中国的最新发展倡议"一带
一路"。

---

① 详见 https://www.nobelprize.org/nobel_prizes/economic-sciences/laureates/1993/
press.html。

早期铁路

使用铁轨为运载重物的轮式车辆提供平稳的轨道,并由人或动物牵引,最终由固定的发动机牵引的想法源自几个世纪以前。如阿格里科拉著名的采矿手册就描述了这种配置。这种配置以及后来的创新最终产生了人们所熟知的设备,即通过带凸缘轮以使车辆准确放置在轨道之上(Agricola et al.,1912)。然而,使铁路成为实际长途运输工具的关键是移动式蒸汽机,它体积小但功率大,能提供必要的动力。这种突破同时发生在19世纪初的大西洋两岸(Bathe and Bathe,1935;Dickinson and Titley,1934)。尽管关于这类配置的构造想法存在了十多年[参见塞勒斯的著作(Sellers,1886:13),他引用了奥利弗·埃文斯(Oliver Evans)在1812年的讲话],但花费了超过一代人的时间才使蒸汽机车成为现实。

1825年英格兰东北部的斯托克顿至达灵顿间修建了首条为蒸汽机车铺设的铁路,这条铁路把矿区的煤炭运往沿海港口。尽管其目的显而易见,但首次旅行就吸引了数百名乘客,远超筹建者的预期,其中许多人坐在煤炭之上。英国的曼彻斯特至利物浦铁路和美国的巴尔的摩到俄亥俄铁路在1830年开始(部分)运营,经过这次成功的"概念验证"示范之后,两条铁路对这项发明进行了改进。

贸易与交通改善

其他铁路也紧随其后,一部分原因是当地的商业利益集团担心,如果更便宜或更好的旅行和运输方式把业务转移到其他地方,这些集团可能会被淘汰。事实上,波士顿、费城和巴尔的摩等美国东海岸城市已经发现,伊利运河在1825年开通后,它们的一些运输量已经被纽约虹吸,这种贸易分流是它们明确关注的问题(Condit,1980)。面对这种威胁,波士顿和巴尔的摩的城市官员推动了铁路替代方案(即波士顿—伍斯特铁路以及巴尔的摩—俄亥俄铁路),将他们的港口和贸易公司与西部相连,最好是能到达五大湖和俄亥俄河谷。然而,费城作出了错误的选择,选择了推广运河系统,由于地形原因,这一系统远不及铁路或伊利运河。宾夕法尼亚干线运河最终失败,其缺乏竞争力延缓了费城的发展(尽管它确实促进了该州煤矿的发展,尤其是无烟煤)。

贸易转移之所以会发生是因为贸易就像电力或水一样,会向阻力最小的方向流动,所谓阻力是由贸易壁垒造成的,如运输成本和其他摩擦成本(如搬运费、商品变质和其他损失、速度和时效性)。马车运输缓慢且困难,运输能力有限,成本高昂,该行业几乎无法通过技术进步来降低成本。水路运输通常很慢(以风、桨或动物为动力,如帆船、独木舟或运河驳船),但价格低廉且相对平稳(除非因运输中断而必须进行转运)。在以蒸汽为动力时,水路运输相对快速,并且随着技术的变革而降低成本,价格也逐渐便宜。但铁路综合了出行直接性、速度快、运速均匀和容量大的优点,并受益于技术的持续进步,运营成本随着时间的推移而降低,还受到不断增长的正外部因素(如网络效应和集聚经济)的影响。因此,贸易流向日益趋向于铁路运输而非其他运输方式(Swisher,2017)。

交通和通信的改善不仅导致原有贸易的分流,还创造了新的贸易机会,使农业和制造业的区域(和地方)专业化程度增加。例如,一项对美国内战前中西部地区铁路扩张的工具变量分析表明,它们对该地区城市化的发展贡献超过一半,并导致改良的农田面积(即农业生产用地)增加了近三分之二(Atack et al.,2010;Atack and Margo,2011)。一些变化发生得非常迅速,例如,新英格兰地区农业(特别是谷物生产)出现衰退和该地区制造业的崛起(Field,1978)。此外,这些变化带来了深远的影响,如将农业生产转移到更适合生产或更不受虫害困扰的地区(Olmstead and Rhode,2008)。它还能使制造商通过专业化与技能发展来实现规模经济和质量改进,并利用集聚经济,推动内陆矿产资源(特别是煤和铁矿石)的开发。

1840年,美国的铁路里程与运河里程相当,但仍只占通航河流里程的一小部分,尤其是在有独木舟、木筏和其他浅水船只提供服务的情况下。与河流不同的是,公路、铁路和运河等均按建造者的意图修建,并且通常路线更直。另外,因当时路面状况不佳,平整度不高,车轮和马车的设计不尽如人

1426

意,即使是大队马匹所能运输的货物也很有限。事实上,在 20 世纪"好路"运动(Good Roads,由自行车爱好者发起,但由早期汽车先驱者持续进行)游说政府(包括联邦政府)增加道路支出之前,大部分道路并未铺设。这些努力逐渐显现成效,特别是在第一次世界大战后,路基、路面、排水和在溪流和小河上建造桥梁等方面都有所改善。在此之前,公路出行时间和运输成本几乎没有变化,即生产力没有改变。这与水运和铁路运输生产率的大幅提高形成鲜明对比,水运和铁路运输的票价和货物运价急剧下降,有时高达 90%,生产者和消费者均从中受益,运输服务需求也随之增长(Taylor,1951)。

铁路建设与地理环境

地理信息系统数据

铁路是"大新闻",因此可以从当代地方报纸的报道、铁路公司提交给股
1427 东的年度报告、贸易期刊[如《美国铁路杂志》(*American Railroad Journal*)和《铁路时代》(*Railway Age*)、当代旅行指南[如《阿普莱顿旅行指南》(*Appletons*)或《兰德·麦克纳利旅行指南》(*Rand McNallly*),其中一些指南是每年出版]和史料,特别是单条铁路的历史(如 Stover,1975,1987)中了解到大量的铁路建设情况。

铁路也被标注在地图上,精确度随时间推移而越来越高(Modelski,1987)。遗憾的是,多种地图间往往彼此不一致,甚至可能代表不同事物。如地图显示了各点之间的铁路连接,但制图和出版之间有一个时间差。制图者是只标记了当时已知的交通线(并基于何种参考来源?),还是包括了他们预计在地图出版时可以运行的铁路线?在大多数地图上,城市和城镇都是铁路"连接"的点,但大多数铁路公司有自己的车站和货场,这些车站和货场在物理上是独立的,不易与其他公司的车站和货场相连。铁路的不兼容性,尤其是轨距(参见下文),也在实践中产生了不连续性。河流在地图上也用线条表示,但事实上并非所有河流都被铁路(在地图上同样用线表示)穿

过(或架桥穿过)。相反,乘客和货物(有时是车厢及其内装物品和机车)通过轮渡跨越河流。有时,两条不同的铁路线连接着相同的两点,或者一条铁路修建了两条轨道,以实现双线运行。如果铁路线是单线的(如美国的大多数铁路),必须在沿途提供侧线和岔道,以便让反方向的列车同时通行。此外,建设需要时间,并可能因自然(如恶劣天气)和人为(如金融恐慌或公司破产)事件随时中断。一些已经建成的铁路可能会被改进(例如,线路截弯取直或调整级别),另一些铁路则被废弃。这些情况都对统计报告提出了挑战,其中一些情况在图 4.2 中显而易见(比较 Carter et al.,2006;Wicker,1960)。

近来有关铁路的许多研究都依赖从地理信息系统(GIS)中获得空间位置,特别是阿塔克(Atack,2013;2015)开发的数据库和 shapefile 文件 *,这反映出人们越来越相信铁路的空间关系和位置与里程一样重要。早期,在GIS 技术之前,也有一些学者为模拟铁路的空间维度作出了重要贡献(Craig et al.,1998;Fogel,1964)。

虽然阿塔克的 GIS 数据记录了铁路连接点准确的空间位置(但其中许多现在已经不存在了),但由于一些重要信息(如双轨、侧线和道岔)一般不会出现在地图或当代记录中,因此无法确定日期,这使得 GIS 数据同时也失去了这些重要信息。即使是关于铁路主线的日期也不是精确的,因为它是基于当代地图的版权日期,而当代地图提供了各点之间存在铁路连接的"证据"(Atack,2013,2015,2018)。这些地图作为地理参考(使用 ArcGIS 软件 **)是为了适应和纠正起草地图时的不准确之处,并弥补比例尺和投影的差异,使其与已知的地理坐标相一致。

从 1861 年到 1911 年被选为代表对铁路系统最佳猜测的地图的时间间隔约为 5 年,并根据地图版权日期确定地图日期。当地图出版的时间间隔缩短时,就会出现地图之间的不一致之处。若地图出版的时间间隔增加,关于时间的重要信息可能会丢失。在 19 世纪 50 年代期间,地图数据的时间间隔

1428

---

* shapefile 是一组相关文件组,可以存储地理特征(如点、线和多边形)的位置、形状和属性。——译者注

** ArcGIS 是由美国环境系统研究所公司(Esri)开发维护的基于 GIS 的平台服务,用于绘制地图和可视化分析地理空间。——译者注

大约为 2 年,但由于帕克森(Paxson,1914)提供了中西部地区关于铁路建设和铁路运营的有价值数据,中西部地区的数据为年度数据。笔者通过宾夕法尼亚州立大学已故农业经济学家米尔顿·C.哈尔贝格最初收集的铁路建设数据库获得了更早的数据,该数据库网址为 http://oldrailhistory.com(Hallberg,2004)。该数据库给出了 1850 年前每段铁路的建造年份。卫星图像和美国地质调查局的地图(其中许多可以追溯到 19 世纪末,并可在网上查询)通过将数万个铁路沿线标记点数字化来提供每段铁路的精确位置(因为涉及主要的土方工程和桥梁、隧道等结构)(Atack,2013,2018)。

一旦建立了 GIS 数据库,GIS 软件便可以快速、方便地计算多种信息,如到铁路的距离(使用例如 ArcGIS 的"buffer"命令)和地理密度,这比福格尔(Fogel,1964)的手动计算快得多,他在没有 GIS 软件和计算机的情况下花了几个月时间(个人谈话,2008)来进行计算。然而,即使有现代技术,构建像唐纳森和霍恩贝克(Donaldson and Hornbeck,2016)所使用的网络仍然需要做大量工作,特别是在建立铁路相互连接及与其他运输方式相连接的规则方面。在这些问题上,理性人的观点和事实证据可能仍然存在分歧。

铁路建设

早期铁路在东北部(如波士顿—伍斯特)和南部(如巴尔的摩—俄亥俄州)都有建造。实际上,在 19 世纪 30 年代的一个短暂时期内,南方拥有世界上最长的铁路——查尔斯顿和汉堡铁路,这使得托运人能够在奥古斯塔(Augusta)避开萨凡纳(Savannah)河上的急流(和转运),将河上的交通从萨凡纳分流到查尔斯顿。

1840 年年底前,美国在使用或在建的轨道大约有 3 000 英里(根据 GIS 估计,如不同点之间铁路的连接等),远超世界其他国家(Mitchell,2007),这种优势一直保持至今。早期的铁路多位于东北部,但超过 42% 的铁路在南部,其余则位于中西部,例如,托莱多至密歇根南部[即伊利运河和卡拉马祖(Kalamazoo)河]的铁路。19 世纪 40 年代末以来,铁路建设主要集中在中西部(最后集中在西部)。1852 年,第一条连接芝加哥和东海岸的铁路(密歇根南部铁路)开通。1858 年,匹兹堡、韦恩堡(Fort Wayne)和芝加哥铁路提供了第一条从芝加哥到东海岸的铁路线,它与五大湖航运一道使芝加哥成为世界小麦贸易中心。

　　由于人口普查地区在规模上存在巨大差异，一个更好地衡量铁路运输的标准是每英里铁路的土地面积（参见表4.1），这是一个使用GIS数据很容易计算的指标。这些计算结果表明，1840年东北地区的铁路密度是南方的6倍，是中西部的30多倍。在之后的几十年里，随着更多铁路的修建，各地的铁路密度都在增加，但在1860年，南方和东北地区的铁路密度比例仍相对稳定。然而，在1840年至1860年期间，中西部铁路密度相比于其他地方急剧增加。因此，到1860年，中西部铁路密度是东北地区的约四分之一。如果我们认为一条铁路将土地一分为二，那么在1900年，东北地区每块土地（每块土地＝640英亩＝1平方英里）与铁路的平均距离不到3英里（即铁路两侧各3英里），而中西部地区距离铁路仅5英里。即使在南方，与铁路的平均距离也缩短到仅9英里。只有西部地区与铁路的平均距离仍然很远，因为该地区在约西经100度和内华达山脉之间有大片的沙漠和贫瘠的土地。

1429

表 4.1　1840—1900 年间人口普查地区土地与铁路接近度

人口普查地区	每英里铁路的土地面积（平方英里）			
	1840 年	1860 年	1880 年	1900 年
东北地区	105	20	9	6
南部地区	661	124	47	18
中西部地区	3 434	78	21	10
西部地区		51 559	267	50

　　注：使用阿塔克（Atack，2015）的 GIS 数据进行计算。

　　大部分铁路是由私营部门依据市场信号建造的，无论这些信号是真实的还是部门想象出来的。私营部门只能通过推测来寻找建设铁路的最佳时机。当然，如果运输量从一开始就证明了需求的存在（如伊利运河的某些路段在全部建成的前几年就已经建成并立即产生了利润），那么从经济的角度来看，才着手建设就已经"太晚了"。但是，铁路建设是否应超前于需求？根据1860年《皮卡尤恩报》（*Picayune*，新奥尔良的一份报纸）的一篇社论，"当蒸汽机车第一次穿越时，十分之九的铁道会穿过斧头从未响过的林地，穿过犁头从未翻过草皮的草原，它穿行在山谷中，就像最初的拓荒者沿着野蛮人足迹前进时那样狂野",这说明铁路应先行于居民定居。

　　然而,有证据表明现实情况并非如此。如菲什洛(Fishlow,1965)发现,大多数早期的中西部铁路投入使用后立刻就能盈利,但如果在贸易存在之前就建造,铁路是不可能实现盈利的。此外,在19世纪50年代主要的(或者说是投机性的)铁路建设热潮中,中西部铁路是为已有农场的地区服务,而不是为新定居的地区服务。例如,到1853年,伊利诺伊州60%的铁路都建在主要生产小麦和玉米的县里,而这些县只占该州面积的25%。同样,在威斯康星州,7个生产小麦的县(加上密尔沃基)仅占该州面积的10%,却在1856年拥有了该州60%的铁路。那些在19世纪50年代就拥有铁路的县,在铁路建成之前就已经有了较快的增长和发展。即使如此,最近使用工具变量的GIS分析也发现,铁路的建设解释了中西部地区一半以上县的城市化进程——居住在城镇的人口大于2 500人(Atack et al.,2010)——以及可能三分之二的耕地增长。事实上,很多迹象表明铁路(和其他人造运输系统)是经济增长的内生因素(Swisher,2017),因此,一般均衡分析得到的结果将与局部静态解决方法有很大的不同。

　　有人认为,南方铁路扩张缓慢是因为南方有大量河流与海岸相连,使得该地区能够将价值/重量比率较低和不易腐烂的货物(如打包完好的棉花)运出。然而,这些河流对促进地区内部贸易作用不大,而且由于轨距不同和缺少跨越主要河流(尤其是俄亥俄河)的桥梁,这些地区所修建的铁路很难与地区外的交通和运输相连。这些问题会对美国内战中的南方联盟产生影响。

　　铁路建设机制通常是铁路发起者向州政府提出申请获得两地之间修建铁路的公司特许状,有时会提供更为详尽的路线说明,这可能是为了争取立法机构更多的政治支持,以便预先通过州公司法。一般情况下,铁路发起者取得特许权后,会通过出售以财产抵押权作担保的固定利息债务的方式,在当地、全国和国际间寻找建设资金。而在新英格兰,大多数铁路通过当地股权来融资(Chandler,1954)。大部分非当地投资者更加偏好"有保障的回报"和流动性的投资。而且由于铁路周边的繁荣,这些投资回报也得到了保障。当地投资者则多为当地土地所有者、商人、银行和城市发展的推动者,他们因增加业务或提升土地价值而获益,这是因为贸易所产生的收益被资

1430

本化为固定要素,并被作为评估铁路贡献度的关键结果(例如,Donaldson and Hornbeck,2016;Fogel,1964;Swisher,2017)。在实际施工过程中,数百名体力劳动者、专业工程师和测量师会被雇用。铁路一旦开通,还需要负责车站、信号和交通控制、维护和修理工作的当地员工和列车员。总之,铁路是一门大生意,并且生意遍及各地。

到 1860 年,美国有超过 2.5 万英里的铁路线(即通过点对点连接的铁路)和包括双线、侧线等共 3 万英里的轨道。在全国铁路线中,中西部地区的比重已经占到 38%,而东北地区的比重已经缩减到 1/3,南部地区则占 28%。从地理分布上看,应注意两方面的特征:一是美国有大面积的区域没有铁路(特别是在阿巴拉契亚山脉山区);二是中西部和南部之间没有铁路线,这明显阻碍了区域间贸易。

美国内战爆发导致新铁路建设骤然减缓,但南方联盟和联邦仍在继续建造一些新铁路。例如,南方联盟在亚拉巴马州塞尔玛(Selma)和密西西比州梅里迪安(Meridian)之间修建了一段铁路,但被汤比格比河(Tombigbee River)分开,并且在美国内战期间没有架桥,而联邦在占领纳什维尔后将纳什维尔和西北铁路向西延伸至田纳西河。迄今为止,美国内战期间最重要的铁路项目是 1862 年 7 月通过的《太平洋铁路法案》(Pacific Railroad Act),授权建设横跨美国大陆的第一条铁路。1863 年初,中央太平洋铁路公司开始实施这一项目,向东穿过内华达山脉。然而,直到美国内战结束几个月后,即 1865 年 7 月,太平洋联合铁路公司才开始破土动工建设奥马哈向西的铁路。

美国内战期间,南北双方军队都迅速认识到铁路对在布尔溪(Bull Run)到阿波马托克斯(Appomattox)战场间部署军队的重要性。因此,铁路成为军事目标(如亚特兰大大火和谢尔曼将军* 远征),与此同时,频繁使用铁路加速了轨道磨损。然而,由于南方铁路主要通向南方港口而非用于南方内部贸易,因而与东北部和中西部的铁路相比,它们在战争中的作用远不如联邦铁路,尽管目前尚无相关统计数据证明这一点(Turner,1953)。

1431

---

* 威廉·特库赛·谢尔曼(William Tecumseh Sherman),美国内战时期联邦军著名将领,陆军上将。——译者注

美国内战期间,由于对铁路的频繁使用,宾夕法尼亚铁路公司在 1862 年末或 1863 年初开始尝试使用钢轨代替铁轨,并从英国工厂订购了 150 吨钢轨。这一决策在内战后产生了巨大的长期回报,因为事实证明钢轨能够承受更大重量的列车,并且能以更高的速度运行,比被取代的铁轨多几个数量级。这说明所有问题都与生产力有关。

1432

起初,钢的高昂成本阻碍了以钢轨取代铁轨。比如 1867 年铁轨造价为每吨 83.13 美元,而美国首家贝塞麦钢 * 生产商坎布里亚铁厂(Cambria Iron Works)的钢材成本为每吨 166 美元,因此只有在磨损特别严重的地方,如转弯处和车站,才值得使用钢轨。因为当时没有废钢市场,破旧的铁轨很容易被卖掉,用于生产新的铁轨。随着国内贝塞麦钢产业的发展,生产成本下降(Temin,1964)。到 1880 年,美国国内已有 24 家钢厂投产,钢的成本降至每吨 67.50 美元,而铁的成本为每吨 48.25 美元。更重要的是,1883 年后,钢的成本实际上低于铁。因此,所有新铁轨都有可能是用钢铺设的。19 世纪 80 年代末,美国 80% 以上的铁轨由钢制成。相比之下,19 世纪 80 年代初期这一比例只有 30%。随着钢的供应逐渐便宜,还对其他产业产生了溢出效应(Atack and Brueckner,1982)。

美国内战时对铁路的毁坏、延迟维修以及对新线路需求的抑制引发了战后铁路建设的热潮。这在所有关于铁路建设的统计资料中都有明显体现(参见图 4.2)。遗憾的是,这方面没有单一明确的数据。作为联邦十年一次的人口普查的组成部分,1880 年交通普查提供了一组回顾性数据。其他资料来自贸易杂志《铁路时代》(*Railroad Age*),这些资料涉及铁路里程和运营里程的数据。早期数据也存在类似的分歧(Wicker,1960),再加上 GIS 对铁路连接线的估计,相关数据更加难以获得。

---

* 贝塞麦钢(Bessemer Steel)是一种碳钢,通过贝塞麦转炉炼钢法生产。贝塞麦工艺是一种生产钢铁的高效方法,最早源自工业革命,以英国发明人亨利·贝塞麦的名字命名,它是首个能从生铁大规模生产钢的廉价工艺。该工艺通过将铁矿石熔炼成铁,再通过吹氧和其他化学方法去除杂质,生产出高纯度的钢铁。这种工艺在 19 世纪 50 年代开始使用,并对全球钢铁生产产生了重大影响。贝塞麦 1855 年取得该工艺的专利,1851 年,美国人威廉·开雷也独立发明了该工艺。——译者注

从 1868 年到 1873 年,美国铁路里程增加了一倍。实际上仅 1872 年修建了近 7 500 英里的铁路,几乎与 1849 年底美国已存在的铁路一样多。这些铁路建设主要发生在中西部和东北部等已经具有较好铁路分布的地区,这其中就包括 1869 年 5 月建成的首条横贯大陆的铁路。虽然铁路建设活动在 1873 年后逐年变化,但从 1866 年至 1914 年,每年铁路建设的里程都保持在 1 400 英里以上,并且有几年建设的里程超过了 5 000 英里(Carter et al.,2006;Chandler,1965)。尤其是 19 世纪 80 年代,建设热潮主要集中在大平原上的各州,规模甚至超过了美国内战后的建设热潮。此外,其他横贯大陆的铁路也相继建成,在南部和北部大平原提供了更多与其相连的主干线和支线。这些铁路建设促进了科罗拉多州和犹他州的采矿业以及大平原上各州农业社区的发展。

由于铁路建设热潮,美国各地的铁路轨道密度都在急剧增加(参见图 4.1)。根据《历史统计》(*Historical Statistics*)的数据,20 世纪 10 年代和 20 年代运营的铁轨长度(除场站和侧线外)达到了高峰,约 30 万英里。然后,20 世纪 30 年代开始下降,这是因为大萧条使铁路公司处理了无效资产。此后,废弃的轨道数量一直大于新建数量,因此到 1980 年,净轨道里程(除场站和侧线外)约为 20 万英里。

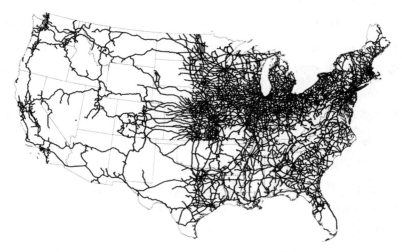

资料来源:使用阿塔克(Atack,2015)的 GIS 数据计算得出。

图 4.1　1900 年美国铁路连接图

轨距

1433 　　1900 年美国本土铁路连接图(参见图 4.1)没有单独标识轨距,因为那时几乎所有的国家铁路都采用了同一轨距,即 4 英尺 8.5 英寸的"标准轨距",机车和铁路上运行的所用车辆可以在任何地方通行(无论理论上还是实际上)。美国内战之后开始认真进行轨距统一工作,并且在 1886 年最后一条南方铁路改建后得以实现轨距统一(Gross,2016;Puffert,2000)。

　　早期轨距的多样性反映了制度、技术、经济力量的影响。尽管轨距的统一化得到了经济力量的支持,但在某些孤立的地区,特别是在高山区域,窄轨铁路仍然占据主导地位,因为大型机车或货车车厢无法通过狭窄弯道(例如由于技术限制)。如果没有地形限制,在技术上考虑提倡使用宽轨而非窄轨,以便利用较大的货车和客车车厢所带来的规模经济。然而,使用宽轨的货车车厢不仅难以通过急转弯(尽管发明了灵活的无盖车厢),而且其更大的载重也使动力有限的火车头在较陡的路上面临挑战。因此标准轨距是一种非常适合大多数地形的折中方案,但在地形相对平坦、轨道平直的地方,首选还是宽轨距,如南方大部分地区使用的 5 英尺轨距、纽约伊利铁路采用的 6 英尺轨距。据称,使用 5 英尺轨距的铁路货车也比使用标准轨距的货车更适合运输标准棉包。当然,也会考虑其他因素,比如缅因州的许多铁路使用 5 英尺 6 英寸轨距,因为这是加拿大大干线铁路的轨距,而缅因州希望从中吸引贸易到波特兰和其他沿海港口。这些轨距之间的不兼容性可以"锁定"目标用户(其他例子参见 Arthur,1989;Liebowitz and Margolis,1994)。

1434 　　美国最初采用的标准轨距可以追溯到美国第一条蒸汽铁路——巴尔的摩和俄亥俄铁路。作为首条铁路,当时美国本土没有机车和铁路运行车辆可供购买,因此这些设备都从英国进口,并按照英国通行的轨距制造。然而,由于巴尔的摩和俄亥俄铁路公司是从零开始创建的,采用英国标准轨距并没有什么影响,而且通往俄亥俄河的路线并不是笔直和平坦的,该公司没有理由指定不同的轨距。

　　然而,这并不能完全解释为什么俄亥俄州大多数铁路采用了 4 英尺 10 英寸轨距,即"俄亥俄轨距",并在许多俄亥俄铁路特许状中予以规定。或许,对这一反常现象的最好解释是,第一辆交付给梅德河和伊利运河铁路公司(俄亥俄州首家获得特许状并开始运营的铁路公司)的机车由位于新泽西州帕特森(Paterson)的罗杰斯、凯彻姆和格罗夫纳(Rogers, Ketchum, and Grosvenor)公司为一条新泽西新铁路而建,轨距为 4 英尺 10 英寸。这份订单交付前被取消,之后重新被卖给梅德河铁路公司。然而,标准轨距和俄亥俄轨距之间的差异在实际中并没有什么影响,因为最早的俄亥俄铁路并没有与其他任何铁路相连接。当它们互相连接时,由于车轮胎面宽度和轨道的凸起,机车和铁路车辆可以使用任一轨距,这使得(尤其是几十年来)一直使用的"俄亥俄轨距"成为一个路径依赖的绝佳历史例证(Arthur, 1994; Puffert, 2000, 2009)。

在 1860 年,除了 4 英尺或以下的窄轨以外,美国铁路使用 8 种不同的轨距。其中 4 英尺 8.5 英寸、4 英尺 9.25 英寸和 4 英尺 10 英寸这三种轨距是相互兼容的。事实上,只有一条线路使用 4 英尺 9.25 英寸轨距,即连接科里(Corey)和俄亥俄州芬德利(Findlay)的梅德河铁路的一条支线。它似乎是标准轨距和俄亥俄轨距之间的一种折中方案。

在美国全国范围内,标准轨距占主导地位(参见表 4.2),至少占轨道里程的 60%(不包括侧线、双线轨道等),与标准轨距兼容的轨道占全国铁路总里程的 72%。尽管弗吉尼亚州和北卡罗来纳州建设的许多铁路从一开始就

表 4.2 1860 年按轨距划分的铁路线路

轨距(英寸)	里程数	占总铁路里程的比例
51	34	0%
56.5	15 335	60%
57.25	16	0%
58	3 133	12%
60	4 486	18%
64	183	1%
66	852	3%
72	1 486	6%

注:灰色的行表示兼容轨距。

资料来源:根据泰勒和诺伊(Taylor and Neu, 1956)的分类,使用阿塔克(Atack, 2015)的 GIS 数据得出。

1435　采用标准轨距或者在 1860 年之前就已经改为标准轨距,但南方占据主导地位的是 5 英尺轨距,在 1860 年占铁路总里程的 18％,并且是最后一个改变的(Gross,2016)。这种轨距的多样性阻碍了美国铁路系统网络的形成,并分散了网络的正外部性(Puffert,1991,2000,2009;Taylor and Neu,1956)。然而,有一个问题需要考虑,即这些外部性的规模可能有多大,特别是在铁路建设早期(Arthur,1994;Liebowitz and Margolis,1994,1995)。

　　这些由于不同轨距而导致的人为障碍因许多河流桥梁建设的延误[1856 年在岩岛市(Rock Island)的密西西比河上建成了相对较早的桥梁,但直到 1871 年才有铁路跨越俄亥俄河,部分原因是受到蒸汽船相关利益方的反对和与航行能力相关的宪法问题的影响],以及连接同一城市的铁路公司不愿建造"联合"车站和共同的货运场而加剧。例如,美国国会图书馆收藏的科尔顿(Colton)1856 年的波士顿地图显示,波士顿市区内有六个不同的铁路车站,铁路线通向南部、西部和北部。在这些铁路之间运输货物或乘客有时需要穿过整个城市及其狭窄拥挤的街道。第一个"联合"车站于 1853 年在印第安纳波利斯开放,由该市的铁路公司共同拥有和运营。然而,大多数联合车站晚得多才建立,例如芝加哥的第一个联合车站直到 1881 年才建成,而华盛顿特区的联合车站则始于 20 世纪初。

　　这些不同轨距之间的人为割裂困扰着旅客,但却给当地企业和工人(如劳工、马车夫等)带来好处。他们在各车站之间提供交通便利(尽管拥堵了街道),并为疲惫的旅客提供住宿和食物,因为很多旅客可能会错过转乘列车(Bleakley and Lin,2012)。事实上,这种局部利益是 19 世纪 50 年代初"伊利轨距战争"的根源,当时宾夕法尼亚州的伊利市为了保持伊利铁路(从纽约出发)的宽轨与标准轨距和俄亥俄轨距铁路之间的轨距转换而进行斗争(Kent,1948),这提供了弗雷德里克·巴师夏(Frederic Bastiat)经济学谬论＊的

＊　弗雷德里克·巴师夏的经济学谬论是指人们常常忽略某个问题的机会成本和间接影响,而只看到它带来的直接利益。例如,修建一条铁路可能会带来就业机会和商业机会,但人们却往往忽略了修建铁路所需的资源和机会成本,以及新铁路可能对现有交通方式和商业模式的影响。因此,巴师夏认为,经济学谬论是政策制定者和公众常犯的错误,他们往往只看到一件事物的直接利益,而忽略了更大、更复杂的影响。——译者注

一个具体例子,即通过一条"负面铁路"来实现"繁荣"[Bastiat and Stirling (trans),1922:Chap.17]。

最终,铁路网络的正外部性在美国各地普遍存在,铁路轨距得到了统一(Puffert,1991,2009)。但这是有代价的。例如,在南方采用标准轨距促使南方从铁路和海运的混合运输转向了全铁路运输,这导致通过港口(如萨凡纳和查尔斯顿)的运输量的下降(Gross,2016)。然而,这种转变是一种规划上的胜利。就像之前伊利诺伊中央铁路(Illinois Central)* 南部分支的转变一样,在 24 小时内完成轨距更改,一旦交通封闭,即可在轨道上安排工作人员随时准备移动铁轨并修复轮轴和车轮,这正是精心计划和协调的结果和胜利。

铁路融资与建设

福格尔对罗斯托论点进行的攻击之一是,福格尔认为应该削弱铁路在美国经济增长中的重要性,特别是在罗斯托所谓的"进入自我持续性增长的起飞阶段"(Rostow,1956,1960)。根据罗斯托的说法,这个阶段在 1843 年至 1860 年,铁路建设通过对铁、木材、煤炭、运输设备和其他投入的需求,在美国起到了决定性的作用(正如它在许多其他国家一样)。这个时间点显然与铁路建设的明显增多相吻合(参见图 4.2)。

1436

然而,福格尔指出,在罗斯托所描述的时代背景下,铁路需求对于其他行业的发展可能只起到很小的作用。例如,铁路使用的大部分铁(无论是用于铁轨还是用于制造机车和铁路车辆的部件)都是从英国进口的,因为美国国内工厂很难生产出必要品质的铁。此外,当时大多数机车燃烧木材,而不

---

* 　伊利诺伊中央铁路公司(Illinois Central, IC)是一家美国铁路公司,成立于 1851 年,总部位于伊利诺伊州芝加哥市。该公司最初建设的是一条从伊利诺伊州中部到伊利诺伊州开罗市的铁路,后来发展成为一家运营跨越中西部和南部的大型铁路公司。IC 是美国历史上最重要的铁路公司之一,它的发展带动了美国中西部地区的经济增长,并在美国内战期间发挥了重要作用。该公司的主要业务包括长途客运和货运,并与其他铁路公司联运。IC 最终在 1998 年被加拿大国家铁路公司(Canadian National Railway)收购。——译者注

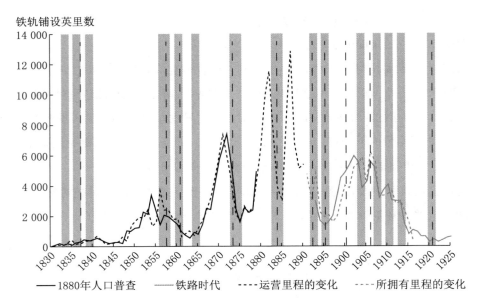

铁轨铺设英里数

注:金融"危机"是影响美国银行和金融市场的一系列事件。铁路建设、商业周期的峰-谷区间以灰色阴影部分表示,金融危机以虚线表示,时间区间为 1830 年至 1925 年。

资料来源:铁路建设来自 Carter et al.,2006:Df882—885;商业周期来自 Davis,2006。

图 4.2　1830—1925 年间铁路建设和经济周期

是煤炭,而且大多数枕木是劈开的,而不是轧制的。因此,伐木业(一种农业活动)受到影响,但锯木业(一种工业活动)却没有受到影响(Fogel,1964)。诚然,美国国内的铁部分被用于制造铁路铁钉,但更多的是用于制造马掌,而铁路车辆对铁的需求几乎必然减少了对马车、运河驳船和汽船的需求,因为它们也会使用铁。

这并不是否认铁路对经济的影响。铁路需求对于美国国内贝塞麦钢铁行业的兴起和发展至关重要。同时,一旦机车从燃烧木材转向燃烧煤炭,铁路也占据了相当大的煤炭消费量。最初,大多数机车使用的是东部地区大量可获得的木材作为燃料。但随着更多土地被耕种,铁路向西推进到无森林植被的草原和沙漠地区,木材变得不那么易得且价格越来越高,所以煤炭逐渐成为 19 世纪 50 年代的首选燃料。一些铁路公司如巴尔的摩和俄亥俄铁路公司(B&O)从一开始就使用煤炭,尽管燃烧无烟煤会有很多困难。但随着易燃性更高的烟煤日益易得且煤炭价格下降,这种转换变得更加容易。

1437

86

到 1880 年,超过 90％的铁路燃料是煤炭(White,1968:83—90),占煤炭产量的相当大一部分。例如,在 1915 年,美国铁路消耗了 28％(1.22 亿吨)的烟煤产量和 7％的无烟煤产量(Fernald,1918:179)。

图 4.2 中的铁路建设模式呈现出明显的周期性,并与商业周期的日期(灰色阴影表示周期中按日历年度划分的峰值至低谷)以及金融恐慌和危机(垂直虚线)密切相关。尽管商业周期的具体确定时间并不精确(部分原因在于这些数据来自滞后指标、同步指标、领先指标的混合数据),而且这些数据没有得到广泛的认可,但它们是有启示意义的。根据哈利(Harley,1982)的说法,铁路建设周期在库兹涅茨商业周期中发挥了重要作用。这一说法并不奇怪,例如,每英里单轨铁路至少需要 350 吨铁或钢,并在建设期间雇用数百名工人来搬运泥土和石子来铺设路基和轨道,并建造水和煤(或木材)的加油站。仅贝塞麦钢铁和机车就占了戴维斯工业生产指数的 6％以上(Davis,2006)。因此,无论其作用是不是决定性的,从索普等人(Thorp et al.,1926)、熊彼特(Schumpeter,1939)和费尔斯(Fels,1959)开始,铁路在商业周期学者的著作中占据了重要地位,对大多数经济活动的长周期和短周期都起到了重要作用(Fogel,1964)。

哈利(Harley,1982)认为,美国内战后铁路建设的周期性模式反映了铁路公司之间关于在特定地区享有独家建设权的非正式寡头垄断协议的周期性破裂。这些协议的达成是因为通常在特定时间和地点建设一条铁路会阻止后来建设(尽管有一些今天所谓的"绿色敲诈"* 案例,即在新线路上开始建设,希望有人付钱来停止该项目,例如纽约、西岸和布法罗铁路,尽管这个计策并不总是奏效)。当经济增长更多时,后来的建设显然会更有利可图,因此从铁路公司的角度来看,更加可取。这为延迟建设提供了强烈的动机,但前提是铁路公司能够确保这些更高的利润将会专门保留给它。

因此,铁路公司有合作动机,但随着定居人数增加带来收益上升,打破协议的动机也随之强烈。哈利对堪萨斯州的案例进行研究后发现,一旦定

---

* 绿色敲诈(greenmail)是一种商业策略,即外部投资者购买一家公司的大量股票并威胁进行敌意收购。然后,该公司会以溢价的方式回购这些股票以防止被收购。该术语"greenmail"是"green"(指支付给投资者的资金)和"blackmail"(指用于迫使公司回购股票的胁迫策略)的组合。——译者注

1438 居达到其 35% 的潜力时,这些动机可能变得不可抗拒,尽管最优合作策略是延迟建设,直到定居达到 75% 为止(Harley,1982)。通过比较大平原地区新铁路建设的实际里程和这些策略预测的里程数,他得出结论:在 1873 年至 1878 年的经济萧条时期和 1883 年之后,铁路公司很可能处于竞争状态,但在其他时候进行了合作。

铁路建设意味着重大的金融投资,早期铁路的成本为每英里 2.5 万—3 万美元。这个支出与运河相当,但每英里支出大大高于高速公路,是农场平均投资的 10 倍左右,更是当时典型制造业公司投资的 20 倍及以上。在山区(如阿巴拉契亚山脉,特别是落基山脉和内华达山脉)修建的铁路需要进行更多的挖掘和填筑,而在沼泽地区(如南部沿海的大部分地区)由于地面太不稳定,无法支撑碎石、枕木和钢轨,这些地方的铁路建设成本更高。到 1860 年,约有 10 亿美元投资到铁路上,这相当于当时美国所有制造业的投资额,并且在 19 世纪末之前铁路投资还将增加三倍以上。

每条铁路的建设成本都很高,这使得大多数铁路必须依靠资本市场筹集资金,而非依赖银行,尽管一些早期的铁路特许状拥有银行特权(例如,West Feliciana Railroad and Banking Company*)。各州向铁路发起人授予公司注册权和有限责任,以便筹集外部资本。这些资产是公开交易的,并且是许多市场的重要组成部分。例如,1885 年,铁路股票占纽约证券交易所交易股票的 80% 以上,占费城市场交易股票的近三分之二(O'Sullivan,2007)。大部分建设资金(有时甚至超过了实际施工成本)是通过债务销售而非股权进行筹集的,通常以土地抵押为担保[新英格兰地区除外,那里的铁路较短,因此资本需求较少(Chandler,1954)]。这些债务在美国国内市场和国外市场上交易(通常以英镑计价),并在 19 世纪大部分时间里超过了所有其他公共投资,包括美国政府债务。筹集到的资金不仅用于铁路建设,还为欺诈、贿赂和腐败提供了资金来源(例如,参见 United States Congress House,1873)。

---

* West Feliciana Railroad and Banking Company 是一个曾经存在于美国路易斯安那州的银行和铁路公司。它成立于 1831 年,是美国南方最早的铁路公司之一,最初的目的是修建连接路易斯安那州巴吞鲁日和杰克逊的铁路线。该公司还获得了银行特许经营权,这使其能够吸收存款和发放贷款。在铁路建设过程中,该公司曾经面临财务困难和监管问题,最终于 1842 年破产。——译者注

　　铁路公司筹集的大部分建设资金用于平整路基、排水和修建桥梁，这些投资是完全不可移动的，几乎没有其他用途（除了道路，在 20 世纪，随着很多铁路被废弃，许多道路会沿用铁路的原路线）。这实际上是一种"沉没成本"。其余大部分资金用于轨道、枕木、道砟、机车车辆等，如果不算作沉没成本的话，则是一种固定成本。因此，相对于总成本，铁路的边际（和可变）成本很低。这种成本结构是为适应需求变化导致运费波动而设计的，因为公路只需支付可变成本就可以将损失降到最低。虽然经济低迷时期的低费率使托运人受益，但由于能使铁路支付债务利息的收益出现短缺，铁路公司在不利的经济环境下极易破产（如 1857 年、1873 年和 1894 年），而且容易受到（潜在的）敌意收购和兼并的威胁（Adams et al.，1871）。当纽约和伊利铁路于 1859 年申请破产时，投资者很快就发现了这一点，这是美国第一条主干线铁路破产。虽然在此之前很多小型铁路公司已经破产，但在随后的几十年里，包括 1873 年和 1893 年在内，还有更多的大大小小的铁路公司走向了纽约和伊利铁路的命运。事实上，在 19 世纪 70 年代，美国全国可能有五分之一的铁路里程由违约的铁路公司经营。在 19 世纪 90 年代，违约情况再次达到顶峰，超过 4 万英里的铁路被接管，宾夕法尼亚铁路公司最终吞并了其他 800 多家铁路公司，其中很多就是在 19 世纪 90 年代被吞并的。

1439

　　从 20 世纪开始，特别是从 20 世纪 30 年代开始，新兴的卡车运输业开始与铁路运输竞争，铁路面临更多的困难（Schiffman，2003）。随着州际公路系统的建设加速了铁路运输（或至少其份额）的减少，以及家庭供暖和发电从煤炭转向其他能源，铁路交通量也受到了影响。在 20 世纪 60 年代末和 70 年代初，美国东北地区的六个主要铁路系统宣布破产，其中包括宾夕法尼亚中央铁路。货运和客运铁路运输面临崩溃，导致国会干预。这导致了联合铁路公司（Conrail）*在 1976 年成立，该公司最初是一家政府拥有的企业，作为东北部和中西部的主要铁路货运商。联合铁路公司最终于 1987 年被私人部门回销。同时，

---

*　联合铁路公司成立于 1976 年，由六家美国东部地区的铁路公司共同出资创建，旨在整合旧的铁路系统，提高效率，并将赤字企业整合为一个更可持续的公司。它在 1976 年至 1999 年期间成为美国东北地区的主要铁路运输公司，该公司的服务覆盖范围包括 15 个州和加拿大南部的一些地区。1999 年，联合铁路公司被美国两个最大的铁路公司之一的 CSX 公司收购。——译者注

美国铁路客运公司（Amtrak）* 于 1971 成立，获得政府补贴，以继续提供铁路客运服务，但它不再拥有其列车运行的轨道，这在一定程度上解释了其糟糕的服务记录。

政府干预和激励

从一开始，政府就对铁路进行干预。例如，巴尔的摩和俄亥俄铁路是巴尔的摩市官员的创意，并由马里兰州和弗吉尼亚州迅速授予特许状而促成。然而，这种干预既不新鲜也不罕见（Hughes，1991）。铁路的情形是，作为一项持久和可观的投资，它们需要公司化的特权，以便在其漫长的（技术）生命中保持连续性，并帮助筹集建设资金。作为回报，各州往往要求铁路按照一定的标准和轨距建造，并在规定的时间内连接各个地方，有时还要求在其他方面给予"帮助"。作为这种互惠关系的一部分，铁路公司也得到了帮助，以防止沿线土地所有者通过征用权、架设河流权和改道权进行敲诈。有时，在私人收益被视为微不足道或无足轻重的情况下，也会给予其他激励。例如，联邦政府在 1850 年向伊利诺伊州中央铁路公司提供了联邦土地，以鼓励铁路公司修建从芝加哥向南穿过该州人烟稀少地区的铁路。这一政策基于之前鼓励公路（如俄亥俄州）和运河建设（如伊利诺伊和密歇根运河）的经验。当 1856 年竣工时，伊利诺伊州中央铁路是世界上最长的铁路。此后，该铁路延伸到艾奥瓦州，并在美国内战后延伸到南方[尽管它最初没有横跨俄亥俄河的桥梁，而且河对岸的轨距在 1881 年前一直是南方的 5 英尺轨距，即比南方其他铁路的轨距转换早几年（Gross，2016）]。

---

* 美国铁路客运公司是美国的一个国有铁路客运公司，成立于 1971 年。该公司由美国国会授权成立，提供美国境内的铁路客运服务，取代当时经营不善的私人铁路公司。美国铁路客运公司提供长途和短途铁路客运服务，覆盖全国各地，其中一些线路跨越多个州。美国铁路客运公司的服务范围涵盖美国东部、中西部和西海岸地区，提供包括经济型、商务型、豪华型和卧铺车厢在内的多种座位和车厢等级。该公司的主要目标是提高铁路客运的服务质量和利润率，促进美国铁路客运事业的发展。——译者注

作为激励措施，以建设为条件的土地赠予被视为一种普遍的成功，这种 1440
措施从 1862 年的《太平洋铁路法案》开始重复使用，该法案授权建造第一条
横跨大陆的铁路。总体上说，这些授予铁路公司的土地相当巨大。在
1850 年至 1871 年间，联邦政府赠予了 1.31 亿英亩土地，超过了 20.3 万平方
英里，这个面积比加利福尼亚州和纽约州的总和还要大。这些土地赠予有
可能为铁路提供通行权和资产，铁路建设将极大地提高土地价值。此外，这
些土地可以作为贷款的担保，特别是抵押贷款（其市场已经发展成熟）。然
而，人们对这些激励措施是否真的有必要提出了质疑。

对第一条跨大陆铁路的同期交通预测的一项评论（Duran，2013）表明，
这种政府补贴是不必要的（尽管在资本有限的情况下，这些补贴可能导致优
先级重新排序）。这也得到了对有无土地赠予的实际收益的回顾性预测
（Fleisig，1975；Fogel，1960）的支持。事实上，对中央和联合太平洋铁路以
及大北方铁路的事后分析表明，即使没有土地赠予，私人回报率也超过了资
本的机会成本。对于圣塔菲铁路和北太平洋铁路来说，土地出让金的价值
可能使得该铁路建设在事后的评估中更加有利，而得克萨斯和太平洋铁路
的建设可能在事后被认为是错误的决策（Mercer，1974）。即使在回报率不
高的情况下，如联合太平洋铁路的早期，后来的回报率也几乎肯定会得到补
偿（Fogel，1960）。无论私人回报是否充足，人们普遍认为社会回报巨大，即
存在着铁路无法获得的外部因素，其价值可能远远超过了赠予土地的机会
成本（Fogel，1960；Mercer，1969）。

然而，基于可能存在的误导性陈述（当然，过于乐观的预测）（Libecap and
Hansen，2002；Raban，1996），这些土地的授予也会造成针对已经在美国和
整个欧洲的潜在移民过早定居或定居失败的问题。此外，铁路公司还可以
通过保留大部分土地所有权来进行跨领域补贴活动（如在铁路土地上开采
煤炭的运输），并阻止导致进一步公共干预的竞争（如来自管道的竞争）。

尽管最初采取了迂回的方式，政府对铁路的运营也进行了干预，特别是
在服务条款和条件方面，但随着更多铁路线路相互连接，铁路之间的竞争加
剧，托运人可以选择承运人和路线，铁路公司相互勾结，限制了竞争效果
（Riegel，1931）。例如，在 1869 年，艾奥瓦州和芝加哥之间的三家主要铁路
公司（西北铁路公司、伯灵顿铁路公司和岩岛铁路公司）通过君子协定成立

了艾奥瓦联营公司,平均分享 55％的货运收入和 45％的客运收入,希望限制它们之间的价格竞争。其他区域性的承运人集团后来也达成了类似的协议,如阿尔贝特·芬克 * 于 1873 年开始组织南方铁路和汽船协会。

1441　　　这种安排并没有立即或直接受到挑战,由于最高法院在"芒恩诉伊利诺伊州"一案(1876 年)中作出了扩张性裁决,政府找到了监管货物运价的权力当局(Higgs,1987;Hughes,1991)。该案源于 1871 年对伊利诺伊州法律的挑战,由一个新成立的兄弟会组织"全国农牧业保护者协会" ** 所推动,要求为谷物升降机颁发许可证,并为谷物的储存和处理设定最高费率,其中大部分谷物通过铁路进行运输。当时,芝加哥是世界谷物贸易中心,得到了像芝加哥期货交易所这样交易组织的支持,并拥有大量的谷物升降机基础设施,其中许多设备是共同所有权,这些基础设施将铁路与全球范围内运输美国谷物的船只分开。伊利诺伊州起诉艾拉·芒恩(Ira Munn)和乔治·斯科特(George Scott)的谷物升降机没有许可证,并在《伊利诺伊州仓库法案》规定的最高费率之上收费。在州法院定罪后,芒恩向美国联邦最高法院提出上诉,理由是在美国宪法第十四修正案下违法剥夺公正程序。在支持伊利诺伊州的判决中,美国联邦最高法院裁定,普通法允许对"涉及公共利益"的业务进行监管(包括作为"公共运输者"的铁路),尽管菲尔德法官对这一扩张性裁决提出了激烈的反对意见。然而,该裁决的结果使得其他州的监管措施大量涌现,其中许多涉及铁路。到 1886 年,25 个州通过了与伊利诺伊州类似的法律。

伊利诺伊州的另一个"格兰吉法律"(Granger laus)禁止在"基本相似的情况下",短途运输的货物运价比长途运输更高。1886 年,瓦巴什、圣路易斯和太平洋铁路公司对这一法律提出挑战。然而,在这个案件的裁决中,美国

---

* 　阿尔贝特·芬克(Albert Fink,1827—1897)是一位德裔美国工程师和铁路运营专家。他在南方铁路公司担任高级运营官,负责组织铁路公司之间的联盟和协议。他还提出了一种名为"芬克信托"的解决方案,以帮助铁路公司协调价格和路线,从而减少竞争和浪费。——译者注

** 　国家农牧业保护者协会(National Grange of the Patrons of Husbandry,通称 Grange)是一个于 1867 年在美国成立的农民团体组织。该组织旨在为美国农民提供经济和社交支持,同时也推广农业改革。在 19 世纪末,该组织在美国西部和中西部地区非常活跃,并对美国农业政策的制定产生了影响。——译者注

联邦最高法院支持铁路公司,因为这涉及跨州贸易的管辖权。但是,在该裁决作出不到一年的时间里,美国国会通过了实质上相同的立法,对联邦层面的货物运价进行管制,并建立了州际商务委员会(ICC)* 来监督执行情况。这开启了一个时代,联邦政府对铁路运营的干预不断增加,如 1903 年的《埃尔金斯法案》(Elkins Act)将回扣列为非法,1906 年的《赫本法案》(Hepburn Act)赋予州际商务委员会制定公正合理运价、规定会计实务以及禁止铁路公司或其子公司运输自己生产的任何商品的权力。这些法律的影响深远而持久(MacAvoy,1965;Martin,1971;Ulen,1980)。事实上,1917 年至1920 年间,作为第一次世界大战的应急措施,美国联邦政府甚至曾短暂地完全接管全国铁路。第二次世界大战后,卡车运输,特别是牵引式拖车和州际公路、私人汽车和航空公司的结合,吸收了铁路的大部分运输量。这导致铁路运输业的重组和调整,1971 年成立了美国铁路客运公司,1976 年成立了联合铁路公司,而 1976 年通过的《铁路振兴和监管改革法案》和 1980 年的《斯塔格斯铁路法案》则大大削弱了州际商务委员会对全国铁路的权力,直到该机构在 1995 年底被废除。

美国铁路的创新和生产力变化

根据菲什洛的估计,在 1839—1909 年间,铁路服务以平均每年 11.6%1442的速度增长,约为当时收入和商品产出增长速度的三倍。没有其他单个主要经济部门增长得如此迅速(Fishlow,1966)。当然,这种增长的一部分反映了铁路里程的大幅扩张,以及铁路从东海岸的少数孤立地区扩展到 48 个

---

* 州际商务委员会(Interstate Commerce Commission,ICC)是美国历史上的一个联邦机构,成立于 1887 年,负责监管铁路公司和其他联邦管辖范围内的公司在跨州交通中的公共利益问题,以确保公平竞争、防止价格垄断和保障消费者权益。它是美国第一个独立的联邦监管机构,负责制定政策,规定铁路公司的服务条款和运输价格,并调查铁路公司的价格歧视和反竞争行为。在其成立的初期,州际商务委员会的职责逐渐扩大到了管辖更多的领域,包括公共汽车、水运和管道运输等。该委员会一直存在,直到 1995 年被废除。——译者注

州,如上文图 4.1 所示。然而,即使考虑到铁路使用的土地、劳动力、资本和燃料的增加,全要素生产率(TFP)也显著提高。实际上,菲什洛的全要素生产率估计显示,1839—1909 年间的年平均增长率为 3.5%,这是一个非常可观的速度,尽管与 19 世纪 40 年代每年近 10% 的生产率增长相比,有了大幅放缓(参见表 4.3)。生产率的增长速度通常逐年放缓,但在 20 世纪的第一个十年最为明显。尽管菲什洛没有详细报告后来的数据,但他总结了一张图表,显示了 1953 年以前的生产率增长情况,这表明生产率增长的放缓至少持续到 20 世纪上半叶(Fishlow,1966:Chart 1,p.627)。这种模式与其他人报告的估计结果相一致(Caves et al.,1981)。

表 4.3　1839—1909 年美国各时期铁路全要素生产率的平均年增长率

起始年份	结束年份						
	1849	1859	1869	1879	1889	1899	1909
1839	9.8%	5.7%	5.5%	4.6%	4.2%	3.9%	3.5%
1849		1.8%	3.4%	3.0%	2.8%	2.8%	2.5%
1859			5.1%	3.6%	3.1%	3.0%	2.7%
1869				2.1%	2.2%	2.3%	2.1%
1879					2.3%	2.5%	2.1%
1889						2.7%	2.1%
1899							1.4%

资料来源:根据菲什洛(Fishlow,1966:Table 10,p.626)计算得来。

　　铁路服务的生产率增长部分反映在客运票价和货物运价的下降中。1839 年,乘客每英里付费约为 5 美分(在当时每天 10—12 小时的工资为 1 美元或更少的情况下,这是一个相当高的价格),每吨货物平均运费为每英里 7.05 美分,这个高价格使铁路运输局限于价值-重量比相对较高的物品(如制造业),这意味着其他运输方式,尤其是水运有充足的空间。80 年后,铁路的乘客车费下降了 60% 以上,货物运价下降了 90% 以上。水运的货物运价也同样下降,但是货物组合正转向对铁路运输有力的价值-重量比较高的项目。然而,公路运输在 19 世纪没有出现真正的生产率变化,因此每当有替代性的运输方式时,公路运输就会失去市场。此外,铁路价格变化低估了费率下降的真正幅度,因为舒适度、速度和按时交付等维度来衡量的质量

1443

也随着价格的下降而提高。

　　尽管早期捷克工程师弗朗茨·格斯特纳（Franz Gerstner）（Gerstner and Gamst，1997）受俄国沙皇尼古拉一世的委托进行研究并在其著作中可以得到特别详细的信息，但由于缺乏关于提高生产力设备和技术的使用时间及程度的详细信息，菲什洛没有具体分析各决定因素对铁路生产率增长的贡献度。然而，菲什洛提出了广泛意义上的决定因素，即使用强度——每英里轨道上运输更多的货物和乘客。旅行和运输服务的需求最终会赶上铁路系统的能力，国家在不断发展中与其交通运输系统一起成长。菲什洛的数据显示，由于战争的需要，美国内战期间使用强度急剧增加，而轨道里程本身仅有小幅增加。这可能解释了美国内战时期相对于其他大多数时期生产率增长更快的原因。另一方面，19世纪50年代的生产率增长要慢得多，在这一时期，轨道里程大幅增加，特别是像中西部这样人口稀疏的地区。

　　菲什洛提出了几个相对简单，甚至是直截了当的方法来捕捉使用强度的增加所带来的影响。其中之一是假设资本-劳动比率始终处于1909年的水平，重新计算生产率。另一种是通过保持资本-产出比率不变，假设资本-劳动比率实际增加了（正如现实一样）。在前一种情况下，整个期间的年生产率增长从3.5%降至2.9%，即下降约18%。在后一种情况下，其结果大约是前者的两倍。

　　铁路运输中的各种创新也促进了使用强度的增加。例如，使用电报来控制和协调火车运行（DuBoff，1980；Field，1992），使用区间信号来控制特定区间的轨道，以及建造更多的侧线和疏解线，使得在美国主要以单轨为主的铁路系统上行驶更多的列车成为可能。此外，用钢轨取代铁轨，使更重的列车可以以更高的速度运行更长时间，而不必频繁更换轨道。

　　具有更强动力的机车使得列车变得更重，速度更快，它们燃烧着能量更大的燃料（煤），并配备了灵活的车皮，以帮助它们在弯度更大的铁道上不脱轨。然而，更高的速度和更重的列车也要求改进制动系统，因此采用了西屋电气公司的空气制动器，这也使得没有必要再在列车上设置单独刹车员。在应对前后不平（如坡度）和侧向不平（不完美的路基）的不平稳轨道时，列车能够正常行驶并有效地将动力施加到所有驱动轮上，（从早期开始）使用平衡杆将负载从侧面和前面转移到后面。菲什洛认为，这些创新和其他创新成果，如自动联挂器（也大大降低了铁路场站工人的死亡率），共同贡献了

1444

生产率增长的一半,但菲什洛没有进一步细分具体的创新贡献度。

然而,美国铁路依赖蒸汽时,会有一些无法完全克服的固有限制。发动机通过燃烧燃料(最初是木头,然后是煤,最后甚至是一些石油)来烧开水产生蒸汽。蒸汽提供了实际的驱动力,但一经使用就会耗尽,最终需要换水。事实上,机车需要的水比燃料更多,每隔一站就需要使用木材或煤炭,这大概是每5—10英里一次的频率。为了平衡这两个重要组成部分的消耗,我们用水槽进行试验,水槽中的水由建在轨道上的溪流提供,可以舀水来补充火车的能源供应,而不必停车。通过拖动更大的供水装置和燃料箱(这两者通常与水箱结合在一起,就像翻转的马鞍上的燃料),这个范围可以延长10—20倍,但只能通过减少乘客数量或货物的重量来实现。

通过电气化,列车完全无需携带自己所需的燃料。事实上,城市和城际运输系统采用了电气化铁路,但对于庞大的美国铁路系统来说,电气化的成本太高了。到1900年,大约有2 100英里的城际电气轨道正在运行,电气化建设的热潮一直持续到第一次世界大战,当时有1.55万英里的轨道,主要分布在七个州,使得纽约和芝加哥等大城市以及印第安纳波利斯和克利夫兰等中小城市周围可以实现大规模的郊区化(Bogart,1906;Hilton and Due,1960)。此后,随着私人汽车数量的增加,城际电气运输的普及率在下降。对于干线铁路所涉及的较长距离,则采用内燃电力机车方案,列车的动力来自由柴油发电机供电的发动机。这种机车在20世纪30年代首次用于客运时得到了证明,最终也被货运接受(Lytle,1968;Mansfield,1963;Stover,1970)。在铁路运输中采用电力,极大地减少了劳动力需求,并刺激了该行业的劳动生产率的增长。例如,多个发动机可以从同一个位置控制,不再需要司炉工。

铁路的社会节约

早期铁路的成功意味着运河时代的结束。19世纪40年代,运河只增加了约400英里,而铁路里程却增加了5 000多英里(Carter et al.,2006),在19世纪50年代,废弃的运河多于新建的运河,但铁路里程却增加了两倍。事实证明,铁路在消费者眼中是有优势的,无论是作为运输方式还是旅行方式。问题是这种优势有多大？福格尔提出通过比较实际情况和反事实状态来衡量国家如果被迫依赖旧运输手段（如运河、汽船和马车）所造成的经济损失，并以此来作为衡量指标（Fogel，1964，1967）。然而，在实际中，福格尔只关注运河和马车，并设计了一个他称为"社会节约"（social savings）的衡量标准。正是福格尔在这方面的工作，使他 1993 年和诺思一道获得了诺贝尔经济学奖。

1445

福格尔用消费者剩余（消费者从铁路运输转向另一个最优运输方式而产生的）来衡量"社会节约"，同时假设运输服务的供给（无论来源如何）在当前价格下是完全弹性的，而对运输服务的需求则是完全无弹性的。由此产生的消费者剩余是一个矩形面积，由最优和次优运输方式之间的运输成本之差和运输数量所决定，它是实际消费者剩余的一个上限。运输需求的任何价格弹性都会减少这一消费者剩余。

当然，"魔鬼在细节中"，比如说运输的具体货物和运输的距离等。为了便于分析，福格尔将他的分析限制在农业部门，因为直到 19 世纪末，就产值、就业和货物流动等方面而言，农业仍然是经济中最主要的部门。他还将其分析分为长距离贸易（特别是区域间贸易）和离家庭较近的区域内贸易。由于各种政府机构（包括州际商务委员会、人口普查局和美国农业部）提供了良好的数据，福格尔参考了 1890 年的数据进行分析。在此期间，铁路已经明确地成为主要的运输方式（然而内燃机的出现还没有让局面变得复杂），因此其影响应该是"巨大的"。

对铁路运输而言，区域间贸易将占主导地位。毕竟，铁路以其横贯大陆的范围和连接芝加哥和墨西哥湾沿岸的伊利诺伊中央铁路等路线而闻名。此外，资源（也就是贸易机会）在远距离上的差异比近距离的差异更大。然而，从结果来看，最初铁路在区域间贸易中的社会节约被计算为负值，也就是说，铁路给经济带来的是净损失而非收益。原因很简单：在长距离贸易中，替代铁路运输的低成本运输方式是运河。这些运河的运输成本比铁路低，而且即使一些运河（如瓦巴什和伊利运河＊）已被废弃，有些运河（如伊

＊ 瓦巴什和伊利运河（Wabash and Erie Canal）是一条位于美国印第安纳州和俄亥俄州的人工运河，建于 1832 年至 1853 年间，长度超过 460 英里。该运河曾经是连接密西西比河和东部大西洋沿岸的主要运输路线之一，但在铁路的竞争下逐渐失去了优势。最终在 1874 年关闭，现在已被废弃。——译者注

利运河)在 1890 年仍有很大的业务量,因此对消费者剩余的估计为负,最初估计量为一3 800 万美元(Fogel,1964:47,fn.57)。然而,这种估计方法忽略了与水有关的各种其他成本,包括货物变质和水渍造成的损失、额外的转运成本和从农场到更远运河的运输成本,以及由于运输缓慢和春涝、夏旱、冬冻的影响而增加的库存成本[戴维(David,1969)对这些问题有更严谨的研究]。总体而言,福格尔估计这些因素产生的净效应使得区域间贸易的社会节约提高到 7 300 万美元。

1446　　　另一方面,福格尔认为,仅仅基于对已公布的货物运价的比较,甚至无需考虑那些使铁路运输"更好"的因素,区域内贸易的社会节约为正值。这是因为区域内贸易中,铁路的替代方案是高成本、缓慢的马车运输(这是一种从 18 世纪到 20 世纪初基本没有变化的出行方式)。如果采用价格更高、范围更广的马车运输以及一些有限的水路运输,将使农产品的区域内运输成本增加 3.37 亿美元。通过对运河系统进行适度且可行的扩建,美国更多的农业土地位于水路 40 英里以内,这些成本会降低 2.48 亿美元(即社会节约)(Fogel,1964:92,Table 3.10)。

在 1890 年,由于有了铁路,不需要再仅仅依靠马车和运河运输来运送农产品,美国因此总共节省了 3.21 亿美元(7 300 万美元的区域间贸易加上 2.48 亿美元的区域内贸易)。这相当于 1890 年国民生产总值的 2.7%,福格尔认为这个比率相对较小(当然考虑到铁路的作用从一开始就被夸大)。最近唐纳森和霍恩贝克(Donaldson and Hornbeck,2016)对农业商品的社会节约进行估计,这一比率小幅上升 3.22%。然而,唐纳森和霍恩贝克的分析的真正目的是估计铁路的出现(或建造铁路的损失)对农业土地价值的影响(福格尔也作了类似计算)。他们依据伊顿和科图姆(Eaton and Kortum,2002)的贸易模型,根据市场之间的最低成本运输和这些市场的重要性(如人口),建立了铁路对"市场准入"影响的度量标准,这一标准得到了日益广泛的应用。基于市场准入的变化,他们得出结论:如果在 1890 年没有铁路,美国的土地价值将下降 60%。事实上,他们认为铁路对 1890 年的农业部门"至关重要"。此外,与福格尔的观点相反,他们不认为这些损失可以通过扩大国家水路网络而得到任何实质性的抵消。

唐纳森和霍恩贝克的估计和福格尔的估计一样,都有一个局限性,即只反映了农业而非所有商品从铁路运输中获得的收益,尽管作为价值-重量比相对较低的物品的生产者,农业将承担更高的运输成本。此外,他们还忽略了铁路对客运的影响,而客运是铁路的一个重要收入来源,并且在汽车交通抢占运输份额之前,客运还是经济的重要收益来源。博伊德和沃尔顿(Boyd and Walton,1972)估计,1890 年的客运损失约为 3.44 亿美元,比福格尔估计的损失多出一倍。因此,这些损失加上福格尔自己粗略估计的货运交通节省总额,社会节约总额将超过 9 亿美元,约占国民生产总值的 7.3%。

　　缺失铁路所带来的损失(社会节约)看起来数额巨大。事实上,唐纳森和霍恩贝克得出结论:即使不考虑聚集和其他外部因素的影响,如果没有铁路,人口和工人效用的下降也会给美国国民生产总值和总福利带来巨大损失。菲什洛对1860 年福格尔的数据进行估算,得出如下结论:所有货运的社会节约大概为 1.55 亿美元,客运方面的社会节约为 7 000 万美元,总社会节约约占 1860 年国民生产总值的 5%,而这一比率在 1890 年达到 15%左右(Fishlow,1965)。

　　社会节约估算的不确定性和误差源于实际和理论问题。实际问题具体包括外部性(如速度、舒适度和安全性)的作用(Lebergott,1966),恶劣天气对城市食品供应的影响,大城市的生存能力以及当不存在铁路时,各种偏差能否相互抵消(David,1969)。也许最严重的问题是理论问题,这涉及铁路不存在时的一般均衡效应,这些效应无法在反事实的比较统计学方法中体现。正如人们所期望的那样,把这些效应纳入模型后(如 Williamson,1974,1975)得到的估计值比福格尔估算的结果更大。此外,校准是估算准确的关键,其他一般均衡方法(Donaldson and Hornbeck,2016;Kahn,1988)得出的估计值介于福格尔和威廉森之间。

　　铁路不太可能对美国的增长和发展具有"决定性"作用,然而铁路的重要性和贡献是毋庸置疑的。福格尔的大部分批评是修辞性的,为了驳斥作为一个"稻草人"的"不可或缺的公理",即认为铁路的发展是美国发展的必要条件,同时也是为了减少一些夸大铁路作用的极端言论,例如,同时代的拉尔夫·沃尔多·埃默森(Ralph Waldo Emerson,1903:364)认为铁路是"魔法师的权杖,用它的力量能够唤醒沉睡的陆地和水的能量",早期历史学家(包括罗斯托)将铁路描述为"资本主义发展的必要条件"和"许多劳动分工的责任者"(Bolino,1961:175)。

1447

总结性评论

尽管在福格尔的分析和批判之前,铁路对美国的增长和发展并不像之前学者所声称的那样具有决定性或关键性作用,但铁路是重要的,甚至比福格尔所表达的更重要。一个多世纪以来,铁路不仅塑造(或者说重塑)了美国国内和国外的贸易流动,而且在区域间和区域内的专业化贸易中发挥了重要作用。运输和通信手段的改善,推动了规模经济和集聚经济等外部因素的发展。铁路还在一些商业领域产生了其他多样化和不显著的影响,特别是在尚未成为计量史学研究重点的领域,如管理(例如多部门企业的出现)、会计(包括内部控制的成本会计和面向投资者的财务报告)和劳工关系(如类似联合卧铺车门房工会 * 这样的工会,以及追踪和监测地理上分散的劳动力表现)。尽管商业组织的某些方面已经开始吸引了计量史学家(如Guinnane et al.,2007;特别是 Hilt,2008),但这些领域在商业史学家的著作中得到了更全面但仍以定性为主的分析,尤其是阿尔弗雷德·钱德勒的研究(Chandler,1965,1977,1979;John,2008)。

参考文献

Adams, C. F., Adams, H., Walker, F. A. (1871) "Chapters of Erie, and Other Essays", J. R. Osgood and Company, Boston.

Agricola, G., Hoover, H., Hoover, L. H. (1912) *Georgius Agricola De re Metallica*. Published for the translators by The Mining magazine, London.

Arthur, W. B. (1989) "Competing Technologies, Increasing Returns, and Lock-in By Historical Events", *Econ J*, 99(394):116—131. https://doi.org/10.2307/2234208.

Arthur, W. B. (1994) *Increasing Returns and Path Dependence in the Economy*, Economics, *Cognition*, *and Society*. University of Michigan Press, Ann Arbor.

Atack, J. (2013) "On the Use of Geographic Information Systems in Economic History: The American Transportation Revolution Revisited", *J Econ Hist*, 73(2):313—338.

Atack, J. (2015) "*Historical Geographic*

> * 联合卧铺车门房工会(United Brotherhood of Sleeping Car Porters)是美国历史上第一个由非洲裔美国人组成的工会,成立于 1925 年。该工会的成立对于非裔美国人争取平等权利、改善工作条件、提高工资等方面的努力起到了积极的作用。该工会也为其他行业和组织赢得了权利和机会。——译者注

Information Systems (GIS) Database of U.S. Railroads", Vanderbilt University. Available from https://my.vanderbilt.edu/jeremyatack/files/2015/12/RR1826-1911Modified122715.zip.

Atack, J. (2018) "Creating Historical Transportation Shapefiles of Navigable Rivers, Canals, and Railroads for the United States before World War I", in Gregory, I., DeBats, D., Lafreniere, D. (eds) The Routledge Companion to Spatial History. Routledge, Milton Park, pp.169—184.

Atack, J., Bateman, F., Haines, M., Margo, R.A. (2010) "Did Railroads Induce or Follow Economic Growth? Urbanization and Population Growth in the American Midwest, 1850—1860", Soc Sci Hist, 34(2):171—197.

Atack, J., Brueckner, J. (1982) "Steel Rails and American Railroads, 1867—1880", Explor Econ Hist, 19(October):339—359.

Atack, J., Margo, R.A. (2011) "The Impact of Access to Rail Transportation on Agricultural Improvement: The American Midwest as a Test Case, 1850—1860", J Transp Land Use, 4(2):5—18.

Bastiat, F., Stirling, P.J. (trans) (1922) Economic Sophisms. G.P.Putnam's Sons, New York.

Bathe, G., Bathe, D. (1935) "Oliver Evans: A Chronicle of Early American Engineering", Historical Society of Pennsylvania, Philadelphia.

Bleakley, H., Lin, J. (2012) "Portage and Path Dependence", Q J Econ, 127(2):587—644. https://doi.org/10.1093/qje/qjs011.

Bogart, E.L. (1906) "Economic and Social Effects of the Inter-urban Electric Railway in Ohio", J Polit Econ, 14(10):585—601.

Bolino, A.C. (1961) The Development of the American Economy. C.E.Merrill Books, Columbus.

Boyd, H., Walton, G.M. (1972) "The Social Savings from Nineteenth-century Rail Passenger Service", Explor Econ Hist, 9(1):233—254. https://doi.org/10.1016/0014-4983(71)90059-3.

Carter, S.B., Gartner, S.S., Haines, M.R., Olmstead, A.L., Sutch, R., Wright, G., Cain, L.P. (eds)(2006) Historical Statistics of the United States Millennial Edition Online. Cambridge University Press, New York.

Caves, D.W., Christensen, L.R., Swanson, J.A. (1981) "Productivity Growth, Scale Economies, and Capacity Utilization in U.S. Railroads, 1955—1974", Am Econ Rev, 71(5):994—1002.

Chandler, A.D. (1954) "Patterns of American Railroad Finance, 1830—1850", Bus Hist Rev, 28(3):248—263. https://doi.org/10.2307/3111573.

Chandler, A.D. (1965) The Railroads, The Nation's First Big Business; Sources and Readings. The Forces in American Economic Growth Series. Harcourt, New York.

Chandler, A.D. (1977) The Visible Hand: The Managerial Revolution in American Business. Belknap Press, Cambridge, MA.

Chandler, A.D. (1979) The Railroads, Pioneers in Modern Management. History of Management Thought. Arno Press, New York.

Condit, C.W. (1980) The Port of New York. University of Chicago Press, Chicago.

Craig, L.A., Palmquist, R., Weiss, T. (1998) "Transportation Improvements and Land Values in the Antebellum United States: A Hedonic Approach", J Real Estate Financ Econ, 16(2):173—189.

David, P.A. (1969) "Transport Innovation and Economic Growth: Professor Fogel on and off the Rails", Econ Hist Rev, 22(3):506—525. https://doi.org/10.1111/j.1468-0289.1969.tb00186.x.

Davis, J.H. (2006) "An Improved Annual Chronology of U.S. Business Cycles since the 1790s", J Econ Hist, 66(1):103—121.

Dickinson, H.W., Titley, A. (1934) Richard Trevithick: The Engineer and The Man. The University Press, Cambridge.

Donaldson, D., Hornbeck, R. (2016) "Railroads and American Economic Growth: A 'Market Access' Approach", Q J Econ,

131（2）：799—858. https://doi. org/10. 1093/qje/qjw002.

DuBoff, R. B. (1980) "Business Demand and the Development of the Telegraph in the United States, 1844—1860", *Bus Hist Rev*, 54 (4): 459—479. https://doi. org/10. 2307/3114215.

Duran, X. (2013) "The First U.S. Transcontinental Railroad: Expected Profits and Government Intervention", *J Econ Hist*, 73 (1): 177—200. https://doi.org/10.1017/S0022050713000065.

Eaton, J., Kortum, S. (2002) "Technology, Geography, and Trade", *Econometrica*, 70(5):1741—1779.

Emerson, R. W. (1903) "The Young American", The Complete Works of Ralph Waldo Emerson. Riverside Press, Cambridge.

Fels, R. (1959) *American Business Cycles*, *1865—1897*. University of North Carolina Press, Chapel Hill.

Fernald, R.H. (1918) "Is Our Fuel Supply Nearing Exhaustion", *Eng Eng*, 25 (April): 835—836.

Field, A.J. (1992) "The Magnetic Telegraph, Price and Quantity Data, and the New Management of Capital", *J Econ Hist*, 52(2): 401—413.

Field, A.J. (1978) "Sectoral Shifts in Antebellum Massachusetts: A Reconsideration", *Explor Econ Hist*, 15(2):146—171.

Fishlow, A. (1965) *American Railroads and the Transformation of the Antebellum Economy*, Harvard Economic Studies, vol. 127. Harvard University Press, Cambridge, MA.

Fishlow, Albert. 1966. "Productivity and Technological Change in the Railroad Sector, 1840—1910", in *Output, Employment, and Productivity in the United States After 1800*, Dorothy, Brady, 583—646. New York: Columbia University Press for NBER.

Fleisig, H. (1975) "The Central Pacific Railroad and the Railroad Land Grant Controversy", *J Econ Hist*, 35(3):552—566.

Fogel, R. W. (1960) *The Union Pacific Railroad: A Case in Premature Enterprise*. The Johns Hopkins University Studies in Historical and Political Science. Johns Hopkins Press, Baltimore.

Fogel, R.W. (1962) "A Quantitative Approach to the Study of Railroads in American Economic Growth: A Report of Some Preliminary Findings", *J Econ Hist*, 22(2): 163—197.

Fogel, R. W. (1964) *Railroads and American Economic Growth: Essays in Econometric History*. Johns Hopkins Press, Baltimore.

Fogel, R. W. (1967) "The Specification Problem in Economic History", *J Econ Hist*, 27(3):283—308.

Gerstner, F.A., Gamst, F.C. (1997) *Early American Railroads: Franz Anton Ritter von Gerstner's Die innern Communicationen (1842—1843)*. Stanford University Press, Stanford.

Gross, D.P. (2016) "The Ties that Bind: Railroad Gauge Standards and Internal Trade in the 19th Century U. S.", Harvard Business School Working Paper: 17-044.

Guinnane, T., Harris, R. O. N., Lamoreaux, N.R., Rosenthal, J-L. (2007) "Putting the Corporation in Its Place", *Enterp Soc*, 8(3):687—729.

Hallberg, M. C. (2004) "Railroad Database. Old Railroad History", http://oldrailhistory.com/.

Harley, C. K. (1982) "Oligopoly Agreement and the timing of American Railroad Construction", *J Econ Hist*, 42(4):797—823.

Higgs, R. (1987) *Crisis and Leviathan: Critical Episodes in the Growth of American Government*. Oxford University Press, New York.

Hilt, E. (2008) "When did Ownership Separate from Control? Corporate Governance in the Early Nineteenth Century", *J Econ Hist*, 68(3):645—685.

Hilton, G.W., Due, J.F. (1960) *The Electric Interurban Railways in America*. Stanford

University Press, Stanford.

Hughes, J.R.T. (1991) *The Governmental Habit Redux*: *Economic Controls from Colonial Times to the Present*, 2nd edn. Princeton University Press, Princeton.

Jenks, L.H. (1944) "Railroads as an Economic Force in American Development", *J Econ Hist*, 4(1):1—20.

John, R.R. (2008) "Turner, Beard, Chandler: Progressive Historians", *Bus Hist Rev*, 82(2):227—240.

Kahn, C. (1988) "The Use of Complicated Models as Explanations: A Re-examination of Williamson's Late Nineteenth Century America", *Res Econ Hist*, 11:185—216.

Kent, D.H. (1948) "The Erie War of the Gauges", *Pa Hist*, 15(4):253—275.

Lebergott, S. (1966) "United States Transportation Advance and Externalities", *J Econ Hist*, 26:437—465.

Libecap, G. D., Hansen, Z. K. (2002) "'Rain Follows the Plow' and Dryfarming Doctrine: The Climate Information Problem and Homestead Failure in the Upper Great Plains, 1890—1925", *J Econ Hist*, 62(1):86—120.

Liebowitz, S. J., Margolis, S. E. (1994) "Network Externality: An Uncommon Tragedy", *J Econ Perspect*, 8(2):133—150.

Liebowitz, S. J., Margolis, S. E. (1995) "Path Dependence, Lock-in, and History", *J Law Econ Org*, 11(1):205—226.

Lytle, R. H. (1968) "The Introduction of Diesel Power in the United States, 1897—1912", *Bus Hist Rev*, 42(2):115—148.

MacAvoy, P. W. (1965) *The Economic Effects of Regulation*: *The Trunk-line Railroad Cartels and the Interstate Commerce Commission Before 1900*. The MIT Press, Cambridge, MA.

Mansfield, E. (1963) "Intrafirm Rates of Diffusion of An Innovation", *Rev Econ Stat*, 45(4): 348—359. https://doi.org/10.2307/1927919.

Martin, A. (1971) *Enterprise Denied*: *Origins of the Decline of American Railroads, 1897—1917*. Columbia University Press, New York.

Mercer, L. J. (1969) "Land Grants to American Railroads: Social Cost or Social Benefit?", *Bus Hist Rev*, 43(2):134—151.

Mercer, L. J. (1974) "Building Ahead of Demand: Some Evidence for the Land Grant Railroads", *J Econ Hist*, 34(2):492—500.

Mitchell, B.R. (2007) *International Historical Statistics*, 5th edn. Three Volumes: Europe, The Americas and Africa, Asia, and Oceania Volumes. Palgrave Macmillan, Basingstoke.

Modelski, A.M. (1987) *Railroad Maps of North America*: *The First Hundred Years*. Bonanza Books, New York.

O'Sullivan, M. (2007) "The Expansion of the U.S. Stock Market, 1885—1930: Historical Facts and Theoretical Fashions", *Enterp Soc*, 8(3):489—542.

Olmstead, A. L., Rhode, P. W. (2008) *Creating Abundance*: *Biological Innovation and American Agri-Cultural Development*. Cambridge University Press, New York.

Paxson, F.L. (1914) "The Railroads of the 'Old Northwest' before the Civil War", *Trans Wisconsin Acad Sci Arts Lett*, 17(1): 247—274.

Puffert, D. J. (1991) "The Economics of Spatial Network Externalities and The Dynamics of Railway Gauge Standardization", Unpublished PhD Thesis, Microform, Department of Economics, Stanford University.

Puffert, D.J. (2000) "The Standardization of Track Gauge on North American Railways, 1830—1890", *J Econ Hist*, 60(4): 933—960. https://doi.org/10.2307/2698082.

Puffert, D.J. (2009) *Tracks Across Continents, Paths Through History*: *The Economic Dynamics of Standardization in Railway Gauge*. University of Chicago Press, Chicago.

Raban, J. (1996) *Bad Land*: *An American Romance*. Pantheon Books, New York.

Riegel, R. E. (1931) "Western Railroad Pools", *Miss Val Hist Rev*, 18(3): 364—377. https://doi.org/10.2307/1891405.

Rostow, W.W. (1956) "The Take-off Into

Self-sustained Growth", *Econ J*, 66(261):25—48. https://doi.org/10.2307/2227401.

Rostow, W.W. (1960) *The Stages of Economic Growth*, *A Non-Communist Manifesto*. Cambridge University Press, Cambridge.

Rostow, W.W. (1963) "The Economics of Take-off Into Sustained Growth: Proceedings of A Conference Held by the International Economic Association", Macmillan, London.

Schiffman, D.A. (2003) "Shattered Rails, Ruined Credit: Financial Fragility and Railroad Operations in the Great Depression", *J Econ Hist*, 63(3):802—825.

Schumpeter, J.A. (1939) *Business Cycles: A Theoretical, Historical, and Statistical Analysis of the Capitalist Process*, 2 vols, 1st edn. McGraw-Hill, New York.

Sellers, C. (1886) "Oliver Evans and His Inventions", *J Frankl Inst*, 122(1):1—16. https://doi.org/10.1016/0016-0032(86)90114-6.

Stover, J.F. (1970) *The Life and Decline of the American Railroad*. Oxford University Press, New York.

Stover, J.F. (1975) *History of the Illinois Central Railroad*, *Railroads of America*. Macmillan, New York.

Stover, J.F. (1987) *History of the Baltimore and Ohio railroad*. Purdue University Press, West Lafayette.

Swisher, S.N. (2017) "Reassessing Railroads and Growth: Accounting for Transport Network Endogeneity", Cambridge, Cambridge Working Papers in Economics: 1718.

Taylor, G.R. (1951) *The Transportation Revolution 1815—1860*. Holt, Rinehart & Winston, New York.

Taylor, G.R., Neu, I.D. (1956) *The American Railroad Network, 1861—1890*. Studies in Economic History. Harvard University Press, Cambridge, MA.

Temin, P. (1964) *Iron and Steel in Nineteenth-century America*, *An Economic Inquiry*. MIT Monographs in Economics. The MIT Press, Cambridge, MA.

Thorp, W.L., Thorp, H.E., Mitchell,

W.C. (1926) "Business Annals: United States, England, France, Germany, Austria, Russia, Sweden, Netherlands, Italy, Argentina, Brazil, Canada, South Africa, Australia, India, Japan, China, Publication of the National Bureau of Economic Research, Incorporated, vol.8", National Bureau of Economic Research, Inc., New York.

Turner, G.E. (1953) *Victory Rode the Rails: the Strategic Place of the Railroads in the Civil War*, 1st edn. Bobbs-Merrill, Indianapolis.

Ulen, T.S. (1980) "The Market for Regulation: The ICC from 1887 to 1920", *Am Econ Rev*, 70(2):306—310.

United States. Census Office(1864) *Agriculture of the United States in 1860: Compiled from the Original Returns of the Eighth Census*. Government Printing Office, Washington.

United States Congress House(1873) "Report of the Select Committee Appointed Under the Resolution of January 6, 1873, to Make Inquiry in Relation to the Affairs of the Union Pacific Railroad Company, the Credit Mobilier of America, and other Matters", US Government Print Office, Washington.

White, J.H. (1968) *American Locomotives: An Engineering History, 1830—1880*. *Johns Hopkins Press, Baltimore*.

Wicker, E. (1960) "Railroad Investment before the Civil War", in Parker, W.N. (ed) *Trends in the American Economy in the Nineteenth Century*. Princeton University Press for the NBER, Princeton, pp.503—546.

Williamson, J.G. (1974) *Late Nineteenth-century American Development: A General Equilibrium History*. Cambridge University Press, New York.

Williamson, J.G. (1975) "The Railroads and Midwestern Development 1870—1890: A General Equilibrium History", in Klingaman, D.C., Vedder, R.K. (eds) *Essays in Nineteenth Century Economic History: The Old Northwest*. Ohio University Press, Athens, pp.269—352.

第五章

速度的计量史研究
——关于交通运输的经济史研究调查

丹·博加特

摘要

　　计量史学通过更好的测量、经济建模和估计，在交通运输的历史分析方面取得了重大进展。本章考察了几个主题和最近的研究成果。首先，我们回顾了过去300年来交通运输的革命性变化，包括对生产力增长率和增长来源的分析。有人认为，像蒸汽动力这样的宏观发明很重要，但许多增量创新也很重要。其次，本章考察了交通运输的改善对市场一体化、贸易、城市化和总收入的影响。许多研究都集中在规模的问题上。换句话说，像铁路这样交通运输方式的改善，其影响效应有多大？也许令人惊讶的是，即使应用了新的研究工具和地理信息系统软件，关于交通运输的相对重要性仍然存在分歧。两个新的研究领域涉及死亡率和持久性。研究表明，在交通技术过时很久之后，交通运输的改善导致更高的死亡率并影响人口密度。这些研究产生了关于交通运输影响的新观点。最后，本章考察了为什么在一些经济体中运输服务效率更高，并将重点放在作为一个基本因素的制度的作用上。有证据表明，制度影响了交通网络的投资以及公私所有制的程度。所有权对运输效率至关重要，而政府的参与有时会改善结果。总的来说，交通运输的计量史学研究为这个历史上的重要部门提供了许多洞见。

关键词

交通　历史　市场一体化　城市化　制度　集聚　航运　铁路

引　言

从古至今,交通运输经历了巨大的变化。不同领域的学者们一直试图去 1454
理解和分析这些变化产生的原因和影响。计量史学家们通过在测量、经济
模型和估计方面的创新,为该研究作出了重要贡献。本章回顾了计量史学
家对七个关键研究问题的贡献。第一个问题是所谓的交通革命。有很多研
究通过追踪一段时间内的运输成本和速度,使量化交通运输的变化率成为
可能。这些研究表明,在过去的 300 年里,运输业有了显著的生产力提升。
是什么导致了这些变化? 蒸汽动力等宏观发明是发生变化的主要驱动力
吗? 研究文献总体上支持宏观发明具有重要意义,但同时也有许多研究表
明,生产力变化是渐进性的且与历史背景相关。下文会举例说明。

第二节对交通、市场一体化与贸易进行研究。首先,这部分回顾了市场
一体化的发展趋势。其次,对交通运输改善的效果进行研究。令人惊讶的
是,一些研究发现,交通运输的改善并不是推动市场一体化的最重要力量。
但其他研究结果却恰恰相反。另外,有一项研究发现,人为设计不当的交通
运输法规是导致市场解体的主要驱动力。然而,市场一体化和交通之间的
关系尚未明确。

第三节则重点讨论交通运输的改善对总收入的贡献程度。主要问题有:
有多大程度的经济增长可以归功于交通运输的改善? 传统的计量史学研究
方法计算了社会节约。近来,计量史学家们开发了新的数据和计量经济学
方法。正如下文所讨论的,新的研究有时会对运输改善的贡献度有不同估
计。但在某些情况下,社会节约可以作为运输总收益的近似值。

第四节是有关交通运输外部性影响的研究。大规模城市化就是其中至 1455
关重要的一个例子。随着运输成本的降低,个体可能会改变自己所处的位
置,并影响周围人群的生产力。这部分回顾了一些有关铁路对城市人口影
响的研究。所有的研究都发现,相对于交通不便的城市而言,拥有良好铁路
交通的城市的人口有所增加。然而有一个问题一直没有答案,即重组效
应——交通运输导致交通不便地区的人口流失。为此,高速公路对中心城市

人口的影响是一个有关重组效应的典型案例。

死亡率的增加是交通运输改善带来的另一个外部性影响。与污染有关的健康问题是 21 世纪的一个主要议题。这一节还讨论了与 19 世纪交通污染相关的问题。

第五节研究了交通运输和跨空间经济活动持久性之间的关系。人们倾向于在有自然优势的地方（如有通航的河流）定居。交通运输改善可以创造新的区位优势，从而鼓励人口重新定居。随着时间的推移，一些运输技术变得过时，也许有人会认为人口将重新选择其他地方定居。然而，研究文献表明，过时的交通枢纽并不一定会导致人口迁移。

第六节探讨了制度是如何影响交通运输的。长期以来，经济史一直强调制度是发展的根本原因。而在运输部门，制度则与基础设施网络的范围和质量有关。政治制度对网络发展有很大影响的相关研究会在这一节进行讨论。这些研究说明，无论在过去还是现在，制度会通过交通运输这一重要渠道来影响发展。

第七节和最后一节则讨论了运输业公有制和私有制问题。两种所有权形式都有相关理论支持。并且还对所有权和成本效率影响的研究进行了讨论。此外，这两节还分析了 19 世纪和 20 世纪初制度在决定铁路国有化过程中所发挥的作用。而这与目前关于政府何时能更有效地提供运输服务的争论有关。

交通革命

交通运输革命是人类历史上最重要的发展成果之一，与工业革命同等重要。根据历史学家的研究（如 Taylor，2015；Bagwell，2002），交通运输大大减少了物流和人员流动的时间和成本以及通信成本。英国的交通运输革命就是这些重大变化的一个例子。1870 年的铁路实际货物运价仅为 1700 年道路实际货物运价的 5%。1700 年的道路旅行速度仅为 1870 年火车速度的 8%（Bogart，2014）。1860 年的信件发出时间为 1820 年的 33%（Kaukiainen，2001）。作为比较，可以看看高价值制成品价格的下降，这些商品受到英国工业革命机械化的影响。1840年,一种名为"calicoes"的精制印花布的实际价格为1770年的25%,这意味着每年下降了2%(Harley,1998)。上述陆路货物运价年均下降1.7%,发货时间年均下降2.7%。这和其他例子都显示交通运输部门经历了与制造业同样程度的变革。1456

　　大量研究关注各国交通运输以及内陆交通运输与沿海及远洋交通运输发生变革的时间。在某些情况下,由于运输技术的改进过程是渐进的,所以很难确定出现重大变化的时间。例如,有证据表明,在17世纪早期,欧洲贸易中的航运货物运价开始下降(Menard,1991)。也有证据表明,在18世纪后期的跨大西洋和东印度贸易中,运输生产率更高,航行时间更短(Rönnbäck,2012;Solar,2013)。19世纪中叶,随着蒸汽动力的出现,航运生产率和货物运价发生了巨大变化。蒸汽船是一项全球性技术,为包括印度和中国在内的世界贸易带来了更低的货物运价。实际航运货物运价在19世纪末至20世纪初继续下降。第一次世界大战前,远洋运输的生产力高峰是1913年(Mohammed and Williamson,2004)。在接下来的50年中,航运货物运价因战争和政策决策而剧烈波动。最近,也就是过去50年中(1960—2010年),随着船只变大及集装箱的使用,货物运价再次下降,货物运价的下降趋势与1870—1913年间类似。

　　内陆运输成本也随着时间推移而发生了变化。以美国为例,沃尔顿和罗考夫(Walton and Rockoff,2013)总结了1900年之前的货物运价情况。大约在1800年左右,有两种主要的内陆运输方式:马车运输和河流运输。马车的货物运价为每吨每英里34美分,而河流运输的货物运价则在每吨每英里2—10美分之间,具体取决于船只是逆流还是顺流行驶。然而,从19世纪20年代开始出现重大变化。随着蒸汽船的出现,逆流行驶货物运价降至每吨每英里1美分。运河的修建给没有通航河流的地区带来了便宜的水路运输,费用约为每吨每英里5美分。由于道路条件改善,马车货物运价降至每吨每英里15美分。在1840年左右铁路被引入,这为那些因地理条件无法修建运河的地区带来了低廉的货物运价和更快的运输速度。铁路货物运价最初为每吨每英里6美分,到1900年,货物运价下降到不足每吨每英里1美分。需要注意的是,在引入铁路和运河后,货物运价仍在不断下降。这些技术使得美国出现了一个生产率增长异常高的时期。

　　然而,这些低内陆货物运价和旅行时间的模式并没有在全球范围内出现。在一些经济体中,主要是西北欧和美国,从18世纪开始就有内陆交通运输方面的提升(De Vries,1981;Bogart,2005;Gerhold,2014)。但在其他经济体中,包括印度、中国和日本在内,只有随着铁路开通,内陆货物运价和旅行时间才有所下降(参见 Huenemann,1984;Ericson,1996;Kerr,2007)。对此,一个解释是,这些经济体在18世纪末和19世纪初并没有如西北欧和美国那样同等程度地改善内陆道路和水路网络。

　　20世纪见证了另一场与汽车和飞机有关的交通革命。自20世纪50年代以来,它们对经济影响巨大。航空旅行是最近的一个例子,它使旅客旅行成本大幅下降并改善了通信效率。1950年,航空旅客的平均旅行速度为每小时180英里,到1990年提升到每小时408英里(Carter et al.,2006)。也就是说,40年内增长为原先的2.25倍。它给美国带来的一个影响是就业机会集中在拥有机场的城市附近(Brueckner,2003)。

1457

　　放眼更长的时间,需要考虑以下事实。在1700年,大多数富人乘坐的马车速度不到每小时3英里。到了2000年,富人乘坐飞机时的速度超过了每小时500英里。这意味着对于富人而言,远程旅行速度是300年前的166倍!在1700年,穷人通常不旅行,但当他们旅行时,一般是步行,速度为每小时2—2.5英里。到了2000年,穷人经常以20—60英里每小时的速度旅行,具体速度取决于拥挤程度、道路状况和车辆类型。因此,对于穷人而言,旅行速度是300年前的10—24倍。从长期来看,交通运输已经发生了根本性的变化,但富人比穷人享受到了更多的好处。交通运输的改善在其分配效应上并不是中性的。

　　以上对历史的简短回顾引出关于交通革命背后的因果问题。其中一个问题是关于大规模技术变革(即宏观发明)与渐进性变化(即微观发明)的重要性。大部分计量史学研究表明,微观发明的重要性不亚于像蒸汽动力、船舶集装箱和内燃机这样的宏观变革。

　　航运就是一个很好的例子。一个观点是与蒸汽船相关的进步相比,帆船的生产力在几个世纪内变化很小。哈利(Harley,1988)在有关英国航运的案例中明确地表达了这个观点。他使用了实际货物运价数据序列,认为从1740年到1830年,货物运价几乎没有变化,但是1830年之后,随着蒸汽船变得更加普遍,实际运价急剧下降(参见图5.1)。哈利的数据挑战了之前学者,如诺思(North,1958)的观点,即跨大西洋的货物运价在帆船时代和蒸汽时代下降的幅度一样大。哈利使用了不同的货物运价数据序列和物价平减指数。正如计量史学中大部分例子所显示的一样,测量很重要。

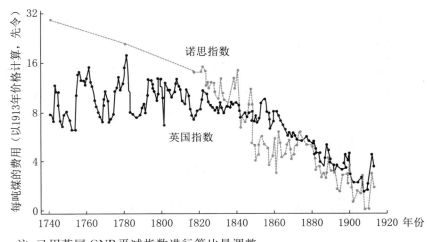

注:已用英国GNP平减指数进行等比量调整。
资料来源:Harley,1988。

图5.1　1741—1913年间两个航运货物运价指数

尽管蒸汽动力很重要,但随后的研究表明,哈利夸大了帆船时代的发展停滞。从18世纪80年代开始,铜皮保护了木船的船身,显著延长了船只的使用寿命,同时使船只运行更快、更灵活。这种新技术使欧洲和亚洲之间的贸易运输成本降低了约三分之一,并使18世纪后期奴隶贸易中的死亡率显著下降(Solar,2013;Solar and Rönnbäck,2015)。梅纳德(Menard,1991)与谢泼德和沃尔顿(Shepherd and Walton,1972)的研究显示,17世纪和18世纪的跨大西洋贸易的货物运价实际上有所下降。在从切萨皮克(Chesapeake)到伦敦的烟草贸易中,一直到1774年,实际货物运价以每年2.1%的速度下降,并且他们将80%以上的货物运价下降归因于到港口所花费的时间更短以及更好的包装。

令人惊讶的是,像包装这样看似简单的事情,竟然对交通运输革命作出了关键贡献。对包装重要性的强调关系到交通运输成本的一个重要观点:

1458

111

运输的产品很重要。在前工业化时期,烟草、棉花和糖等产品适合进行包装上的改进。但其他产品,如煤炭,则不太适合。运输产品的组合也很重要。哈利(Harley,2008)的研究表明,19世纪纽约到利物浦的谷物运价非常低,部分原因是谷物被用作运输活牛的压舱物。压舱物是必需的,因为它给船只提供了稳定性。通常压舱物的运价为零或非常低廉,因为它们使得更有价值的货物能够被运输。这就意味着,如果没有活畜贸易以及压舱物的必要存在,谷物运价将会高出很多。

总的来说,航运的例子表明,大规模技术变革是生产力不连续进步出现的时刻,但许多渐进式变化的累积也相当于发生了大规模技术变革。这个观点也适用于更普遍的生产力增长。从这个意义上说,交通运输业与制造业以及一些服务业并没有什么不同。

交通改善、市场整合以及贸易

市场更大规模的整合是交通革命带来的一个结果。市场整合涉及不同市场间价格的联动,正如一价定律所定义的那样。该定律认为两个市场中某种商品的价格差异应该小于或等于运输和交易成本,也就是所谓的无套利空间。如果价格差异大于无套利空间,就会发生交易(商品将从低价格市场流向高价格市场),价格差异将缩小到无套利空间之内。所谓"调整速度"就是价格差异趋于无套利空间的速度(Federico and Persson,2006)。

也许最明显的证据是19世纪跨大西洋小麦市场的一体化。哈利(Harley,1980)记录了1850年至1913年英国和芝加哥之间的小麦价格差(参见图5.2)。在19世纪50年代和60年代,小麦价格差很大(大约为每蒲式耳 * 50美分)。到了19世纪90年代和20世纪10年代初期,价格差非常小(大约为每蒲式耳5美分)。随着小麦市场的进一步整合,美英之间的贸易也大幅增长。事实上,全球贸易增长得如此之快,以至于历史学家将

---

* 蒲式耳(bushel),谷物和水果的计量单位,1蒲式耳相当于8加仑,约30升。——译者注

19 世纪晚期称为第一次"全球化时代"。19 世纪晚期市场一体化和国际贸易的主要驱动力可能是铁路和蒸汽轮船的广泛应用。

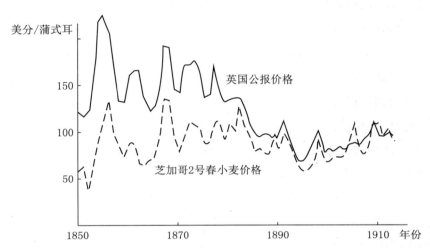

资料来源：Harley，1980。

图 5.2　1850—1913 年间英国和芝加哥的小麦价格

但合理的计量史学理论并不总是得到数据的支撑。杰克斯（Jacks，2006）提供的证据表明，铁路和运河并不是市场一体化的主要驱动力。这篇重要论文旨在量化各种因素对市场一体化的贡献。它提出了一个实证模型来解释小麦市场的一体化。该模型有技术因素（如铁路和运河）和制度变量（如关税和共同的货币制度）。主要模型如下：

$$Market\ integration_{ijt} = \alpha \cdot thecnology_{ijt} + \beta \cdot institutions_{ijt} + \eta \cdot x_{ij} + \delta_t + \varepsilon_{ijt}$$ 1460

其中，$Market\ integration_{ijt}$ 是城市 i 和城市 j 在年份 t 的交易成本或调整速度的估计值。$technology_{ijt}$ 和 $institutions_{ijt}$ 是关键的解释变量。其余变量是控制变量，包括年份固定效应、距离、共同边界。杰克斯发现了一个惊人结论：在解释价格差下降方面，制度因素更为重要。例如，铁路会使交易成本降低0.02个标准差，而共同遵守金本位制会使交易成本降低 0.22 个标准差。简而言之，根据这个模型，制度变量是 19 世纪后期市场整合的关键驱动力。

本章将在后文继续讨论制度，但需要注意的是，其他研究仍认为交通运输是市场整合和贸易的重要驱动力。例如,帕斯卡利(Pascali,2017)认为,从1850年到1900年,蒸汽船对全球贸易产生了重大影响。蒸汽船的引入导致各国之间的贸易成本出现了不对称变化。在此发明之前,贸易成本取决于风向,因而一些国家在地理上处于有利位置。但在蒸汽船出现之后,风向的影响大大降低了。帕斯卡利利用这个事实来确定蒸汽船对贸易的巨大影响。唐纳森(Donaldson,2018)使用不同的数据和不同的识别策略来研究殖民地时期印度的铁路,得出类似结论。

还有一项研究表明,交通运输政策的重要性在于市场分化。在1920年至1940年两次世界大战的间隔期间,存在市场分化的证据。例如,费德里科和夏普(Federico and Sharp,2013)表明,美国的农业市场出现了显著的分化。他们认为,分化主要是由于铁路货物运价的上涨。为何会如此?根据费德里科和夏普的观点,铁路货物运价上涨是由于1920年的《运输法案》(Transportation Act)及其后续立法所引起的。美国监管机构从普遍鼓励竞争政策转向通过高管制费率来资助铁路公司,并保护其远离来自新兴卡车行业的竞争。随着20世纪30年代通货紧缩和监管机构未能在成本下降时降低铁路费率,情况更加恶化。可以说,是铁路公司的游说压力使得费率保持在高水平。这个案例是关于交通运输行业的管制俘获*的很好例子。更普遍地说,这项研究以及之前的研究表明,在了解交通运输、市场整合和贸易之间复杂的关系方面,还需要进行更多深入研究。

交通改善与收入收益

运输成本的大幅降低会对收入和生活水平产生潜在的重大影响。20世纪初的许多历史学家认为,像铁路这样的交通工具的改善对19世纪的收入增长至关重要。几十年后,一些最著名的计量史学家开始质疑这一点。福

1461

---

* 管制俘获(regulatory capture)是指行业内特定的利益集团通过游说、贿赂、威胁等手段影响监管机构(通常是政府机构)的决策,使其失去独立性和客观性,使得相关政策有利于这些利益集团而非整个行业或公众利益。——译者注

格尔（Fogel，1964）和菲什洛（Fishlow，1965）采用"社会节约"的方法来探讨这一问题。社会节约的近似值可由公式$(P_w - P_r) \times Q_r$计算得出，其中P_w是使用旧式技术运输的价格，P_r是使用铁路运输的价格，而Q_r则是通过铁路进行运输的数量或吨英里数。社会节约旨在估算在某个基准日，铁路所创造的消费者剩余（参见图5.3）。价格P_r是提供铁路服务的边际成本，而P_w则是使用其他技术（如马车）的边际成本。边际成本等于假定运输市场处于完全竞争情况下的价格。阴影区域即为社会节约，经过需求弹性校正后，其值为$(P_w - P_r) \times Q_r$。需要注意的是，需求弹性越大（即需求曲线的斜率更小）意味着社会节约越少。类似的方法已被用于计算节省的运输时间。洛伊尼希（Leunig，2006）提供了一个英国铁路的案例。

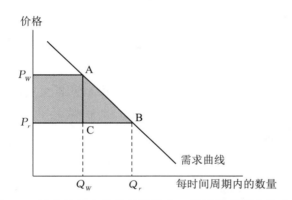

图5.3　铁路的社会节约被描绘为一种消费者剩余的度量

铁路带来的社会节约常常与国民收入相比较，以评估其量化方面的显著性。福格尔和菲什洛估计，如果没有铁路，美国的国民收入在1860年或1890年仅会减少3％—4％。换句话说，1840年及以后几十年间的收入收益仅有一小部分可以归功于铁路。许多计量史学家遵循了他们的方法。例如，萨默希尔（Summerhill，2005）和赫兰斯-隆坎（Herranz-Loncán，2014）对拉丁美洲铁路的社会节约进行了总结。到1910—1913年，阿根廷、墨西哥和巴西的社会节约相当于国内生产总值的25％左右。这些效应非常显著，比美国还要大得多。然而，赫兰斯-隆坎（Herranz-Loncán，2014）发现乌拉圭、秘鲁和哥伦比亚的社会节约不到5％。而且秘鲁和哥伦比亚的铁路网络规模小,服务质量也很糟糕。

社会节约的方法具有一些优点。计算简便是其中之一。它仅需要总交通量和平均货物运价或速度的估计值。对于铁路来说,大多数经济体可以估算 1913 年之前的社会节约,这是因为通常可以获得在此日期之前的国家统计数据。这使得可以对不同县/地区的铁路收益进行比较,并对导致不同影响的因素进行分析。

然而,社会节约方法还存在一些争议。批评者指出了几个问题(参见 McClelland,1972)。首先,在没有铁路的情况下,替代运输的价格[公式 $(P_w - P_r) \times Q_r$ 中的 P_w]并不清楚。如果必须处理与铁路相关的交通运输量,可能会导致马车公路和运河拥堵增加。因此,使用替代运输的成本可能被低估了。其次,社会节约的计算方法忽略了铁路对产业链上下游的影响。铁路增加了对钢铁的需求,从而促进了这些重要产业的发展。同时,也需要考虑经济地理上的变化。较低的运输成本可能会导致产业集聚,这对生产力的提高有积极影响。

近年来,计量史学家使用新数据和新方法来分析交通改善对收入的影响。阿塔克和马戈(Atack and Margo,2011)的研究是一个很好的例子,他们研究了美国铁路和土地价值之间的关系。土地价值具有信息价值,因为大多数外部性(如集聚效应)会反映在土地收入中,这是因为土地是生产固定要素。阿塔克和马戈的铁路数据来自数字化的 19 世纪地图和人口普查资料,这些资料显示了诸如土地面积、改良土地的面积和美元价值等与农场产出相关的信息。他们巧妙地运用 GIS 生成了所需要的空间变量。类似的 GIS 数据也被用来研究欧洲铁路(参见 Martí-Henneberg,2013)。

阿塔克和马戈使用双重差分法(DID)来测量铁路的影响。在他们的研究中,运用双重差分法比较了 1850 年至 1860 年实验组县(在该时期内有铁路建设的县)和对照组县的农场产出变化。他们的估计方程类似于以下形式:

$$\text{Log } land\ improved_{it} = \alpha \cdot Railroad_{it} + \eta_i + \delta_t + \varepsilon_{it}$$

其中,被解释变量是 i 县改良农田的自然对数,η_i 是 i 县的固定效应,δ_t 是人口普查年份(1860 年)的固定效应,$Railroad_{it}$ 是一个虚拟变量,如果 i 县在 t

1462

年拥有铁路,则其值为 1,ε_{it} 是误差项。县固定效应控制了跨期特定县的不可观察因素,通过 1860 年的时间固定效应,它控制了相对于 1850 年所有县的特定因素。然而,有一个问题,即提前几年就可能知晓将要建设铁路。因此,在那些将要拥有铁路的县中,农民可能在铁路通达之前就已开始改良他们的土地,这使得这些县本来就不同于其他县。例如,这些县可能拥有更熟练的人口,即使没有铁路,也可能发展得更好。因此,在固定效应条件下,"铁路指标变量是随机的"这一假设是有问题的。

阿塔克和马戈使用工具变量(IV)来解决内生性问题。其想法是找到一个变量以预测铁路通达情况,但除了通过铁路通达之外,不以任何方式影响土地价值。他们使用从 19 世纪 20 年代和 30 年代早期的铁路计划来确定未来铁路可能的起点和终点。这些起点和终点通常是经济或军事重镇。阿塔克和马戈然后使用 GIS 创建连接起点和终点的直线。这条线上的县没有特殊的特征,除了它们位于一条适合在重要地点之间修建铁路的有利路线上。他们用工具变量估计出的铁路对改良土地的影响要比最小二乘法(OLS)大得多。他们认为铁路是可以被预知的,这导致了估计结果出现向下的偏差。总之,阿塔克和马戈为铁路对农业进步的影响提出了一种新的估计方法。他们的估计表明,在 19 世纪 50 年代,由于铁路通达,改良农田面积增长了 13.8%,这几乎是该十年中改良农田面积的全部增长。阿塔克和马戈的发现意味着菲什洛的社会节约估计法低估了铁路的贡献。菲什洛认为铁路只能解释 1840—1860 年间总经济增长的一小部分。

然而,使用双重差分法来测量交通改善的影响也受到了一些批评。双重差分法比较了实验组县(被认为是在样本期内铁路能通达的县)和对照组县之间的产出变化。但是有人可能会认为"有"或"没有"铁路的分类没有考虑到网络效应。空间一般均衡贸易模型表明,连接农民与主要市场的铁路应该比连接农民与次要市场的铁路的效应更大。在前一种情况下,农民将获得更便宜或更好的制成品,因为主要市场有更多的竞争和产品种类。此外,农民将获得更多的土地租金,因为它可以更容易地在高需求量和高农产品价格的市场上销售。用贸易模型的话来讲,连接农民与主要市场的铁路将提供更大的"市场准入"。

1463

创新、交通与旅游业

市场准入的基本方程如下：$MA_i = \sum_{j=1, \neq i} pop_j / tc_{ij}$，其中 MA_i 是地点 i 的市场准入程度，pop_j 是其他地点 j 的人口数量，tc_{ij} 是从地点 i 到地点 j 的运输成本，$\sum_{j=1, \neq i}$ 是除地点 i 以外所有其他地点 j 的总和。注意，当向人口更多的地点运输的成本较低时（即 tc_{ij} 较低且 pop_j 较高），市场准入将更大。这意味着靠近铁路线会根据其连接方式产生不同的影响。如果铁路降低了通往大中心地区的交通运输成本，那么其市场准入将会比铁路降低通往小型或中型中心地区的运输成本所带来的市场准入更大。这也意味着铁路可以通过网络结构对远离铁路的地点产生影响。

还有一些历史文献对市场准入程度进行了估计。其中最著名的研究之一是唐纳森和霍恩贝克（Donaldson and Hornbeck，2016）的研究。他们的方法值得被研究，因为该方法重新评估了铁路对美国农业发展的影响。他们基于一个贸易模型来进行分析。他们推导出一个均衡土地租金率的表达式，其中土地租金率与内生经济变量、市场准入度和其他外生变量（如固定土地生产率）呈对数线性关系。这意味着，使用面板数据，可以用以下方程来估计：

1464

$$\text{Log } land\ value_{it} = \alpha \cdot MA_{it} + \eta_i + \delta_t + \varepsilon_{it}$$

其中，MA_{it} 是 i 县在年度 t 的市场准入，η_i 和 δ_t 是该县和人口普查年的固定效应。请注意，该模型与阿塔克和马戈的模型具有相似性。两个模型的主要区别在于唐纳森和霍恩贝克使用市场准入而非该县是否有铁路的虚拟变量。正如他们所指出的那样，可以同时包含这两个变量，并比较它们的影响。另一个值得注意的方面是，与县内是否拥有铁路的虚拟变量相比，市场准入变量的内生性问题较少。市场准入在很大程度上由网络结构决定，而网络结构在许多情况下是由县以外的决策所驱动的。

唐纳森和霍恩贝克研究的另一个创新之处在于市场准入的测量。他们计算了所有县到县的最低货物运价，即市场准入方程中的 tc_{ij}。此计算基于三个步骤，每一步都值得讨论。第一步使用每种交通方式（铁路、水路和马车）给定单位距离下的运输成本参数。运输成本参数由每英里的货物运价组成。虽然这些通常可以在文献中找到，但其准确性可能会受到质疑。文献中报告的货物运价可能基于少量观测值或少量的地点。实际上，货物运价可能会被错误地测量,从而导致估计偏差。

　　计算市场准入的第二步使用一个交通网络 GIS 数据库,它绘制了每种运输方式沿着哪里可以运输货物的情况。GIS 数据非常详细,具有巨大潜力。然而,地理校正铁路和水道地图存在一些问题,而这些又是基础数据。正如阿塔克(Atack,2013)所示,这些数据来源不总是一致的,需要研究者进行选择。第三步涉及计算给定成本参数下沿着网络的最低成本路线,再使用网络分析软件进行计算。如果县的数量很大且运输方式很多,则会有计算时间上的问题,但随着计算能力的提高,这个问题正在迅速减少。

　　唐纳森和霍恩贝克分析发现,铁路对市场准入和农业土地价值产生了巨大影响。他们的反事实估计表明,如果没有铁路,农业土地价值将在 1890 年下降 60%。在收入损失方面,他们的估计表明,1890 年国民生产总值(GNP)将下降 3.22%。唐纳森和霍恩贝克对影响的估计结果比福格尔(Fogel,1964)估计的更大,福格尔认为如果没有铁路,1890 年农业土地价值的损失将达到国民生产总值的 2.7%。尽管这听起来可能只是小的差异,但 1890 年所有农业土地收入的损失可能最多使美国国民生产总值下降 5.35%,因而铁路对农业土地的影响最多为国民生产总值的 5.35%。未来的研究可能会揭示铁路对城市土地价值或资本和劳动收入的影响。"市场准入"方法最主要的贡献是提供了新的见解,并且是一个评估交通的改善对收入影响的有用工具。

交通改善与外部效应

　　有大量历史文献探讨了交通的改善的"外部"效应。它考虑了使用新交 1465通运输服务对从农村到城市地区的居住变化、参与新贸易或污染暴露等方面的影响。有几篇有趣的论文研究了外部效应,值得详细讨论。

　　在 19 世纪和 20 世纪,大规模城市化是许多发达经济体的一个特征。城市化往往伴随着消费机会的增加,也被认为是衡量生活水平的好指标。城市化还通过集聚作用影响生产率。理论上说,随着越来越多的人在城市地区定居和工作,工人的平均生产率会提高,从而获得更高的收入。有充分的理由认为,直到 20 世纪中叶,交通的改善使大多数经济体的经济活动集中度增加。在回报增长的经济地理模型中,当运输成本从高等水平到中等水平变化时,集聚力量会更强(Krugman and Venables,1995)。在中等水平范围内,食品的运输成本更低,消费者在制成品上面消费更多,并且这些制成品在单一地点生产更有效率,而工人也倾向于在单一地点定居。这意味着,随着像铁路这样的交通运输创新工具的出现,城市化水平应该会提升。

有几篇论文研究了交通的改善对城市化的影响。例如,霍尔农(Hornung,2015)研究了普鲁士的铁路和城市化。在普鲁士,城市化在1841 年至 1871 年间显著提升,这在国际范围内看是相当早的。早期城市化的其他案例是英国和荷兰。普鲁士也是早期拥有铁路的国家之一,大多数铁路在 1850 年之前就已经在各大城市间铺设。这可能是由于早期的铁路项目大多数是私人所有、融资和运营的。1850 年之后,普鲁士政府开始补贴铁路建设,并扩大了铁路网。普鲁士政府参与铁路建设的原因是复杂多样的,国防是其中一个重要因素。

铁路对普鲁士城市化的影响有哪些?霍尔农研究了许多城市,并采用各种方法来回答这个问题。其中一种方法是用城市人口的对数对铁路通达指标作面板回归,并通过铁路网中连接重要城市的直线铁路来解决内生性问题。霍尔农的工具变量与阿塔克和马戈(Atack and Margo,2011)所使用的工具变量非常相似。其基本原理是,由于高昂的建设成本,铁路线路大多被建成直线。因此,在连接重要城市间的直线位置上的普通城市更有机会通铁路。相反,位置偏离直线的城市只能因城市增长的内生潜力而通铁路。霍尔农的结论是,铁路通达之后,普鲁士的城市人口在 15 年后约增加了 15%。

铁路对其他地方的城市化是否产生了类似的影响?伯格尔和伦夫洛(Berger and Enflo,2017)对 19 世纪瑞典的类似问题进行了研究。他们发现,早期铁路通达使得城市人口在几十年内增长了 25%—30%。有趣的是,这两个关于普鲁士和瑞典研究的方法和数据非常相似,但估计出的铁路影响是不同的。通过其他几篇类似的论文,可以发现铁路的影响通常是不同的,因此如何更好地理解这种异质性是值得未来研究多加关注的。

另一个突出问题是"重组"效应,即交通的改善会增加某些地区的人口,

1466

而其他地区的人口则会减少。美国 20 世纪中期的郊区化提供了一个很好的重组案例。鲍姆·斯诺（Baum-Snow，2007）的研究表明，尽管整个大城市地区的人口增长了 72％，但美国中心城市的总人口在 1950—1990 年间减少了17％。为什么会这样？在此期间，美国联邦政府开始了一项庞大的公路扩建计划，即所谓的州际公路计划。1956 年的《州际公路法案》（Interstate Highway Act）承诺 4.1 万英里公路系统建设成本的 90％由联邦政府支付，其余由州和地方政府融资。国防是美国联邦政府增加出资的主要原因。许多州际公路穿过主要城市的中心商务区（CBD）。1956 年，由于一个世纪前的铁路建设，CBD 人口密集。随着公路穿过 CBD，人们更容易住在城市边缘并到 CBD 工作。鲍姆·斯诺估计，一条新公路穿过一个中心城区会使其人口减少 18％。这一反事实的估计意味着，如果没有建造州际公路系统，中心城市人口将增长约 8％。这些估计结果意味着公路对人口重组的影响很大。在欧洲也有类似发现。例如，加西亚·洛佩斯等人（Garcia-López et al.，2015）发现，每条公路使得 1960—2011 年间中心城市人口减少了 8％—9％。

鲍姆·斯诺的分析考虑了其他因素，即收入水平和不平等对郊区化的影响。估计结果表明，更高的收入会减少中心城市的人口，这是合理的，因为家庭想要用更高的收入购买更大的住房空间，而在郊区，房屋更便宜。鲍姆·斯诺还发现，更大的收入不平等会减少中心城市的人口。如果因富人想要与穷人隔离而导致学校和其他设施具有巨大差异，那么这一发现也是合理的。

在这些研究结果的基础上，人们可能会想知道空间上的人口重组将如何影响福利。一方面，如果交通创新导致种族隔离加剧（如美国的一些案例），可能对福利产生负面影响。它还可能导致生产分散，从而减少集聚效益。另一方面，人口转移到郊区会带来更多的住房消费，这显然是许多家庭所期许的。毫无疑问，福利影响是非常复杂的，由一系列与钱有关或无关的外部性所决定。

越来越多的人开始关注交通的负外部性问题。污染是 21 世纪最大的关切问题之一，其中许多污染排放来自交通工具（Winston，2013）。历史文献已经开始研究这个问题。在第一次世界大战之前，英国可能是污染最严重的经济体。大量煤炭被用于家庭、工业和交通活动。这些数量足以导致健

121

康问题吗？这是一个难以回答的问题,因为在 20 世纪之前没有对空气污染物进行测量。然而,比奇和汉隆(Beach and Hanlon, forthcoming)进行了创新性研究,该研究通过使用 19 世纪英国当地工业结构和工业用煤量来推断污染。他们估计,煤炭使用量增加一个标准差将导致婴儿死亡率增长 6%—8%。事实证明,在 19 世纪中叶的英国,煤炭的主要消费领域并不是交通业,而是家庭和制造业部门。这表明在这种情况下,铁路并不是导致与污染相关的健康问题的直接原因。

这一结论可能不适用于其他地方。唐(Tang,2017)直接关注了 19 世纪晚期铁路对健康的负面影响。一个例子可以说明这一点。1886 年,一场霍乱疫情席卷了日本,导致 108 405 人死亡,占当年死亡人数的 1/9。引人注目的是,1886 年通铁路的县死亡率更高,每 10 万人中有 336 人死亡,而没有通铁路的县死亡率为每 10 万人中 245 人。许多因素可以解释铁路与死亡率之间的联系,但是唐利用匹配和双重差分回归模型隔离出了铁路的影响。这个方法与研究铁路对土地价值影响的方法有些类似:

$$Mortality\ rate_{it} = \alpha \cdot Railroad_{it} + \eta_i + \delta_t + \varepsilon_{it}$$

其中,因变量是地方行政区域 i 在 t 年每 10 万人口的死亡人数,$Railroad_{it}$ 是地方行政区域 i 在 t 年是否有铁路的虚拟变量,其余变量是固定效应。唐估计,通铁路导致 1884—1893 年间死亡率增加了 5.5%。此外,与铁路通行相关的死亡人数占铁路通行前后总死亡人数增加的 66%。唐还使用官方死因数据表明,75% 与铁路通行相关的死亡人数是由于感染传染病,如结核病和流感。这一发现的影响很大。交通改善的好处之一是提升城市化和生产率。事实上,唐在另一篇论文中(Tang,2014)证明了铁路对日本工业化的贡献。但正如唐(Tang,2017)所示,在某些情况下,更好的交通可以导致疾病传播和更高的死亡率。计量史学研究领域需要更多关于交通对健康负面影响的研究,因为这对 21 世纪具有重要意义。

交通持久性和长期影响

到目前为止,大部分研究集中在交通改善的短期影响上。例如,19 世纪

铁路对土地价值的增加和城市化的贡献。但有些理论认为,铁路和其他交
通创新的长期影响也很显著,其影响渠道是通过区位选择的持久性。如果
因过去的某种自然或人为优势,人们定居在某个地区,那么人口在未来可能
会"被锁定"。即使决定定居的初始自然或人为优势在未来变得不再重要,
这种"锁定"也可能持续存在。

关于持久性的相关研究认为交通优势是解释人口持久性的主要因素之
一。布利克利和林(Bleakley and Lin,2012)的研究是关于持久性和交通在
创造人口"锁定"方面的经典研究之一。他们的研究专注于美国19世纪初
的搬运地。在这个时期,许多陆路运输是通过湖泊和河流进行的。有一些
河段无法通航,这意味着商人必须停下来,沿着河道运送他们的产品和独木
舟,直到通航恢复。这些搬运地提供商业服务,因此这些地方的人口密度较
高。在美国,交通选择显然在19世纪和20世纪发生了变化,河流运输重要
性降低。人们可能会想象早期的搬运地会逐渐失去人口,人口转而向其他
具有优势的地方发展。但是,布利克利和林的研究表明这种情况并没有发
生。他们分析了以下模型:

$$\text{Log}(population \text{ in } 2000_i) = \alpha \cdot potage \ site_i + \beta \cdot x_i + \varepsilon_i$$

其中,$\text{Log}(population \text{ in } 2000_i)$ 表示2000年地理单元 i(如县或普查区)的人
口对数,$portage \ site_i$ 是一个表明该单位在19世纪早期是否为搬运地的虚拟
变量,而 x_i 则是一组城市级别的控制变量。注意,搬运地的定义为一个瀑布
或河流交汇地。使用地理变量来识别搬运地使得这个方法类似于一个简化
形式的回归式且不考虑内生性。布利克利和林估计,搬运地在2000年的人
口密度比其他地方高出90个对数点,相当于人口密度增大出了145%。也
许有人认为搬运地在19世纪最有价值时大约要大出145%,但这并不正确。
几乎一半的人口优势是在1900—2000年间形成的,这是在独木舟成为娱乐
船之后很长时间的事情了。

还有其他研究记录了早期交通投资对产出持久性的影响。杰德哈布和
莫拉迪(Jedwab and Moradi,2016)研究了英国殖民地加纳,英国在那里修建
了连接海岸和人口稀少的采矿区以及内陆地区的铁路。他们使用城市数据
集,研究了1891年到2000年铁路对人口分布的影响。杰德哈布和莫拉迪

首次确定了铁路对城市初始区位的重要性。他们估计了以下模型：

$$Urban\ population\ in\ 1931_i = \alpha \cdot Railroad\ in\ 1918_i + \beta \cdot x_i + \varepsilon_i$$

其中，1931 年一个地方的城市人口数量通过 1918 年是否通铁路的虚拟变量加上控制变量 x_i 进行回归。为了解决铁路的内生性问题，引入了工具变量，但此处暂不讨论。杰德哈布和莫拉迪估计，如果一个地方在 1918 年就通了铁路，则 1931 年该地方的城市人口将显著增加。他们认为，内部贸易成本的降低促进了当地可可的种植，可可成了加纳的主要出口产品。随着可可种植村庄需要更多的劳动力，农村人口沿着铁路线增加。随后城市人口增加，因为村庄将城镇作为交易枢纽。

在 20 世纪 70 年代之后，加纳的铁路运输变得不那么重要。铁轨没有得到维护，而道路运输在增加。这是否意味着靠近铁路的地区减少了人口？答案是否定的。杰德哈布和莫拉迪进行了第二组回归估计。

$$Urban\ population\ in\ 2000_i = \alpha \cdot Railroad\ in\ 1918_i + \beta \cdot x_i + \varepsilon_i$$
$$Urban\ population\ in\ 2000_i = \alpha \cdot Railroad\ in\ 1918_i$$
$$+ \eta \cdot Urban\ population\ in\ 1931_i + \beta \cdot x_i + \varepsilon_i$$

第一个回归方程研究 1918 年的铁路是否影响了 2000 年的城市人口。这代表持久效应，因为在 2000 年铁路已经失去了其最初在运输方面的重要性。第二个方程研究了铁路的影响是否通过 1931 年的城市人口（滞后的因变量）传导而发挥作用。杰德哈布和莫拉迪的研究表明，1918 年是否有铁路对 2000 年的人口有强烈的影响，但一旦在模型中考虑到 1931 年的城市人口，铁路这一解释变量的系数就会很小。换句话说，空间均衡在铁路建成后变得稳定。随后的交通技术（如卡车）没有将人口从靠近铁路的地方搬离。加纳的案例非常引人注目，因为殖民主义的结束代表着一次经济和政治上的巨大变革，但这并不足以消除铁路的持久影响。

应该如何理解这些持久影响模式？布利克利和林（Bleakley and Lin，2012）提出了一个简单的模型，其中个体的效用是其所在地的人口密度的函数。人口密度通过两个因素来影响效用。一个是拥堵的强度。拥堵随着人口密度的增加而增加，从而降低个体效用。第二个是集聚强度。集聚随着人口密度增加而增加，通过提高生产率而提高效用。除此之外，自然优势

（如搬运地）是他们的研究模型中另一个需要考虑的因素。自然优势增加了（定居）在一个地方相对于另一个地方的效用。因此，自然优势在某个时候可能是非常关键的，决定了一个地方的人口密度。如果自然优势消失了，例如因为一般性的技术进步，那么由于拥挤的原因，个体可能会离开该地。然而，当集聚强度很大时，留在原地可能是最优选择。集聚强度大到可以"锁定"一个地方的人口吗？尽管这种观点很有说服力，但还存在像第二次世界大战后日本城市这样的例子，那些城市曾被核弹炸毁，但它们又增长到了原来的规模（Davis and Weinstein，2002）。如果集聚强度很强，那么这些城市就不应该重新合并。毫无疑问，人口"锁定"问题还未有定论。

制度与交通运输业的发展

现有大部分关于交通运输的文献分析了其对收入和发展的影响。但还 1470
有一个更大的问题，即为什么一些社会能够有效地提供交通服务。这与另一个更大的问题密切相关，即为什么一些社会富裕，而另一些社会贫穷。一种流行的观点是，制度是经济发展的根本原因。制度是人为设定的约束，用于构建政治、经济和社会互动。从其正式意义上来看，制度包括宪法和法律制度，但在较为非正式的层面上，它们包括规范和信念。正如诺思（North，1991）最初所强调的那样，制度很重要，因为它们影响交易成本，从而影响投资和创新的激励。将这种逻辑扩展到交通运输方面，可以想象制度会影响交通基础设施的投资。这存在巨大的固定成本，从而会增加征用或错配风险。

在相关文献中，有一些证据表明，民主制度更为强大、国家能力更高的国家的交通基础设施发展得更好。以 18 世纪英法两国为例，可以看出这一点。在英格兰，道路基础设施是由地方倡议和议会监督所提供的。当地团体提交请愿书，请求获得成立"收费公路信托"并改善其所在地区的一段道路，议会通常会批准这些请求，并任命请愿者为受托人，授权他们征收过路费和改善道路条件。议会设定了最高道路通行费，并赋予当地官员解决产权所有者和受托人之间纠纷的权力。在连接伦敦和主要省会城市的所有公路上都建立了收费站（Bogart，2005）。而法国对公路建设的处理方式则不同。王室将一些公路指定为主要公路（王家路线），将其他公路指定为次级公路。主要公路会从巴黎中央政府获得一些资金，并由国立路桥学校（Ponts-et-Chaussees，一所法国精英工程学校）建设和维护。次级公路则由法国的市镇维护，通常是通过苦役来完成。

这两种不同的公路建设模式对英格兰和法国的公路网络规模和效率产生了什么影响？数据表明，英格兰每人铺设的公路公里数比法国多。英格兰的旅行速度也更快（Szostak，1991）。其中一个原因是英格兰的政治制度在很大程度上限制了议会或王室随意改变收费或大幅减少收费信托的权力。这种高度的监管承诺鼓励受托人和私人团体在公路上进行投资，因为他们预期议会将维护他们的权利（Bogart，2011）。法国王室则很难作出这样的承诺，因此私人投资者会犹豫不决，不愿意进行这样的投资。第二个原因是英格兰议会制定了赔偿土地所有者的机制。议会授权了解当地的陪审团，并赋予郡法官监督陪审团的权力，以防他们对土地所有者过于慷慨。因此，熟悉地方知识与权力制衡机制相结合。法国在法国大革命前没有这样的制度，因此很难克服当地阻力（Rosenthal，2009）。

1471

法国在法国大革命后进一步发展了公路网络。中央政府增加了对国家公路的资助。此外，次级公路的资金和组织方式也发生了实质性的变化。1836 年的一项法律赋予市镇从其管辖范围内四项主要直接税中征收 5％附加税的权利。它还允许省议会对沿着区域性重要道路的市镇征收财政贡献（Price，2017）。法国大革命后的这些变化进一步证明了制度的重要性。

铁路建设的融资也说明了制度的重要性。铁路建设通常需要政府提供财政支持，但许多国家依靠对贸易征收的税收，而这些税收往往依赖于铁路的存在。比尼翁等人（Bignon et al.，2015）认为，政府收入和铁路之间存在双向反馈，可能存在多个均衡状态。换句话说，国家可能陷入"贫困陷阱"，并且缺少铁路和收入。

比尼翁等人的研究聚焦在拉丁美洲地区。他们发现铁路和财政发展水平在某些拉丁美洲国家（如哥伦比亚和厄瓜多尔）相对较低，在其他国家（如阿根廷和乌拉圭）则较高。他们提出了方程组来解释铁路和税收收入之间的协同演化。他们的模型涉及动态效应，值得被讨论。他们的第一个方程

式将政府收入模型化为贸易的函数:

$$Government\ revenues_{it} = \alpha \cdot trade_{it} + \beta \cdot x_{it} + \eta_i + d_t + \varepsilon_{it}$$

其中,$government\ revenues_{it}$是国家$i$在第$t$年的税收收入的对数,$trade_{it}$是贸易价值的对数,$x_{it}$是控制变量,其他变量是国家和年份的固定效应。变量$trade_{it}$是内生变量,比尼翁等人使用铁路作为贸易的工具变量。铁路对贸易的影响是可信的,但铁路是否会以其他方式影响政府收入呢? 作者认为不会,因为没有直接对铁路征税。可能会存在铁路的间接影响,这违反了工具变量的排斥性约束。尽管如此,需要一些假设来确定贸易的影响,而铁路是一个合理的工具变量。

他们模型中的第二个方程式设定了铁路网络的目标规模,以铁路轨道长度的自然对数来衡量。方程式如下:

$$rail_{it}^* = b \cdot government\ revenues_{it} + c \cdot x_{it} + \eta_i + d_t + \mu_{it}$$

其中,铁路目标网络规模$rail_{it}^*$是一个关于政府财政收入和特定于国家的控制变量的函数,同时包括固定效应。比尼翁等人认为需要一个动态方程来描述铁路发展,因为在任何时期,目标都无法实现。从$t-1$期到t期铁路网络的增长是目标与上一期实际情况之间的差异:

$$(rail_{it} - rail_{it-1}) = \delta(rail_{it-1}^* - rail_{it-1})$$

1472

在最后一步,他们将铁路网络目标规模$rail_{it}^*$代入动态方程,得到以下方程:

$$(rail_{it} - rail_{it-1}) = \delta \cdot rail_{it-1} + \delta \cdot b \cdot govt.\ revenues_{it-1}$$
$$+ \delta \cdot c \cdot x_{it-1} + \delta \cdot \eta_i + \delta \cdot d_{t-1} + \delta \cdot \mu_{it-1}$$

在这个方程式中,他们的目的是估计政府收入和滞后的铁路网络规模对铁路网络增加的影响。通过这两个估计值,他们可以重新得到结构参数b。重要的是,根据他们的研究框架,政府收入是内生性的。他们用每个国家在国外的外交代表总数和立法效力指数来作为收入的工具变量。作者明确强调了制度的作用。立法效力是衡量制度质量的指标,并且可以导致更多的税收。这个假设得到了许多有关国家能力方面研究的支持(例如 Dincecco,2015)。

127

　　如图 5.4 所示,比尼翁等人的估计结果具有重要意义。他们发现铁路和政府税收之间存在双向反馈。他们的估计结果显示,对于拉丁美洲国家平均水平而言,铁路里程的增加将增加政府税收(实线),而更多的税收将增加铁路里程(虚线)。当这两条线相交时,达到平衡状态。值得注意的是,如果铁路或税收收入受到外部冲击,平衡状态将会发生改变。例如,假设由于某国政治变革而提高了立法效力,这将导致更多的收入和更多的铁路基础设施(想象一下实线向上移动)。总的来说,该分析阐明更好的制度是如何通过更多的交通基础设施来帮助国家摆脱贫困陷阱的。

1473

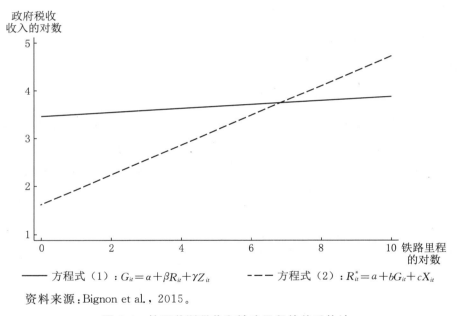

方程式(1):$G_{it}=\alpha+\beta R_{it}+\gamma Z_{it}$　　- - - 方程式(2):$R_{it}^{*}=a+bG_{it}+cX_{it}$

资料来源:Bignon et al.,2015。

图 5.4　拉丁美洲税收和铁路里程的关系估计

公共部门与私营部门参与

　　历史上,公共部门和私营部门都深度参与了交通运输部门。各类学者都试图去解释这种二元性(参见 Newberry,2002;Milward,2005)。一种观点认为,某种程度的公共部门参与是必要的,因为私营部门无法提供高效的交通服务。其中一个原因是交通具有自然垄断的特征。它拥有非常大的固定成本,例如建造港口或铁路,意味着如果市场上只有一个供应商,则总成本将最小化。但是,这一供应商可以收取垄断价格,这又是低效率的。交通运输的政府所有者则不一定会收取垄断价格,因为政府在作出决策时通常会考虑更多因素而非仅仅考虑利润。还有另一种观点认为,私营部门的参与通常更受欢迎,因为政府存在"失灵"的问题。利益集团是这种失灵的一个主要来源,因为它们可以向各个层级的政府呼吁支持社会不需要的基础设施项目或阻止有利的政策改革(Winston,2013)。最终,公共部门或私营部门的参与是否有益,需要进行实证分析。

铁路的发展历史提供了关于公共和私营参与领域边界方面的参考。有趣的是,1830—1880 年间修建的大多数铁路是由私人公司拥有的。此后,出现了更多政府所有的趋势。在某些情况下,政府开始修建铁路,而在其他情形下,国有化使得大量铁路资产落入公共部门的手中。

1913 年前,铁路国有化只发生在某些国家而非其他国家的原因有很多,本章为了简洁起见并与前面的章节保持连续性,将着重探讨政治和法律因素。限制政府具体表现为强有力的执行约束,从理论上讲应该对国有化不利。限制约束使政府更难征用私有财产,如铁轨和铁路车辆。在普通法系中,理论上存在类似的情况。在普通法国家,法院通常要求征用必须符合"公共用途",并且业主必须获得"公正补偿"。公共用途的要求可能使政府官员很难解释为什么政府拥有铁路符合公共利益。此外,公正补偿条款可能会防止政府以低价征收公司。在民法法系国家,铁路公司也可以向法院上诉,但如果政府可以干预并确保决策符合公共利益,那么铁路公司的上诉可能不会那么有效。

博加特(Bogart,2009)提供了有关制度因素在解释 1870—1913 年间不同国家国有化的可能性或程度方面作用的证据。作者使用了包括超过 1 200 个国家年度国有化的发生率和程度的面板数据以及其他跨国数据,包括政府行政部门的限制、民主程度、法律起源和许多其他变量。1910 年的跨国估计结果显示,相比于普通法系和斯堪的纳维亚民法法系国家,法国和德国民法法系国家更有可能发生国有化(即超过最低限度的国有化铁路里程)。在行政部门限制较弱或民主程度较低的国家,国有化也更有可能

1474

129

发生。

瑞士的案例提供了一些有关法律体系对铁路国有化影响的参考(参见Bogart,2009)。直到 1890 年,瑞士的大部分铁路是由法国公司建设和所有的。最初是创建了一个特别仲裁委员会,在法国公司和瑞士联邦政府提出国有化的争议时解决分歧。仲裁人与瑞士联邦法院系统是分开的,他们可能向法国公司作出一定保证,政府作出的决策不受政治干预。到了 19 世纪90 年代,瑞士普遍不欢迎外国公司拥有铁路所有权。但公众担心政府接管铁路会令瑞士纳税人背负巨大负担,因为法国投资者将要求高额赔偿。1896 年,即瑞士一项重要铁路国有化法律通过的一年前,联邦委员会和议会通过了一项法律,取消了仲裁人的权力,并要求在联邦法院解决有关铁路的争议。仲裁人法和铁路国有化在时间上的接近表明它们之间存在联系。这个例子说明了政府干预和法律制度是如何相互作用的。

国有化对铁路部门产生了什么影响?博加特(Bogart,2010)检验了铁路运营的效率,即在给定工资和燃料价格以及铁路资本存量水平下,一个经济体为每英里 x 吨货物和 y 位旅客提供交通运输服务所花费的费用。跨国比较的证据表明,平均而言,铁路国有化降低了铁路系统的成本效率。然而,也有一些经济体的铁路国有化提高了成本效率。殖民地时期的印度就是一个有趣的例子。最初,印度的铁路网络建设和管理是由具有公共担保资格的英国私人公司完成的。如果净收入(即总收入减去经营费用)与资本支出的比例低于每年保证的 5% 回报率,印度殖民政府会向私人公司支付差额作为补偿。这些保证给殖民政府带来了巨大的成本。多年后,政府决定将所有以前的私营铁路线国有化,并成为大股东。到 1910 年,印度殖民政府国有化了所有在 1880 年之前建设主干线的私营铁路公司。

重要的是,印度的铁路公司是在其原始合同的第 25 年或第 50 年被国有化的。这一事实是有用的,因为国有化的时间是由原始特许经营合同的日期和其他几十年前的外部事件来确定的。博加特和乔杜里(Bogart and Chaudhary,2012)利用这一事实来分析印度铁路国有化对经营费用(即可变成本)的影响。他们构建了一个关于 1874—1912 年间主要标准轨和米轨铁路系统的投入、产出和成本的面板数据集。回归分析结果显示,在殖民政府接管后,铁路的经营费用平均降低了 13%。成本下降不是由于私人公司预

1475

期被接管、质量不佳、报告标准的变化或长期趋势所导致的。相反,研究证据表明殖民政府通过削减劳动力成本来降低运营成本。这些结果令人惊讶,因为通常情况下,国有化会增加成本。博加特和乔杜里认为,在印度,殖民政府有着运营好铁路的独特动机。它的财政能力较弱,而铁路是少数能够有效征税的行业之一,前提是它拥有大部分所有权。这个案例凸显了对制度进行详细研究的价值,而这通常在跨国分析中被忽视。

结　语

总的来说,通过更好的测量、经济建模和估计,计量史在对交通运输的历史分析中取得了重大进展。本章概述了几个主题和创新研究。有几个总体结论。第一,在过去 300 年里,交通运输发生了革命性变化,使生产率快速提高。虽然宏观发明(如蒸汽机)是非常重要的,但许多渐进式的创新也很重要。第二,有证据表明交通的改善有助于市场整合、城市化和总收入增长。还有证据表明,交通的改善会影响某地的人口密度,即使在该地的初始功能不存在之后,对人口密度的影响仍然会持续存在。但在交通相对重要性研究方面仍存在争议,并且有一些研究认为交通改善导致了更高的死亡率。梳理交通改善对福利的正面和负面影响很可能仍是一个重要的研究领域。第三,制度是决定某些经济体交通服务更有效率的基本因素。有证据表明,制度影响了对交通网络的投资及公有产权和私有产权的程度。还有证据表明,产权对交通效率很重要,而且在某些情况下,政府具有改善铁路运营的效果。总而言之,交通运输的计量史学研究对这个具有历史重要性的行业有许多洞察。

参考文献

Atack, J. (2013) "On the Use of Geographic Information Systems in Economic History: The American Transportation Revolution Revisited", *J Econ Hist*, 73(2):313—338.

Atack, J., Margo, R. A. (2011) "The Impact of Access to Rail Transportation on Agricultural Improvement: The American Midwest as a Test Case, 1850—1860", *J Transp Land Use*, 4(2):5—18.

Bagwell, P. (2002) *The Transport Revolu-*

tion 1770—1985. Routledge, London.

Baum-Snow, N. (2007) "Did Highways Cause Suburbanization?", *Q J Econ*, 122(2): 775—805.

Beach, B., Hanlon, W. W. (forthcoming) "Coal Smoke and Mortality in an Early Industrial Economy", *Econ J*, https://onlinelibrary.wiley.com/doi/abs/10.1111/ecoj.12522.

Berger, T., Enflo, K. (2017) "Locomotives of Local Growth: the Short-and Long-term Impact of Railroads in Sweden", *J Urban Econ*, 98:124—138.

Bignon, V., Esteves, R., Herranz-Loncán, A.(2015) "Big Push or Big Grab? Railways, Government Activism, and Export Growth in Latin America, 1865—1913", *Econ Hist Rev*, 68(4):1277—1305.

Bleakley, H., Lin, J.(2012) "Portage and Path Dependence", *Q J Econ*, 127(2):587—644.

Bogart, D. (2005) "Turnpike Trusts and The Transportation Revolution in 18th Century England", *Explor Econ Hist*, 42(4):479—508.

Bogart, D.(2009) "Nationalizations and the Development of Transport Systems: Cross-country Evidence from Railroad Networks, 1860—1912", *J Econ Hist*, 69(1):202—237.

Bogart, D. (2010) "A Global Perspective on Railway Inefficiency and the Rise of State Ownership, 1880—1912", *Explor Econ Hist*, 47(2):158—178.

Bogart, D.(2011) "Did the Glorious Revolution Contribute to the Transport Revolution? Evidence from Investment in Roads and Rivers", *Econ Hist Rev*, 64(4):1073—1112.

Bogart, D. (2014) in Floud, R., Humphries, J.(eds) *The Transport Revolution in Industrializing Britain: A Survey in Cambridge Economic History of Britain 1700 to 1870*, 3rd edn. Cambridge University Press, Cambridge.

Bogart, D., Chaudhary L.(2012) "Regulation, Ownership, and Costs: A Historical Perspective from Indian Railways", *Am Econ J*

Econ Pol, 4(1):28—57.

Brueckner, J.K.(2003) "Airline Traffic and Urban Economic Development", *Urban Stud*, 40(8):1455—1469.

Carter, S. B., Gartner, S. S., Haines, M.R., Olmstead, A. L., Sutch, R., Wright, G., Cain, L.P.(eds) (2006) *Historical Statistics of the United States Millennial Edition*. Cambridge University Press, New York.

Davis, D. R., Weinstein, D. E. (2002) "Bones, Bombs, and Break Points: The Geography of Economic Activity", *Am Econ Rev*, 92(5):1269—1289.

De Vries, J. (1981) *Barges and Capitalism: Passenger Transportation in the Dutch Economy, 1632—1839, vol.4*. HES Publishers, Utrecht.

Dincecco, M.(2015) "The Rise of Effective States in Europe", *J Econ Hist*, 75(3):901—918.

Donaldson, D. (2018) "Railroads of the Raj: Estimating the Impact of Transportation Infrastructure", *Am Econ Rev*, 108(4—5):899—934.

Donaldson, D., Hornbeck, R. (2016) "Railroads and American Economic Growth: A 'Market Access' Approach", *Q J Econ*, 131(2):799—858.

Ericson, S. J. (1996) *The Sound of the Whistle: Railroads and the State in Meiji Japan, vol.168*. Harvard University Asia Center, Cambridge, MA.

Federico, G., Persson, K.G.(2006) "Market Integration and Convergence in the World Wheat Market, 1800—2000", in Hatton, T., O'Rourke, K., Taylor, A.(eds) *New Comparative Economic History, Essays in Honor of Jeffrey G. Williamson*. MIT Press, Cambridge, MA.

Federico, G., Sharp, P.(2013) "The Cost of Railroad Regulation: The Disintegration of American Agricultural Markets in the Interwar Period", *Econ Hist Rev*, 66(4):1017—1038.

Fishlow, A. (1965) *American Railroads and the Transformation of the Ante-bellum*

Economy, *vol. 127*. Harvard University Press, Cambridge, MA.

Fogel, R.W.(1964) *Railroads and American Economic Growth*. Johns Hopkins Press, Baltimore.

Garcia-López, M-À., Holl, A., Viladecans-Marsal, E. (2015) "Suburbanization and Highways in Spain When the Romans and the Bourbons Still Shape Its Cities", *J Urban Econ*, 85:52—67.

Gerhold, D. (2014) "The Development of Stage Coaching and the Impact of Turnpike Roads, 1653—1840", *Econ Hist Rev*, 67(3): 818—845.

Harley, C.K.(1980) "Transportation, the World Wheat Trade, and the Kuznets Cycle, 1850—1913", *Explor Econ Hist*, 17(3):218.

Harley, C.K.(1988) "Ocean Freight Rates and Productivity, 1740—1913: The Primacy of Mechanical Invention Reaffirmed", *J Econ Hist*, 48(4):851—876.

Harley, C.K.(1998) "Cotton Textile Prices and the Industrial Revolution", *Econ Hist Rev*, 51(1):49—83.

Harley, C.K. (2008) "Steers Afloat: The North Atlantic Meat Trade, Liner Predominance, and Freight Rates, 1870—1913", *J Econ Hist*, 68(4):1028—1058.

Herranz-Loncán, A. (2014) "Transport Technology and Economic Expansion: The Growth Contribution of Railways in Latin America Before 1914", *Revista de Historia Económica-J Iber Lat Am Econ Hist*, 32(1): 13—45.

Hornung, E.(2015) "Railroads and Growth in Prussia", *J Eur Econ Assoc*, 13(4):699—736.

Huenemann, R. W. (1984) *The Dragon and the Iron Horse: The Economics of Railroads in China, 1876—1937, vol. 109*. Harvard University Asia Center, Cambridge MA.

Jacks, D.S.(2006) "What Drove 19th Century Commodity Market Integration?", *Explor Econ Hist*, 43(3):383—412.

Jedwab, R., Moradi, A.(2016) "The Permanent Effects of Transportation Revolutions in Poor Countries: Evidence from Africa", *Rev Econ Stat*, 98(2):268—284.

Kaukiainen, Y. (2001) "Shrinking the World: Improvements in the Speed of Information Transmission, c. 1820—1870", *Eur Rev Econ Hist*, 5(1):1—28.

Kerr, I.J.(2007) *Engines of Change: The Railroads that Made India*. Greenwood Publishing Group, Westport.

Krugman, P., Venables, A. J. (1995) "Globalization and the Inequality of Nations", *Q J Econ*, 110(4):857—880.

La Porta, R., Lopez-de-Silanes, F., Shleifer, A.(2008) "The Economic Consequences of Legal Origins", *J Econ Lit*, 46(2):285—332.

Leunig, T.(2006) "Time is Money: A Reassessment of the Passenger Social Savings from Victorian British Railways", *J Econ Hist*, 66(3):635—673.

Martí-Henneberg, J.(2013) "European Integration and National Models for Railway Networks (1840—2010)", *J Transp Geogr*, 26: 126—138.

McClelland, P.D. (1972) "Social Rates of Return on American Railroads in the Nineteenth Century", *Econ Hist Rev*, 25(3):471—488.

Menard, R. (1991) "Transport Costs and Long-range Trade, 1300—1800: Was There a European 'Transport Revolution' in the Early Modern Era?", in *Political economy of merchant empires*, pp. 228—275. Cambridge University Press, Cambridge UK.

Millward, R. (2005) *Private and Public Enterprise in Europe: Energy, Telecommunications and Transport, 1830—1990*. Cambridge University Press, Cambridge, UK.

Mohammed, S. I. S., Williamson, J. G. (2004) "Freight Rates and Productivity Gains in British Tramp Shipping 1869—1950", *Explor Econ Hist*, 41(2):172—203.

Newberry, D. M. (2002) *Privatization, Restructuring, and Regulation of Network Utilities, vol.2*. MIT Press, Cambridge, MA.

North, D.(1958) "Ocean Freight Rates and

Economic Development 1730—1913", *J Econ Hist*, 18(4):537—555.

North, D.C.(1991) "Institutions", *J Econ Perspect*, 5(1):97—112.

Pascali, L.(2017) "The Wind of Change: Maritime Technology, Trade, and Economic Development", *Am Econ Rev*, 107(9):2821—2854.

Price, R.(2017) *The Modernization of Rural France: Communications Networks and Agricultural Market Structures in Nineteenth-century France*, vol. 13. Taylor & Francis, London.

Rönnbäck, K.(2012) "The Speed of Ships and Shipping Productivity in the Age of Sail", *Eur Rev Econ Hist*, 16(4):469—489.

Rosenthal, J-L.(2009) *The Fruits of Revolution: Property Rights, Litigation and French Agriculture, 1700—1860*. Cambridge University Press, Cambridge.

Shepherd, J. F., Walton, G. M. (1972) *Shipping, Maritime Trade and the Economic Development of Colonial North America*. Cambridge University Press, Cambridge, UK.

Solar, P.M.(2013) "Opening to the East: Shipping Between Europe and Asia, 1770—1830", *J Econ Hist*, 73(3):625—661.

Solar, P.M., Rönnbäck, K.(2015) "Copper Sheathing and the British Slave Trade", *Econ Hist Rev*, 68(3):806—829.

Summerhill, W.R.(2005) "Big Social Savings in A Small Laggard Economy: Railroad-led Growth in Brazil", *J Econ Hist*, 65(1):72—102.

Szostak, R.(1991) *Role of Transportation in the Industrial Revolution: A Comparison of England and France*. McGill-Queen's University Press-MQUP, Montreal.

Tang, J.P.(2014) "Railroad Expansion and Industrialization: Evidence from Meiji Japan", *J Econ Hist*, 74(3):863—886.

Tang, J. P. (2017) "The Engine and the Reaper: Industrialization and Mortality in Late Nineteenth Century Japan", *J Health Econ*, 56:145—162.

Taylor, G. R. (2015) *The Transportation Revolution, 1815—1860*. Routledge, Abingdon.

Walton, G.M., Rockoff, H.(2013) *History of the American Economy*. Cengage Learning, New York.

Winston, C.(2013) "On the Performance of the US Transportation System: Caution Ahead", *J Econ Lit*, 51(3):773—824.

第六章

旅行与旅游业

托马斯·韦斯

布兰登·杜邦

摘要

旅游和旅游业曾经只对精英开放,现在越来越多的人更容易接近它。因此,旅游现在是世界范围内的一项重要的经济活动。在本章中,我们讨论了定义和测量旅游和旅游业的概念性问题,对旅游业的需求进行计量经济估计,并估计旅游业和经济增长之间可能存在的联系。我们还描述了英格兰海滨度假胜地的兴衰,以及美国旅游业的计量史,特别强调了塑造夏威夷旅游业的历史动力。虽然经济史学家在很大程度上忽视了这个话题,但我们明确了计量史学工具可能会涉及的问题。

关键词

旅游业 旅游需求 海滨旅游 英国 地中海 夏威夷 美国 旅游业主导的发展 经济增长 需求弹性 收入弹性

引　言

在 19 世纪下半叶蒸汽机广泛用于远洋运输之前,跨洋旅行费用高昂且 1480
充满不可预测性。1800 年左右,通过帆船进行大西洋航行所需的时间与克
里斯托弗·哥伦布在 1492 年的航行时间相当,约为 35 天(Fowler,2017)。
这种不可预测的航行时间以及与跨大西洋航行相关的风险明显限制了欧洲
与北美洲之间的商业交通、移民和旅游。在 18 世纪末和 19 世纪初的任何一
年,前往欧洲的美国人数量不超过 2 000 人,但随着 19 世纪中叶蒸汽船取代
帆船,这一数字有所增加。虽然 19 世纪美国出国旅行的人数仍然很少,但
其增长远超总人口的增长。尽管这些旅行者并非都是游客,但其中游客占
了很大的比例。

旅游业已成为大多数国家经济中越来越重要的组成部分。根据世界旅
游组织(World Tourism Organization,WTO,2018a,2018b)的数据,"国际旅
游业是世界最大的出口收入来源,也是大多数国家能够国际收支平衡的重
要因素"①。1950 年,全球国际游客人数仅约占世界人口的 1%,而如今这一
比例已达到 16% 左右(UNWTO,2017)。旅游业也是世界上最重要的就业
来源之一,并且是许多国家的最大产业。根据联合国贸易和发展会议
(UNCTAD)的数据,旅游业目前约占全球国内生产总值的 10% 和全球服务
贸易的 30%。在经济合作与发展组织(OECD)国家,旅游业占国内生产总值
的 4%,总就业人数的 6%,服务出口总值的 21%。正如联合国最近发布的
一份关于非洲"旅游业促进变革和包容性增长"的报告(UNCTAD,2017)所 1481
展示的那样,人们逐渐认可旅游业在经济增长中的重要作用。

对一些较小的发展中国家,尤其是岛国经济和其他拥有广阔海岸线等自
然舒适环境的国家来说,旅游业尤为重要。例如,塞舌尔的旅游业占国内生

---

① 世界旅游组织是一个全球旅游业的总机构,它起源于 1925 年的国际官方旅游交
通协会(International Congress of Official Tourist Traffic Associations),并于
1975 年成为世界旅游组织(WTO)。

产总值的 62%，佛得角占 43%，毛里求斯占 27%。同时，对于大型发达经济体来说，旅游业同样重要，并且变得越来越重要。根据世界旅游和旅行理事会（WTTC）的数据，旅游业占英国国内生产总值近 10%，德国占比为 9%，美国占比为 8%。①

旅游业日益增长的重要性推动了联合国世界旅游组织（UNWTO）在 20 世纪 90 年代中期发起了一项国际合作，以便在各国间制定统一的旅游和旅游业统计指标。该合作与 1995 年在白宫举行的旅行与旅游业会议共同推动了旅行和旅游业卫星账户的建立，该账户符合 UNWTO 的标准（Platzer，2014）。现在，许多国家在制定类似的统计数据，这使得跨国比较成为可能。

定义和衡量旅游业

一个关键的概念问题是，是否应该区分游客和出行目的为其他的人，并且是否有可能在现实中进行这样的区分。即使每个人都同意游客是为了娱乐而旅行，并且构成了所有访客的一个子集，但要确定每次旅行的目的也并不容易。以娱乐为目的的旅行可以被视为一种最终需求，而商务旅行可以被视为对其他商品或服务生产中必要投入的派生需求。但在现实中，这两种类型的旅行者都购买了一个"综合产品，其中包括交通、住宿、餐饮、自然资源、娱乐以及其他设施和服务，如商店、银行、旅行社和旅游经营者"（Sinclair and Stabler，1997：58）。因此，尽管在确定旅游业对国内生产总值的贡献时，区分最终需求和中间需求很重要，但旅游学者、政府和其他组织通常坚持广义定义。即将旅游定义为离开家乡、持续时间超过一天的旅行，通常是为了娱乐或商务目的，但也包括其他目的，如探亲访友或寻求医疗服务。

衡量旅游业并不比定义旅游业容易。尽管旅游业被称为"统计上看不见的"，但研究者可以衡量游客的消费。游客必须旅行，所以研究人员可以通过航空客运里程或国际边境过境人数来衡量，游客的消费可以通过酒店房

---

① 根据世界旅游与旅行理事会（WTTC）的说法，这个数据包括了直接贡献和间接贡献。而美国经济分析局显示旅游业占美国经济的份额略小于 8%。

间预订或其他住宿设施来衡量。此外,研究者还对旅行者进行了调查,以便
更直接地获得关于消费和主要旅行目的信息。①由于娱乐旅行和商务旅行很
难分离,并且有时会重叠,因此通常大多数政府机构在统计旅游数据时会将
商务旅行者纳入其中。例如,美国经济分析局(BEA)明确规定,游客是指
"他或她在通常环境之外旅行不到 1 年的人,或在酒店或汽车旅馆过夜的
人"②。这里的"通常环境"是指正常居住、休闲、学习和工作的地方,但在任
何情况下都由离家最短距离内的区域来定义。③

关于旅游业的经济史研究

尽管旅游业已存在了很长时间,但最早的旅行者并不被认为是游客。哈
罗德·沃格尔(Harold Vogel,2016:235)将他们描述为"游牧民族、战士、朝
圣者和精英",他们的旅行目的并不主要是休闲。有些人出于宗教原因进行
朝圣,而其他人则是为了医疗保健或商务旅行。然而,早在希腊和罗马时期
(即公元前 500 年左右),就有一些人符合今天"游客"的概念(Casson,1974;
Towner,1966)。

尽管古代旅行可能不成熟,然而,在 17 世纪,旅游业开始在欧洲真正兴
起。最初,这主要意味着英国游客前往欧洲大陆,特别是在 17 世纪和 18 世
纪前往法国和意大利的"壮游"(Grand Tour)。虽然我们不知道有多少人参

---

① 旅行目的是通过美国商务部的国际航空旅客调查来测量的,该调查询问旅客旅
   行的主要目的。自 1983 年以来,该调查每月对往返美国(不包括加拿大人)的国
   际航空旅客进行随机抽样调查。
② 大久保卓治和普兰廷(Okubo and Planting,1998:11)指出,美国经济分析局更喜
   欢使用"访客"(visitor)这个术语,而不是"游客"(tourist),因为"访客"更能描述卫
   星账户所包括的旅行活动(Okubo and Planting,1998:8)。
③ 对于美国来说,美国经济分析局将这个区域定义为离家 50—100 英里的范围,而
   劳工统计局(Bureau of Labor Statistics)的消费者支出调查使用 75 英里,交通统计
   局(Bureau of Transportation Statistics)的美国旅行调查使用 100 英里,而私人调查
   使用 50—100 英里(Okubo and Planting,1998:11)。无论如何,这个距离由现有
   交通技术和成本来确定,因此随着时间推移肯定会有所变化。

加了壮游,但到 18 世纪中叶,其规模大到上层阶级的年轻人都希望参加该活动(Burk,2005)。①除了在大规模旅游业的兴起中发挥作用外,壮游对欧洲启蒙时代的思想传播也可能发挥了重要作用。

1483　壮游的旅行者人数一开始很少。学者估计,18 世纪大约有 2 万人,到 18 世纪末参与人数可能高达 4 万人,19 世纪 30 年代达到 5 万人(Towner,1985)。在那时,国内旅行也在迅速发展。温泉疗养地和海滨度假地在 18 世纪曾是上层阶级的专属领域,但随着 19 世纪中叶第一家旅行社的成立,这些地方对中产阶级变得更加可及。到 19 世纪最后的 25 年,旅游业在欧洲(尤其是英格兰)已经得到很好的发展。

随着 19 世纪下半叶蒸汽海洋轮船的出现,到达欧洲的游客人数大幅增加。同时,主要由于移民交通运输业的推动,船舶速度和质量不断提高,承载能力也在增加。仅来自美国的人数就从 1870 年左右的 4 万人增至 1900 年的 12 万人,在第一次世界大战之前再次翻了一番。一战后,旅游业逐渐恢复到战前水平,美国人的到访人数增加了约 50%,但在大萧条期间出现了严重的下滑,而在第二次世界大战及其爆发前几年则出现了更为严重的中断。二战后,旅游业迅速复苏。到 1950 年,到访欧洲的游客数量约为 2 500 万人次,并在大约 1990 年增长了 20 倍左右(Shaw and Williams,1997)。

尽管旅游业有着悠久的历史,但历史学家对旅游的研究最近才开始发展。根据汤纳和沃尔的研究(Towner and Wall,1991:73),在 1990 年之前,"几乎没有主流历史研究"是关于旅游业的。而经济史学家的相关研究更是少之又少。1990 年后,各学科涌现了大量关于旅游业的研究。尽管其中大部分是由社会学家、地理学家和文化研究学者完成的,但也存在大量关于旅游经济学和旅游历史的学术研究。其中许多经济学文章具有实用性和商业导向,如《在经济危机时期防止游客取消预订》这样的文章(*Annals of Tourism Research*,2016),但也有很多研究关注变革和增长。然而大多数这些研究并不是经济史研究,因为它们研究的是近期和相对短期的时间段,并且通常是政策导向的,但它们是针对类似于计量史学研究的实证调查。虽然它们并不都使用计量经济学家的分析工具,但它们确实利用了相关的经

---

① 随着"壮游"的普及,早期的旅行指南开始出现(Burk,2005)。

济统计数据。

　　要总结可能与计量史学相关的所有研究是不可能的,因此我们将考察限定在两个方面。我们首先研究两个主题:旅游需求和旅游业对经济增长的影响,不考虑国家因素。然后,我们将通过两个具体案例来回顾旅游业的经济史。其中一个案例是关注英国和西班牙所发展的海滨旅游的历史。这个综合性故事基本上涵盖了海滨度假地的历史,从其最早作为富人的专属空间,到现在作为大众旅游的地位。另一个故事是夏威夷的历史,夏威夷是美国为数不多的旅游业对整个国家相对更为重要的州之一。在这两段历史中,学者们使用了经济统计数据和推断,尽管他们没有运用反事实研究或更复杂的经济分析方法。

旅游业的经济史概述

　　关于旅游业经济史研究的传统观点认为,旅游的收入弹性大于1,所以 　　1484
19 世纪和 20 世纪整个工业化世界的收入增加,甚至更早在英国发生的收入增加,刺激了旅行需求。当然,旅游业发展还取决于其他因素,尤其是影响旅游服务价格和供给的因素,特别是交通的变化。交通的改善降低了旅行价格并提高了速度,也改善了旅行的规律和质量,使游客人数增加,最终使得包括酒店在内的企业能够利用规模经济的优势。

　　供给侧发展的关键之一是包价旅游项目的旅游行业,它通常被认为始于托马斯·库克(Thomas Cook)于 1841 年从莱斯特到拉夫堡的禁酒之旅。它和后来包价旅游项目的旅游公司利用规模经济的收益和增加的运输能力来提供更低成本的旅行机会,从而使旅游业面向更广的社会阶层。旅行社之间的竞争进一步降低了价格,推动旅行人数的增加。第二个结果是"旅客行业"的出现。酒店使用增加,并取代了早期和更富裕游客主要选择的私人住宅;餐厅数量增加,以便服务这些酒店的顾客。随着铁路旅行速度的提高,酒店建在主要铁路的终点站,而不再像壮游时期那样分散在目的地沿途的小旅馆。因此,除了吸引游客参加壮游的少数几个旅游目的地外,还出现了新的旅游目的地。第三个结果是"大众旅游"的出现,它彻底改变了 17 世纪、18 世纪和 19 世纪初的小规模、精选、定制化安排的旅行性质。

尽管以上的总结似乎很有道理,但还没有提供足够的证据来证实大众旅游兴起的确切时间、其背后的机制以及该机制各组成部分的相对重要性。如下文所述,这些问题在一定程度上已经通过量化分析得到了回答,但并没有像计量史学家所希望的那样全面。此外,这些分析通常侧重于单一国家、地区或地方层面发展过程中的细节,而不是整个大陆的情况。

旅游需求

游客在旅行中作出各种经济选择,包括旅行的预算、花费的时间以及到达目的地的方式,这些经济决策在一定程度上适合进行标准的实证分析。随着计量经济学的发展,学者们采用各种方法来估计旅游需求,主要是为了计算收入和价格弹性,或者预测对旅游目的地的需求。虽然这项工作是具有实证性质的研究,但通常并不属于计量史学的研究范畴,主要是因为历史并不是该分析最主要的部分,而且影响旅游业的制度因素往往也被忽视了。此外,关注最近研究趋势的话,会发现关于估计旅游需求的研究往往是以政策为导向的。

方法论

学者们最早估计旅游需求函数的论文可以追溯到 20 世纪 60 年代初,然而直到最近,关于旅游对收入或其他因素变化反应程度的实证研究仍然相对较少。肖和威廉姆斯在写到西欧旅游业时说,"关于需求弹性的量化证据很少"(Shaw and Williams,1997:19)。

然而,有许多研究使用各种计量经济学方法来估计旅游需求,通常是为了计算各种弹性的估计值或预测需求。虽然这些模型中包含了大量变量,但大多数模型是将旅游抵达人数或以下支出的组合进行回归,包括跨国旅行的平均成本、汇率、旅客来源国的人均收入、国家间某种相对价格的度量以及在某些情况下控制各种国家特定因素的虚拟变量。在利姆(Lim,1997)回顾的 100 篇已发表的研究中,有 84 篇将收入作为解释变量,73 篇将某种相对价格的度量作为解释变量,55 篇将国家间的运输成本作为解释变量,25篇将汇率变量作为解释变量。①这些研究所使用的具体模型方法取决于所掌握数据的性质和研究目标,但在传统旅游模型中,所有变量被转变成自然对数形式,然后用 OLS 方法来估计弹性值。②

准理想需求系统(almost ideal demand system,AIDS)模型最初由迪顿和缪尔鲍尔(Deaton and Muelbauer,1980)提出,后来也被用于一些关于旅游业的实证研究中(关于在旅游研究文献中的应用,具体见 Fujii et al.,1985;O'Hagan and Harrison,1984;Syriopoulos amd Sinclair,1993)。③AIDS 模型是建立在消费者选择理论的基础上,并允许我们考虑多层面的预算过程,在这个过程中,旅行者将支出分配给各种与旅行相关的"商品"(这些商品可以是国家或目的地,也可以是在给定目的地的特定旅行的相关支出)。

AIDS 模型可以表示如下,其中消费者对每种商品 $i(i=1,2,\cdots,n)$ 预算份额 w_i 是价格(p)和总支出(x)的函数: 1486

$$w_i = \alpha_i + \sum_j \gamma_{ij}\log p_j + \beta_i \log\left(\frac{x}{p}\right)$$

迪顿和缪尔鲍尔(Deaton and Muelbauer,1980)提出了一个非线性价格指数,但在实际中难以估计,所以大多数实证估计采用了最初由斯通(Stone,1953)提出的更为简单的线性价格指数。

AIDS 模型的吸引力在于它们明确地由消费者选择理论推导得出,并因此符合该理论,但也因为由 AIDS 模型可以得到支出弹性,这对理解各种旅游相关活动所产生的收入很有意义。

从博克斯和詹金斯(Box and Jenkins,1970)提出的整合移动平均自回归

---

① 请注意,正如利姆(Lim,1997)所描述的,汇率在使用时是相对价格度量的一部分。此外,正如利姆(Lim,1999)和宋等人(Song et al.,2010)所指出,交通成本和收入通常高度相关,因此许多研究只包括收入。

② 利姆(Lim,1997)发现,在她回顾的 100 篇论文中,有 56 篇仅使用线性对数模型,而另外 14 篇则同时使用线性对数模型和线性模型。

③ 还可以使用其他模型,如斯通(Stone,1953)开发的线性支出系统(LES)、鹿特丹模型(Rotterdam Model)(Thiel,1965)或超越对数模型(Christensen et al.,1975),但大多数旅游业的研究文献使用 AIDS 模型,该模型不像 LES 模型那样需要对弹性作提前设定限制。有关 AIDS 模型与鹿特丹模型的比较,请参阅迪顿和缪尔鲍尔(Deaton and Muelbauer,1980)的研究讨论。

模型（ARIMA）开始，旅游相关文献还使用了各种时间序列模型（特别是用来预测需求）。最近的研究也使用了 ARIMA 模型的变体。宋和李（Song and Li，2008）回顾了 2000—2007 年间发表的 121 篇文章，他们发现超过三分之二的文章使用了 ARIMA 模型的某个版本。正如宋和李（Song and Li，2008）所指出的那样，ARIMA 模型预测表现的不一致性促使学者们去探索包括广义自回归条件异方差（GARCH）模型（参见 Chan et al.，2005）在内的各种其他时间序列方法。其他研究方法还使用了误差修正模型（Song et al.，2000；Lim and McAleer，2001）、向量自回归模型（Wong et al.，2006）、自回归分布滞后模型（ARDL）或时变参数模型（Song and Wong，2003）。考虑到有证据表明弹性估计值会随时间变化（也许变化相当大）（参见 Peng et al.，2015），因此时变参数模型可能会相当重要。

贸易引力模型最早由简·廷贝亨在 20 世纪 60 年代的国际贸易研究文献中提出，最近也被用于旅游需求模型的建立（Keum，2010；Morley et al.，2014；Culiuc，2014）。[①]在旅游业研究的应用中，标准引力模型表明旅游流量取决于：旅客来源国和目的地国的规模，通常用人均国内生产总值来衡量；来源国和目的地国之间的地理距离，作为交通成本的代理变量；各种国家特定的政策度量或虚拟变量。

在实际中，这些模型通常使用以下形式的 OLS 来进行估计：

$$\ln T_{ij} = \alpha_0 + \alpha_1 \ln M_i + \alpha_2 \ln M_j + \alpha_3 \ln D_{ij} + \varepsilon_{ij}$$

其中 α_1，$\alpha_2 > 0$ 并且 $\alpha_3 < 0$。

1487 M_i 和 M_j 代表"经济规模"，分别用 i 国和 j 国的人均国内生产总值来衡量，而 D_{ij} 则由 i 国和 j 国之间的距离来测量。假设两国之间的旅游活动与它们的国内生产总值呈正相关，与它们之间的距离（或其他衡量贸易成本的指标，如共同语言或货币）呈负相关。

随着面板数据集的广泛使用，面板数据方法也在最近的学术研究中得到了应用（关于其最近在旅游文献中的应用，请参阅 Yazdi and Khanalizadeh，

---

① 参阅 Kimura and Lee，2006。他们发现服务贸易更适合用引力模型来进行预测，而货物贸易不太适合。

2016；Culiuc，2014）。

弹性估计

不同研究的收入弹性估计值差异很大，这明显与模型形式、所包含的变量以及所研究的国家/地区相关，但几乎所有的研究都表明海外旅行是一种奢侈品，其收入弹性值大于 1。①基于对 80 项国际旅游需求研究的荟萃（Meta）分析，克劳奇（Crouch，1995）认为大多数的收入弹性估计值介于 1 和 2 之间，与宋等人（Song et al.，2010）和彭等人（Peng et al.，2015）的研究结果类似。

有证据表明不同的旅行起始地与目的地之间存在收入弹性差异。克劳奇（Crouch，1995）发现拉丁美洲的收入弹性值在 0.3 左右，而亚洲发达经济体的收入弹性值达到 4.4（显然这主要是由日本的收入弹性所导致的，因为大多数关于亚洲的研究往往集中在日本）。彭等人（Peng et al.，2015）发现，欧洲人和美国人前往非洲的收入弹性特别高（平均收入弹性值分别为 3.25 和 5.84），即使对于更常见的美国人前往欧洲的旅行，其平均收入弹性值也相当高，为 1.81。

也有一些证据表明，随着时间的推移，收入弹性有所下降。宋等人（Song et al.，2000）的研究显示，美国和英国游客前往韩国的收入弹性从 20 世纪 70 年代的 8.0 和 5.0 下降到 20 世纪 90 年代的 2.5 和 2.0。其他研究也对不同的旅行起始地和目的地进行了类似的调查，结果显示收入弹性随时间的推移而下降。冈特和什梅拉尔（Gunter and Smeral，2016）探讨了 1977—2013 年间收入弹性下降的原因，并认为宏观经济结构性的变化导致了预防性储蓄和流动性约束的增加，从而限制了奢侈品的消费（并可能使旅行者偏好从国际旅行转向国内旅行）。

旅行的时长是导致收入弹性变化的另一个原因。由于国际旅游是一种奢侈品，尤其是对于长时间的国外旅行，游客在经济困难时期可能缩减开 1488

---

① 使用人均收入、总收入还是其他测量指标，取决于研究的目的，这些差异可以解释收入弹性测量中的一部分差异。彭等人（Peng et al.，2015：Table 4）还发现，根据所使用模型的一般类型和基础数据的频率，收入和价格弹性的估算存在一定的差异。

支,选择短期旅行。但正如阿纳斯塔索普洛斯(Anastasopoulos,1984)所指出的,可能长途旅行者只是一个根本不同的旅行者类别。如果长途旅行者属于高收入人群,长途旅行的收入弹性可能低于短途旅行者。克劳奇(Crouch,1994)提出,由于长途旅行不再仅限于富人,对长途旅行的需求收入弹性可能超过短途旅行。他对80项国际旅游实证研究的荟萃分析表明,收入弹性部分取决于旅行时长,而且长途和短途旅行的收入弹性值都大于1,但长途旅行者对收入的变化更为敏感。在他的研究中,长途旅行的平均收入弹性为2.99,而短途旅行为1.98。

与收入弹性一样,价格弹性的估计结果因估计方法、研究的时间范围以及起始地和目的地的不同而有所差异。尽管如此,从研究文献中仍可以得到一些普遍性的发现。彭等人(Peng et al.,2015)分析了1961—2011年间发表的195个不同研究,并得出平均价格弹性为-1.28的结论。正如所预期的那样,这些估计值在不同地区之间存在相当大的差异。根据克劳奇(Crouch,1995)的研究,价格弹性值范围从北欧的-0.4到拉丁美洲的-0.8。①加特和法尔宗(Gatt and Falzon,2014)发现,基于AIDS模型得出的英国游客前往地中海国家的价格弹性从土耳其的-0.76到塞浦路斯的-3.44不等。彭等人(Peng et al.,2015)发现,美国和欧洲游客对去非洲的价格最为敏感(平均价格弹性为美国人-3.08,欧洲人-2.19),而对去大洋洲最不敏感(平均价格弹性为美国人-0.675,欧洲人-0.449)。

与收入弹性一样,克劳奇(Crouch,1994)表明价格弹性部分取决于旅行的时长:与长途旅行相比,短途旅行的价格弹性略高(平均为-0.6),而长途旅行的价格弹性较低(平均为-0.48)。* 这些差异可能部分反映出游客对更远的目的地的价格不太敏感,或者仅仅是因为游客认为更远的目的地更具吸引力,因此对这些目的地的价格变化不太敏感。

大多数实证研究侧重于收入和/或价格弹性,但也有一些证据是关于旅行者对其他因素的敏感度。在汇率弹性方面,不同地区和研究之间的差异

---

① 这里提到的地区是指出发地区。克劳奇(Crouch,1995:112)还报告了目的地区的结果。

* 这里比较的是绝对值。——译者注

较小，克劳奇(Crouch，1994)估计的平均弹性约为-1.0(汇率以旅客来源国家货币单位与目的地国货币单位的比率表示)。有证据表明，与前往南欧和地中海地区的游客相比，前往北欧的游客对汇率的敏感度明显降低。根据克劳奇(Crouch，1994)的研究，北美游客和大洋洲游客对交通成本最敏感，其平均弹性分别为-1.52和-1.46。来自北欧和亚洲发达经济体的游客似乎对交通成本最不敏感，这可能是因为北欧游客的国际旅行距离相对较短(但并不清楚日本和其他亚洲发达经济体游客交通成本弹性较低的原因)。科斯塔(Costa，1997)发现，美国人的娱乐支出弹性在20世纪初约为2.0，在20世纪末减少了一半。她将这种变化归因于娱乐价格、公共娱乐产品投资下降和收入水平上升。

1489

旅游业对经济增长的影响

旅游业是否刺激了国家或地方的经济增长？这是经济史学家应该感兴趣的问题。许多发展中国家和一些发达国家当然也会对这个问题感兴趣。旅游业是不是经济增长的来源？旅游业出口的收入是否像人们认为的制成品或某些农产品出口那样刺激了经济增长？旅游业是否在塑造一些国家或地区的经济中发挥了与19世纪40年代之前美国棉花出口类似的重要作用，正如道格拉斯·诺思(Douglass North)在他的分析中所描述的那样？研究旅游业的学者们已经研究了其中的一些问题，尽管这些研究通常是以政策为导向，并侧重于最近的发展中国家。这些分析往往忽视了旅游产业是如何发展到今天这样的状态，也没有考虑可能实现更快增长的其他途径。

目前已经有100多项研究探讨了旅游业是否会引起经济增长的问题，布里达等人(Brida et al.，2016)调查了其中的95项。其中一些主要研究国家组别，采用了横断面或面板数据分析，但大多数是使用VAR和VECM方法的时间序列分析来进行格兰杰因果关系检验。这些研究的共识是，从长期来看，旅游业带动经济增长的假说在许多不同的国家和地区得到了验证。只有在19个案例中发现经济增长带动了旅游业发展，或者根本不存在格兰杰因果关系。在非洲和中东地区的10个案例中，有7个案例证明了旅游业带动了经济增长;在美洲的 13 个案例中(主要是加勒比海地区、南美洲和中美洲国家),全部是旅游业引领的增长①;在亚洲和太平洋,32 个国家/地区中有 25 个是旅游业引领增长;在欧洲,22 个国家/地区中则有 18 个也是旅游业引领经济增长。在关于国家组别的 16 项研究中,旅游业引领经济增长的假设表现得非常好。只有 1 项涉及 140 个发展中国家的研究未能支持该假设。在其他 11 项研究中,旅游业在研究组别的所有国家的经济增长中都发挥了主导作用,而在 4 项研究中,旅游业至少在研究组别的一些国家中发挥了主导作用。

1490   这些格兰杰因果关系检验为旅游业(尤其是国际旅游业)促进经济增长提供了初步证据。严格来说,这些结果表明旅游业更有可能引起经济增长,而非经济增长促进旅游业出口的增长。换言之,旅游收入的增长先于总收入的增长,而不是一个国家的收入增长先于旅游收入的到来。然而,目前还不清楚应该如何解释这一切。

尽管这些研究将结果表述为与长期经济增长有关,但所涉及的时间长度几乎都短于 50 年,而西蒙·库兹涅茨认为 50 年是阐明一个国家实现现代经济增长所需的时长。绝大部分研究涉及的时长是 27 年,只有 11 个案例涵盖了 40 年或更长时间。此外,这些研究中的许多研究对象是旅游业在国民经济中占据重要地位的国家。②正如布里达等人(Brida et al.,2016:424)所指出的:"……出现了样本偏差,因为被用来检验旅游业引领增长假设(TLGH)的国家都是以高旅游业倾向为特征的目的地,因此旅游部门在这些经济体中的比重足够突出,以至对经济增长产生了积极影响。"

在实质性方面,很少有研究能够超越可能的因果关系方向。一项经常被引用的研究是巴拉格尔和坎塔韦拉的研究,他们使用了西班牙 1975 年至 1997 年的季度数据,对实际国内生产总值与旅游业的实际外汇收入以及实际有效汇率(外部竞争力的代理变量)进行了回归分析。他们发现,通过外汇收入的乘数效应,旅游业对经济增长有很强的正效应。他们估计,"如果

---

① 唯一的美国案例(Tang and Jang,2009)只给出了短期结果,显示经济增长推动了旅游业发展。

② 奥(Oh,2005)认为,当旅游业占国内生产总值比重较小时,我们更有可能看到"因果关系"的转变。

旅游业的外汇收入持续增长率为 5％,则长期国内实际收入的增加率将接近1.5％"(Balaguer and Cantavella-Jordà,2002:881)。政策制定者对这样的前景可能会非常心动,但也存在一些怀疑态度。正如作者所指出的,在他们研究的时期之前(即 1975 年之前),旅游业占西班牙整体收入的比例从未超过5％,这使得它不可能对经济产生如此巨大的影响。此外,他们还发现外部竞争是必不可少的。正是这三个变量的组合,即实际国内生产总值、旅游收入和实际汇率的组合,形成了旅游业与经济增长之间可靠的长期关系。如果去掉实际汇率这一变量,他们发现经济增长和旅游业之间没有协整向量,这似乎表明国际竞争可能是经济增长的一个更为重要的驱动力量。

在对尼加拉瓜旅游业的研究中,贝内加斯和克罗斯(Vanegas and Croes,2007)发现,在 1980 年至 2005 年期间,旅游业出口对经济增长的影响大于咖啡(作为主要农作物)和制成品的出口。具体而言,他们发现,旅游业出口每增加 5％,经济增长将增加 3％。相比之下,咖啡出口对经济增长的影响为2.5％,制成品对经济增长的影响则为 1.6％。另一方面,辛克莱(Sinclair,1998)发现旅游业的乘数效应相当有限,至少对发展中国家来说是如此。她的研究涵盖了 8 个国家,并发现收入乘数从巴哈马的 0.78 到斯里兰卡的1.59 不等,其中只有 3 个国家的乘数超过了 1.0。这似乎主要是因为旅游业的资金是"通过位于工业化国家并由其所有的旅游经营者将资金输入发展中国家的……"(Sinclair,1998:29)。①相比之下,较发达经济体的收入乘数估计值通常较高。例如,辛克莱指出英国的收入乘数估计值为 1.7(基于Richards,1972)。

一个更基本的问题是,旅游出口是如何刺激经济增长的? 其传导机制是什么? 尽管来自国际游客的收入是无形产品的出口,但它们可以产生与农产品或制成品等有形产品出口一样的效果,即产生外汇,使一个国家能够进口更多的东西,特别是资本货物(见 Balaguer and Cantavella-Jordà,2002)。②提供旅游服务的当地企业可能会因为与其他旅游目的地的竞争而变得更有效率。而旅游贸易可能为当地企业提供利用规模经济的机会(参见 McKinnon,

1491

---

① 她还指出,旅游业通常会对基础设施或其他旅游业促进的活动产生巨大成本。
② 马歇尔计划承认这种可能性,即作为帮助战后国家在二战后恢复的一种方式。

1964；Krueger，1980；Bhagwati，1988）。其他可能不太被广泛接受的影响是，旅游业可能会刺激对新基础设施的投资（如机场、道路和酒店），以及对人力资本的投资，增加知识和专业服务（Sakai，2009；Blake et al.，2006）。正如马罗库和帕奇（Marrocu and Paci，2011）所指出的，旅游业可以提高区域全要素生产率，因为它是信息跨边界流动的一种方式。

卡波等人（Capo et al.，2007）使用索洛增长模型来估计巴利阿里群岛和加那利群岛的增长来源，这两个地方是西班牙的主要旅游胜地。1965 年至2000 年，这两地经济增长的速度都超过了全国，加那利群岛的增长速度整整高了 1 个百分点，而巴利阿里群岛的增长速度则高了约 0.75 个百分点，这表明旅游业对整个国家的增长作出了贡献。但他们的研究结果也显示，在这35 年中，产出增长的主要来源是资本增长，这解释了巴利阿里群岛 41％的增长，以及加那利群岛 57％的增长，而生产率（即索洛剩余）解释了巴利阿里群岛 25％的增长，加那利群岛 18％的增长。更值得注意的是，在 35 年间，生产力进步初期对产出增长的贡献比末期更大。在最后 5 年，巴利阿里群岛的生产力进步值为负，加那利群岛的生产力进步值为零。他们将这归因于这些岛屿未能对长期增长的决定性因素进行投资。[1]这些岛屿没有旅游产业，也无需向促进生产力提高的创新或人力资本投资，结果是随着时间的推移，它们的经济增长相对于那些进行了此类投资的地区而言逐渐减缓。

另一个问题是，旅游业的增长对其他行业有什么影响？旅游业的增长是否排挤了其他行业的投资和增长？这个问题在可计算一般均衡模型中已经得到解决，它被越来越多地用于旅游研究中。该模型最常被用来研究经济影响，如恐怖袭击或奥运会等特殊事件的影响（参见 Dwyer，2015），但它们也被用于评估旅游需求变化对国家经济的净影响，如澳大利亚、斐济和新加坡（Adams and Parmenter，1995；Narayan，2004；Meng，2014）。一般的研究结果是，由于旅游需求增加导致国家货币升值，与旅游相关产业增长所带来的收益被其他产业的损失所抵消，如非旅游业相关的出口。正如德怀尔

---

[1]　这个结果让人想起诺思（North，1961）关于美国经济增长的故事。出口收入成为美国南方的收入，但这些收入被用来购买西部的食品以及北方的制成品和服务，从而刺激了全国其他地区的经济增长和发展，但并没有刺激出口地区的发展。

所总结的那样,"除非旅游相关产业的产能严重过剩,否则整个经济范围内的入境旅游扩张的主要影响是改变经济的产业结构,而不是产生总体经济活动的大幅增长"(Dwyer,2015:115)。这将表明,旅游业可能不像格兰杰因果关系或投入产出模型所暗示的那样是经济发展的关键。

同时,旅游业可以处于这一过程中的另一端。福赛思等人(Forsyth et al.,2014)使用可计算一般均衡评估(CGE)研究了2004年至2011年矿业出口繁荣对澳大利亚旅游业的影响。他们发现,矿业出口的激增导致澳大利亚遭受"荷兰病"的困扰,表现为旅游部门的增长放缓。矿业繁荣导致了澳元的升值,这导致游客人数减少,以及出境旅游的增加,这两者都导致了澳大利亚国内旅游业增长放缓,而这种负向影响并没有被矿业繁荣所带来的正向收入影响完全抵消。

海滨度假地的经济史

旅游业可能起源于壮游,甚至可以追溯到更早的朝圣之旅或古希腊和罗马人的旅行。但直到18世纪,我们现在所认为的那种旅游方式才正式出现,即使还没有普及开来。当时的旅游主要是去温泉疗养和海滨度假。在18世纪,许多地方的人们会前去温泉疗养,甚至在殖民地时期的美国也是如此。但在英国,人们更愿意前往海滨旅游。英国是这种海滨旅游类型的典型代表,也是其他地方海滨旅游的先驱。尽管出现了其他竞争性的海滨度假胜地,这些竞争者首先在18世纪末出现在法国和低地国家,随后在19世纪初出现在法国其他地区、德国北部、斯堪的纳维亚和西班牙大西洋沿岸,以及在19世纪晚期出现在意大利的一些地方,但就整体而言,英国的海滨度假地繁荣了大约两个世纪,而且至今仍在运营。然而,如今更受欢迎的是地中海地区的海滨度假地。这不仅仅是因为游客更喜欢温暖气候,也是因为交通的改善和几百年前就在英国出现的海滨度假地的类型和特征,以及英国度假胜地对地中海地区大量旅游目的地的竞争所作出的反应。

通过对传统英国海滨度假地向西班牙和其他地方的大规模旅游胜地进行转变的这段历史进行计量史学研究,可以从中发现其他行业发展所要面

1493

临的共同问题。迄今为止，学者们已经对旅游业的度量进行了评估，也评估了可用数据，并编制了相关的统计数据。虽然这些是我们理解度假行业转变的重大进展，但计量史学家们仍然可以做许多事情。如量化评估各类影响海滨度假行业增长和分布因素的相对重要性。关于各海滨度假地的历史和制度特征如何影响对收入变化、交通成本和酒店价格变化的响应方式这一问题，还有必要进行进一步的研究。

这一特定旅游业的发展存在着路径依赖因素，而这些因素可能无法完全通过价格和旅游流量的数据来解释。在这些不同的度假地区，经济主体和当地政府所作出的某些决策似乎产生了比预期更为深远的影响。当然度假业并不是唯一一个由路径依赖塑造的旅游产业。更好地理解这一特定行业发展的广泛背景将有助于分析其他旅游产业的历史。同时，这种分析也是对本章前文描述的更加技术化的统计分析方法的补充。

最早的英国海滨度假地，如英格兰南部的布赖顿（Brighton）、马盖特（Margate）和韦茅斯（Weymouth），以及北部的惠特比（Whitby）和斯卡伯勒（Scarborough），在 18 世纪开始吸引贵族客户。19 世纪初，如托尔坎（Torquay）和伯恩茅斯（Bournemouth）等中上阶层的度假胜地相继建立。而到了 19 世纪末，由于铁路系统的扩张以及为了给工人阶级和一日游的游客提供服务，度假胜地和游客数量迅速增长，其中，最著名的可能是布莱克浦（Blackpool）和黑斯廷斯（Hastings）。但到了 20 世纪初，几乎每个英格兰和威尔士的沿海地区都涌现出了度假胜地。除了第一次世界大战、大萧条和第二次世界大战的干扰之外，该行业在 20 世纪 70 年代初继续迅速增长，尽管并非所有海滨度假地都表现良好（Walton，1997：24）。

直到 1974 年，海滨度假仍然是英国国内最受欢迎的度假形式，这是英国人在国内度假所有类型（而不仅仅是海滨度假）的顶峰（超过 4 050 万人次度假四晚及以上）（Demetriadi，1997）。只有在 20 世纪 70 年代的某个时候，由于英国以外地区海滨度假地的国际竞争以及英国国内外其他旅游类型的竞争，英国海滨度假才出现衰落。从那时起，英国海滨度假业向其他地区（尤其是地中海地区）的转移才可能是一个引人注目的经济变化，就像 19 世纪末纺织工业从新英格兰地区转移到美国南部一样。

自 20 世纪 60 年代，英国游客大量涌向其他欧洲旅游目的地，首先是地

1494

中海海滨地区,尤其是西班牙,然后是阿尔卑斯山的冬季度假地,这两个旅游目的地都是为了大规模消费而进行包装和打造的。①在 20 世纪 80 年代,一些英国人开始前往更远的地方,如佛罗里达、澳大利亚、泰国和冈比亚,但欧洲仍然是最受英国居民欢迎的国际旅游目的地。这种国际旅游给英国海滨度假地带来了问题,因为来到英国的外国游客虽然数量增加(1967 年为400 万人,而 1992 年为 1 660 万人),但他们来英国主要是为了欣赏传统风景和文化旅游,尤其是前往伦敦的城市旅游,1992 年有 54% 的外国游客选择去伦敦旅游(Williams and Shaw,1997)。

尽管上述故事听起来合理,但它尚未得到统计数据和分析的充分记录。这是有关各地旅游的历史研究所普遍存在的问题,即缺少合适的数据,哪怕是像游客数量这种最基本的变量。

《英国海岸度假地的兴衰》(Shaw and Williams,1997)一书描述了数据问题以及对解决这些问题的努力尝试。由于缺乏数据以及对一些现有数据的不满意,该书对不同时期英国度假地的旅游业进行了测量:对 1900—1950 年间的数据通过海滨城镇的常住人口来进行测量。对 1950—1974 年间的数据,通过度过四晚或更长假期的人口数量进行测量。而在 1974 年之后的下降趋势,则是通过在度假地度过的假期夜晚的人口数量进行追踪。而对于地中海地区的情况,《海边欧洲》(Segreto et al.,2009)的编辑们则认为,之所以没有对整个地中海地区的旅游业进行研究,主要是因为缺少统计数据。"本书的目标就是填补这一空白",并且他们在一定程度上成功地实现了这一目标(Segreto et al.,2009:2)。

约翰·沃尔顿(John Walton,1997)在关于 1900—1950 年间英国海滨旅游的著作中认为,没有关于访客数量的可靠证据,并且获取这些数据需要对当地资料进行大量研究,而这些资料可能不太可靠。沃尔顿对 20 世纪 30 年代个别度假地给出的估计数据持怀疑态度,并且他选择使用度假地城镇的常住人口普查数据而非访客数量数据,尽管他也意识到普查数据存在问题。

居民人口数据显示英国海滨度假产业在 20 世纪初已经发展较为成熟。

---

① 英国旅游业的国际化始于上一个十年,首个包机套餐旅游目的地是科西嘉岛(Williams and Shaw,1997:3)。

在 1881—1911 年的人口普查期内,海滨度假地的淡季(常住)人口大约增长60%,占英格兰和威尔士总人口的 4.5%,这一占比在 1931 年上升至 5%,1951 年达到 5.7%(Shaw and Williams,1997;更多信息见 Walton,1983)。沃尔顿的分析集中在样本度假地的人口变化上。沃尔顿对样本的选择是根据声誉和广告知名度"而不是根据更严格的'科学'标准",并排除了那些存在严重边界变化问题的度假地。最终,沃尔顿选择了 116 个最突出的度假地作为样本。他从两个方面考察了这些度假地的表现,即旅游人口的绝对增加数和人口增长的百分比。

1495

根据旅游人口的统计数据,像布赖顿、伯恩茅斯和布莱克浦这样大型的、成熟的度假地人数大幅增加,并保持其优势地位。需要注意的例外是大雅茅斯(Great Yarmouth)、多佛(Dover)和黑斯廷斯,这些地方的人数出现下降或仅小幅增长。在人口增长方面,增长最快的度假地起初规模较小,并因度假屋和度假营地的发展而得到推动。这些地方吸引了来自东伦敦的度假者,他们无法负担去更成熟的度假地度假,同时吸引了波希米亚和艺术中产阶级以及越来越多的整年居住在度假地的老年人。

最终,沃尔顿认识到,人口增长不能成为衡量所有海滨度假地成功与否的标准。人口普查数据显示,到 1951 年,一些规模较小的地方,如格兰奇奥沃桑茨(Grange-over-Sands)和莱姆里杰斯(Lyme Regis),由于其气候优势而成为成功的度假地,但它们选择继续保持小规模。当地政府和土地所有者限制发展并阻止娱乐活动。其他一些地方人口增长缓慢,但保留了其建筑设施和花园的地方,在其他方面取得了成功。例如,伊斯特本(Eastbourne)1950 年的人均零售支出排名第五。然而,像托尔坎虽然发展迅速,但在这个过程中,其市场定位在下降。各度假地的目标函数差异给分析任何国家旅游增长的原因及其后果带来了挑战。

沃尔顿认为,无论使用哪种旅游增长的衡量标准,其增长的原因在很大程度上是相同的。重要的是要有适宜的增长条件,其中包括"对不断扩张的大众市场持欢迎态度,如对度假小区和度假营的开放"(Walton,1997:38)。那些试图维护高"社会格调"的度假区没有增长,是因为它们不能或不愿意向下调整市场定位,同时它们传统的上层阶级的游客被吸引到国外。交通便利性对于吸引游客和促进居住人口的增长至关重要。而在两次世界大战之前的时期,海滨度假和退休则是非常重要的旅游增长因素。无论增长的原因是什么,到 1951 年,海滨度假业已经从第二次世界大战中恢复过来。

1950 年到 1974 年这段时期被称为海滨度假地的黄金时期,尽管这个称呼可能更适合于 20 世纪 50 年代的那十年。在那十年间,英国处于充分就业状态,海滨度假地几乎没有来自国内外的竞争,并且 20 世纪 50 年代是第一个完全受《带薪休假法案》(Holidays with Pay Act)影响的十年(Demetriadi,1997)。那个时期仍是铁路旅行的时代,而非拥有私人汽车的时代,因此现有的度假地仍然像以前一样方便和受欢迎。①英国国内旅游在第二次世界大战后继续增长,直至 1974 年,其中部分是因为第二次和第三次假期的增加。从长远来看,这对长期居住在海滨度假地的人来说并不是一个好现象(Demetriadi,1997)。

1496

从英国到西班牙海滨度假地的转变

尽管在 20 世纪 60 年代和 20 世纪 70 年代初,英国居民在国内度假的次数不断增加,但英国海滨度假业却面临着自身问题以及其他地方新兴的、更潮流的海滨度假地的竞争,特别是吸引了大量英国游客的地中海地区。到 1969 年,西班牙成为英国人海外旅游最主要的目的地,吸引了 32% 的英国游客(Demetriadi,1997)。并且这种转变仍在继续,从 1970 年到 1993 年,前往西班牙的英国游客平均每年增长 4.5%。

有许多因素导致英国国内海滨度假业的衰落。库珀(Cooper,1997)指出了第二次世界大战后英国度假地所面临的 20 个威胁,但他没有包括基本的经济变量,如汇率变化,而这通常是计量史学家所关注的因素。②那么,是什么导致了海滨度假者转向海外目的地? 这种转变是反映了英国国内企业家在海滨度假业的失败,还是地中海地区的企业家更有远见、技能和判断? 这是不是航空交通改善的结果,突然使前往地中海变得更加方便,或者至少与前往当地海滨度假地相比交通更加便捷? 还是正如许多人所断言的那样,由于引入了全包式旅游,利用了航空交通的改善(特别是喷气式飞机的

① 随着汽车拥有量的增加和道路的改善,游客不再局限于火车站附近的度假地。
② 在关于英国海滨度假地向西班牙度假地转移的讨论中,品位变化的影响很大程度上被忽视了。有关文化变化影响的讨论,请参阅 Urry,1997。

引入），所以旅行不仅更快速，而且更便宜（Lyth，2009）？

第二次世界大战后成立的独立航空公司在定期航空公司没有提供服务的航线上飞行，并提供其他航空服务。由于独立航空公司可以轻松从战后剩余的物资中获得飞机，而且在 20 世纪 50 年代的大部分时间里，它们获得了政府合同的补贴，用于运送军队前往战区，尤其是前往朝鲜，因此独立航空公司蓬勃发展。1965 年，航空公司相关法规发生改变，这给了独立航空公司更多的自由来与定期航空公司开展竞争，并且独立航空公司抓住了这个机会（Lyth，2009）。英国的独立航空公司比国有航空公司更早意识到航空旅行的需求存在价格弹性，对于旅速更快的航班，旅行者不太关心机上休息的豪华程度，并且为了更低的价格，他们愿意从不太知名的机场出发。旅行社接受了这些独立航空公司和它们的低票价，并与酒店和度假地达成协议，使他们能够提供比在英国更便宜的全包式套餐旅行，以便到西班牙度假（因为比英国境内度假更便宜）。①

但关于包价旅游的重要性及其对英国海滨度假地转型的影响时间仍存在一些疑问。根据德梅特里亚（Demetriadi，1997）的研究，在 20 世纪 70 年代中期之前，英国海滨旅游的衰落并不是因为海外包价旅游的增长。尽管它们已经开始在塑造世界旅游市场方面发挥作用，但直到 1972 年以后，广大民众才负担得起海外包价旅游。海外包价旅游并没有削减英国国内度假地的市场份额，这一点可以从 1965 年到 1970 年间海外旅行仅有小幅增长（75 万），而英国国内旅行却大幅增加（450 万）得到证明。另一方面，库珀（Cooper，1997）则认为，全包式旅游在 1974 年之前的重要性可能比德梅特里亚所说的更为重要。但无论如何，它们都是导致 1974 年之后英国海滨度假地衰退的关键因素之一。

关于包价旅游的价格的证据（Lyth，2009）在一定程度上支持了库珀的观点，即在 1974 年之前，包价旅游可能更加重要，但同时对在 1974 年或 1975 年之后的影响提出了疑问。从 1966 年到 1972 年，包价旅游的名义价格上涨了约 10%，通货膨胀调整后，实际价格下降了约 5%，尤其是从 1971 年到 1972 年下降了很多。然而，从 1973 年到 1977 年，包价旅游价格上升了：名义价格上升了一

---

① 全包式旅游也是规避货币汇款限额的一种方式。

倍多,实际价格也上升了27%。因此,在其他条件相同的情况下,包价旅游价格在1974年之前对旅行增加方面的影响应该比之后更大。

价格并不是唯一的考虑因素。还有其他变量,例如汇率变化、收入增加以及假期增加。这些因素都会增加对各种形式的旅游的需求,包括英国国内和海外旅游、海滨旅游以及城市和文化遗产旅游。此外,还有一些供给端的因素也在发挥作用,特别是旅游住宿的可用性和质量。西班牙旅游业是否为应对游客数量的激增做好了准备,是否在旅游需求出现之前就进行了相关旅游建设,而旅行社能否利用这种供给过剩来打造全包式旅游?为什么英国的海滨度假地不能,或者不愿以同样的方式应对大众旅游的兴起?

西班牙旅游业的增长部分可归功于供给端的变化:"多个经济主体之间的互动,包括企业家、酒店集团、国际旅行社、专业和非专业人员、地方、区域和国家政府。"(Manera et al.,2009:6)这些经济主体的性质和风格在不同国家间存在差异,尤其是西班牙(和其他一些地中海国家)与英国(和其他欧洲国家)之间的差异。在英国、法国和德国,具有庞大的官僚和强大财务结构的大型管理企业更为突出;而在西班牙,中型和大型的经济主体集团则更为普遍(Manera et al.,2009)。马内拉等人认为正是这些差异引发了面对需求增加时的不同反应。在西班牙,这些商业集团或协会通过调整旅游供给端,改变基础设施,并建设面向大众旅游的酒店和度假村来应对需求增长。而在英国,海滨旅游的供应商试图通过复制过去非常有吸引力并取得成功的小规模经营来应对需求的增长。这反映了他们在面对来自地中海的竞争时的局限性。

即使在20世纪60年代蓬勃发展期,英国海滨度假地也缺乏高质量的住宿条件。维多利亚时代的老式酒店已经不再时尚,翻新、升级以及供暖和照明在大型老式酒店中都比较昂贵。这导致中上层收入的游客数量逐渐减少(尽管一些度假地是明显的例外),他们越来越多地选择海外旅行,这反过来又促使一些大型酒店被出售或改建为公寓楼。[1]从1961年到1970年,大型

① 请参阅Demetriadi,1997。海滨度假地也受到第二次和第三次度假的兴起的影响,这种度假方式变得更加普遍且更短暂。旅行者越来越多地选择在海外度过长假,并在国内度过较短假期和周末休息时间,而且越来越多的人选择比海滨更容易到达的地点来度过假期(Cooper,1997)。

157

海滨酒店的数量下降了 40%。此外,第二次世界大战为妇女开辟了其他工作机会,因此酒店可用的廉价劳动力减少,早在 20 世纪 50 年代初,《餐饮工资法案》(The Catering Wages Act)就已经提高了工资水平。海滨旅游业在英国国内面临着越来越多来自文化遗迹和城市地区(特别是伦敦)的竞争。

关于英国对旅游需求变化的反应,库珀在很大程度上与马内拉等人持有相同观点,但视角有些不同。由于拥有大量老旧的固定资本,英国国内的度假地几乎没有升级相关设施,而业主无法或不愿意适应 20 世纪 70 年代影响该行业的变化,其部分原因是业务的季节性特征。由于英国的度假季较短,度假酒店似乎不如城市酒店或地中海地区的酒店那样具有投资吸引力。此外,现有的资本存量基本上是小规模的,主要由大量单体酒店组成,它们也没有能力为经营扩张提供资金。

然而无论是英国度假地通过复制小规模酒店和度假地来进行扩张,还是由于某种原因而没有对旅游需求变化作出反应,西班牙的海滨度假地都会从中受益。但库珀进一步认为,英国的出境旅游部门(航空公司和旅行社)更好地应对了因实际收入增加而带来的需求增加。这意味着这些旅游部门需要利用航空旅行的进步,并与更新、更时尚的西班牙酒店和度假地合作,这些西班牙酒店和度假地有许多就是为了吸引大量中低收入的游客而建的(Lyth,2009),而这些游客在此之前已经成为许多英国海滨度假地的支柱。

无论出于什么原因,英国对旅游需求的失败反应与西班牙酒店业的行为形成了鲜明对比,这也许是因为西班牙早期一些海滨旅游业的发展史使得它已经为大众旅游做好了准备。阿利坎特(Alicante)、马拉加(Malaga)和马略卡岛的帕尔马(Palma de Mallorca)在 19 世纪初就已经是著名的度假地,其中阿利坎特还因为 1858 年建立的直达铁路而被称为"马德里的海滩"(Valenzuela,1998:55)。在任何情形下,西班牙现有的酒店业主,特别是马略卡岛的酒店业主,比他们在英国的同行更加灵活地对旅游需求变化作出了反应。他们不仅在马略卡岛扩大规模以增加接待游客的能力,还在其他海滨地区投资酒店,并继续发展成为世界上领先的酒店公司(Serra,2009)。

尽管这段历史表明海滨旅游业从英国大规模转移到了西班牙,并且英国人普遍认为,英国国内的海滨度假地自此以后一直在艰难地挣扎,但现实并不那么令人沮丧。贝蒂和福瑟吉尔（Beatty and Fothergill，2003）发现，在1971年至2001年间，英国海滨城镇的就业和人口增长速度略高于全国平均水平，这一发现回应了沃尔顿的观点，即对于一些海滨城市来说，旅游业是吸引更多常住居民的一种手段。贝蒂和福瑟吉尔（Beatty and Fothergill，2003）无法将旅游业的就业从其他所有行业中分离出来，但贝蒂等人（Beatty et al.，2010）后来的研究做到了这一点，并发现英国海滨城镇的经济在这一时期不仅没有因旅游业的损失而螺旋式下降，反而具有强大的韧性。[1] 该研究着眼于就业，而非访客或居民人口数，并且他们发现从1999年到2007年，每年就业率的增长略高于1％。2007年，英国旅游业仍然是就业的主要来源，其规模与电信业相当，大于汽车工业、航空航天、制药或钢铁业。[2] 他们的结论是，"英国海滨旅游产业远没有因为外国度假业的兴起而最终衰落，该产业的大部分仍然生机勃勃"（Beatty et al.，2010：10）。

美国旅游业经济史

美国旅游业在数量上的重要性不如欧洲或欧洲大部分其他国家，但它在美国经济中并不是一个可以被忽略的部分。2015年，美国旅游业增加值占国内生产总值的2.7％，大于公用事业和采矿业所占的份额（Osborne and Markowitz，2017：4）。[3] 自20世纪90年代初以来，旅游业一直占美国就业的3.5％—4.0％。[4] 消费者对旅游产出的需求相当于消费者在金融服务和保险

1500

---

① 他们说可以将他们的估计技术应用到早期年份，以获得更长的时间序列。

② 旅游业的产出与就业相比较低，这反映了该行业大部分是低薪和兼职工作（Beatty et al.，2010：10）。

③ 对于那些认同道格拉斯·诺思观点，即美国的经济增长是由棉花出口增长来推动的人来说，值得注意的是，这些出口所带来的收入从未超过美国国民生产总值的6％。

④ U.S. Bureau of Economic Analysis，2017，"Travel and Tourism Satellite Account" Sept. 2017，"National Income and Product Accounts：GDP and Personal Income，Section 6".最早的估计数据涵盖了1992年、1996年和1997年[Kass and Okubo，2000：Table 1；以及 Okubo and Planting（1998）对1992年的较早和初步估计]。在1998年至2000年间，该比例上升至4.3％。

方面支出的 90％，几乎是机动车和零部件支出的两倍。①美国人在国内的旅
游消费需求使他们在出境旅游方面的支出相形见绌，并远超国际旅行者对
美国的旅游需求（OECD，2016：Tables 1 and 3）。

　　美国旅游业的重要性经历了很长时间才上升到当前水平。美国旅游业
以及美国人在海外旅行的历史与欧洲相似。起初只有精英阶层才有机会去
旅游，但随着收入增加和交通成本下降，旅行变得越来越普遍，但在早期仍
被视为非同寻常的行为。最终，许多人都负担得起旅行，并且确实去旅行
了，旅游从而成为一种被广泛宣传和大规模生产的产品。然而，由于缺乏可
靠的旅游业历史量化记录，很多问题存在多种观点，例如：美国旅游业（无论
是国内还是国际）何时变得如此重要或规模如此之大，以至于可以被称为
"大众旅游业"？旅游服务何时被商品化？尽管美国国内旅游业的规模远大于
海外旅游业，但后者有着更好的记录，并且其长期趋势的测量也更为可靠。

　　在 19 世纪末，只有大约 10 万美国人到海外旅行，而且都是乘坐蒸汽船。
今天，美国有超过 3 000 万的海外旅行者，几乎全部乘坐飞机旅行。②然而海
外旅行的长期增长并非平稳连续，在战争和经济衰退时期会出现显著下降，
并在 1950 年至 1970 年间出现了显著增长。但在 1820 年至 2000 年间，年平
均增长率约为 5％，增长速度惊人（Dupont and Weiss，2013）。这种长期增长
可以分为两个阶段：在第一次世界大战之前，海外旅行的增长主要由人口增
长所驱动，美国人旅行的比例增长很少；但在第二次世界大战后，旅行由交
通技术的改善和经济因素（如收入增加）所推动，旅游业的增长明显快于人
口增长。③

　　从长期来看，到访美国的海外旅行的速度和时间与美国人到海外旅行的

---

① 　U. S. Bureau of Economic Analysis，2017，"Travel and Tourism Satellite Account"
　　Sept. 2017，"National Income and Product Accounts：Gross Domestic Product Third
　　Quarter 2017"．卫星账户中将消费者对旅游的需求报告为直接旅游产出（direct
　　tourism output）。
② 　请参阅 OECD（2016）中的"美国国家概况"。还有大约 4 000 万人通过陆路前往
　　加拿大和墨西哥。
③ 　这份统计记录仅涵盖了美国人出境旅游的情况，不包括通过陆路到达的地方，主
　　要是加拿大和墨西哥（Carter et al.，2006：Series Dh324）。

情况相似,但在较短的时间段内存在一些明显的差异。而且两者规模也不
同:到访美国的游客数量低于美国人到海外旅行的数量,尤其是在第二次世
界大战之前[参见图 6.1(a)],甚至在二战后,前者的数量在 1973 年之前仍
不及后者的一半。直到 20 世纪 90 年代,到访美国的外国游客数量才等于或
超过美国人到海外旅行的游客数量[参见图 6.1(b)]。

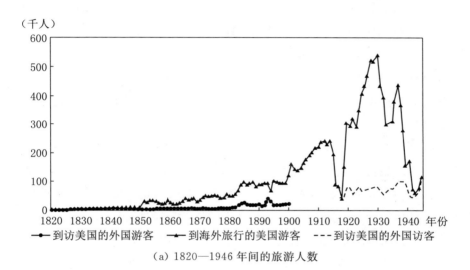

（a）1820—1946 年间的旅游人数

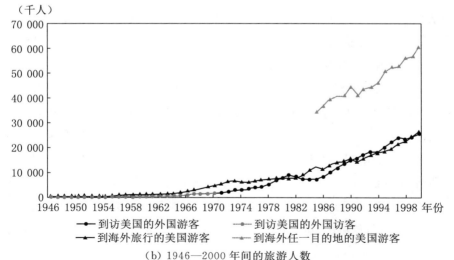

（b）1946—2000 年间的旅游人数

资料来源:Dupont and Weiss,2013；Carter et al.,2006：Dh320,Dh324—326。

图 6.1　美国相关的游客数量

161

　　海外旅行最主要的变化之一是随着交通技术的改善，海外旅行成本大幅度降低。这些改进意味着曾经只有富裕的精英阶层才能享受到的海外旅行，现在也逐渐向美国中产阶级和外国游客开放。最重要的技术转变首先出现在 19 世纪中期，从帆船到蒸汽动力船的转变；大约一个世纪后，又经历了从螺旋桨飞机到喷气式飞机的转变。第一次向蒸汽动力船的技术转变实现了更短的航行时间和更可靠的行程表，二者都降低了乘客的旅行成本。泛美航空在 1958 年发起了 20 世纪中期的技术转变，大力宣传"6 个半小时到欧洲"。在 1950—1970 年间，国际航班的平均旅行速度从每小时 224 英里提高到每小时 482 英里，这种技术转变进一步缩短了旅行时间，尽管时间节省的幅度远不及从帆船到蒸汽船的转变。但只需要 6 个半小时就能够到达欧洲！

　　有两篇论文（Dupont et al.，2011；Dupont and Weiss，2013）试图厘清几个影响海外旅行长期增长因素的相对重要性。从 1820 年到 2000 年，仅人口增长就会导致海外旅行人数每年大约增长 1.9%，这解释了第一次世界大战前海外旅行者数量约 46% 的增长，但只解释了一战后到 2000 年间约 23% 的增长。其余的增长是由于出国旅行人口比例的上升，在 19 世纪初出国旅行人口只占总人口的很小一部分（0.01%—0.02%），但到了 20 世纪初，该比例增加了十多倍，在两次世界大战和大萧条时期有所下降，但自第二次世界大战结束后该比例稳步上升。到 20 世纪末，美国出国旅行人口比例约为 9%，比二战结束时高出 30 倍（Dupont et al.，2011：Table 1）。到 2015 年，约有 7 400 万美国公民（占总人口的 23%）前往国际目的地旅行。

　　海外旅行人口比例上升的主要原因是收入增加、汇率变化、客运票价的变化和技术改进，如 19 世纪后半期从帆船到蒸汽船的转变和一个世纪后喷气动力飞机的出现。实证证据表明，前往欧洲旅行的美国人在一定程度上对所有这些因素都有反应，但对人均收入和旅行价格的变化最为敏感（Dupont et al.，2011）。其他因素也很重要，包括酒店和餐馆的改善、旅游指南的出版、包价旅游的发展以及国外官方旅游办事处的增长，但这些因素难以进行定量分析。

　　与国际旅行的统计证据相比，美国国内旅游的历史在很大程度上依然依赖于轶事，至少在第二次世界大战后的时代如此，在某种程度上说，甚至直到美国经济分析局的卫星账户于 1992 年首次提供估算数据为止。即使学者们深思熟虑地撰写了某些地方的历史，他们也只使用了少数几个说明性的统计数据。基于这类证据，有人声称大众旅游兴起于 19 世纪末（Brown，1995），在两次世界大战之间（Dulles，1965；Jakle，1985）或者直到第二次世界大战后（Cocks，2001）才兴起。韦斯（Weiss，2004）编制了一个粗略的第二次世界大战前的时间序列，表明到 1930 年美国旅游业已经增长到面向许多中等收入人群开放，但还没有成为大众旅游，由于大萧条和第二次世界大战的干扰，美国大众旅游的到来被推迟了 20 年。

1503

　　显然，我们对美国旅游业的兴起缺少基于统计数据的解释。虽然我们对相关因素有合理的解释和识别，但没有定量评估哪些因素更为重要。与其他行业（如农业或金融业）相比，计量史学家们尚未对美国旅游业的增长进行同样程度的研究，尽管这些行业的规模与旅游业相当或者不如旅游业，也没有对消费者行为和支出的其他组成部分（如耐用消费品革命）进行深入研究。如果将计量史学研究分为两个组成部分，即构建新的数据序列和使用统计数据，而非运用轶事和叙述性描述及使用经济模型来分析数据，那么到目前为止，关于美国旅游业的计量史研究则更多地集中在前者。

　　韦斯（Weiss，2004）对第二次世界大战前美国旅游业的调查是上文提到的第一个组成部分的例子，他试图测量游客的增长数量。尽管他的证据有其局限性，仅限于少数几个基准日期，而且研究时期没有延伸到二战之后，但它对美国全国的长期趋势以及 1950 年之前几种不同类型的旅游业和一些具体旅游景点的相对重要性提供了可信的描述。此外，美国全国游客总数的推导过程是明确的，因此其他人可以复制这些结果，并可以在获得新信息后对其进行修订。

　　对于第二次世界大战后的时期，我们可以从联邦和州政府数据获得一些时间序列数据。自 1960 年以来，联邦和州级别政府部门已经对旅行者的支出进行了估算，但这些数据从未被其他学者验证过，也没有被用于任何关于旅游业的长期研究。不同数据估计值之间的一致性尚未确定。然而，可以评估这些不同的数据集是否相互一致，并通过适当的调整，将它们组合成一个非常有用的关于第二次世界大战之后时期的时间序列数据。

可用的数据集

美国人口普查局分别在 1963 年、1967 年、1972 年、1977 年和 1982 年进行了全国旅行调查,作为交通普查的一部分,收集的信息包括旅行次数、旅行里程和离家天数。联邦公路管理局从 1969 年开始进行全国家庭旅行调查,但其中大部分只涵盖了日常旅行,而不是长途旅行。[①]然而,其中有两项调查,即 1995 年进行的美国旅行调查(the American Travel Survey)和 2001 年进行的全国家庭交通调查(the National Household Transportation Survey),涵盖了长途旅行。前者包括在 1995 年进行的 100 英里或以上的旅行,而后者包括在 2001 年进行的 50 英里或以上的旅行。然而,这些旅行调查都没有包括旅行支出,但其中一些数据被美国旅行数据中心用于重建支出情况。

美国旅行数据中心[②]开发了一个旅游经济影响模型,该模型能够利用人口普查局收集的旅行活动数据和从其他资料(如零售贸易普查)获得的每种旅行活动的平均成本(例如按住宿类型计算的每晚费用)来估计游客的支出。[③]旅行数据中心首次进行估算的年份是 1974 年,但直到 1983 年才在《美国统计摘要》中公开发布。从 1983 年到 2001 年,每年都会发布这些数据,只有 1988 年、1991 年、1992 年、1997 年和 2002 年这五年没有发布数据。

在 1982 年以前,各州的机构收集了本州自己的旅行数据,包括旅行支出。其中一些研究是在交通部的主持下进行的。科罗拉多大学的商业研究部定期从各州收集 1960 年至 1982 年的数据,并在 1969 年至 1984 年间每 2—3 年出版一次汇编。虽然大多数州报告了一个或多个年份的数据,但由于不是所有的州都收集了全部年份的数据,所以会有一些数据缺失。例如,加利福尼亚州的数据在 1960—1982 年间大约有一半年份是缺失的。此外,在某些情况下,

---

[①] 调查是在 1969 年、1977 年、1983 年、1990 年、1995 年和 2001 年分别进行的。在第二次调查中,即 1977 年的调查中,长途旅行被纳入,但仅限于在调查前 14 天内进行的 75 英里或更长距离的旅行。

[②] 旅行数据中心成立于 1973 年,现在被称为"美国旅游协会":https://www.ustravel.org/。

[③] 中心的模型规定了 15 个不同的支出类别,例如商业住宿和汽车/卡车成本,以及相关的 SIC 业务类型(Frechtling,1976)。

各州甚至同一州内不同时期的数据一致性也存在问题。例如,新泽西州在1972 年报告其支出仅为 7.78 亿美元,但两年后却达到了 35 亿美元。

数据含义

如果我们以原始形式使用这些数据,即我们忽略州级数据的不一致性,并将这些数据视为可与 1983 年之后的数据进行比较,那么这些数据显示了几个值得注意的问题。按名义价值计算,美国全国的旅游支出增长非常显著,但在不变价格计算下则增长较少。在 1960—2003 年间,旅游支出的年均增长率为 8.2％,但按 1982—1984 年的不变价格计算,每年仅有 3.7％的增长率。几乎所有的人均实际支出增长发生在 1983 年之前(见表 6.1)。[①]在 1960—2003 年间,以不变价格计算的人均支出(以 1982—1984 年间的支出水平定为基数 100)增加了 603 美元,年平均增长率为 2.5％。在 1983—2003 年间,即在旅行中心的估计数据可获得的时期内,人均支出仅增加了 62 美元。1983—2003 年间旅游支出数据有起伏,但年增长率仅为 0.35％。

表 6.1　美国旅游支出及增长率

	名义值 (百万美元)	实际值 (百万美元)	人均实际支出 (美元)
1960 年	16 580	56 015	314
1967 年	25 747	77 088	395
1983 年	197 597	198 393	855
2003 年	490 870	266 777	917
年平均变化率(％)			
1960—1983 年	11.38	5.65	4.45
1960—1967 年	6.49	4.67	3.33
1967—1983 年	13.58	6.09	4.94
1983—2003 年	4.65	1.49	0.35
1960—2003 年	8.20	3.70	2.52

注:人均支出是指居民人口而非游客数量。实际支出以 1982—1984 年的价格计算。

---

① 这一时期的全国总数每年所包含的州都不相同,但即使对于这些年份缺失的州给出足够津贴,这一时期的支出增加幅度也大于 1983 年以后的时期。

随着支出的增长,各州之间旅游支出的重要性排名也有了明显变化。例如,如今位居榜首的加利福尼亚州在 20 世纪 60 年代仅排在第七名,而 20 世纪 60 年代排名第一的佛罗里达州在 1983 年时就已经滑落到加利福尼亚州之后。另外值得注意的是,常被视为首要旅游目的地的夏威夷从未进入前十名。事实上,虽然夏威夷的重要性在 20 世纪 60 年代至 1983 年间有所上升,从第 34 位上升到第 27 位,但随后排名又下降。①

关于美国国内旅游业崛起的解释

也许并不令人意外的是,目前尚未有任何计量史研究来解释整个美国旅游业的崛起。旅游业仅占美国国内生产总值的 3％—4％,而且旅游业并不是一个以技术突破著称的行业,而技术突破可能对其他行业的生产力具有溢出效应。然而,对于那些旅游业相对更为重要的州和城市来说,这些问题更具吸引力。例如,佛罗里达和夏威夷等州,奥兰多和拉斯维加斯等城市,以及尼亚加拉大瀑布和大峡谷等具体景点。即使在这个层面上,相关历史分析也不具备计量史研究的性质,尽管在许多情况下,反事实分析是非常合适的,它包含巨大的信息量。夏威夷旅游业的历史提供了一个极好的案例研究,我们可以将其称为近似计量史分析。

夏威夷旅游业的历史

1506   夏威夷是世界上评价最高的旅游目的地之一。尽管夏威夷现在看起来很有吸引力,但如果没有交通创新,特别是喷气式飞机,其旅游业不可能达到目前的高度。如果没有为农业市场提供服务而建立起来的基础设施,夏威夷旅游业也可能不会如此成功或顺利。夏威夷早期能在吸引和接待旅客方面获得一些成功,并为后来的旅游增长奠定基础,这要归功于它位于从北美到亚洲和澳大利亚的主要航线上。私营部门可能在其中发挥了主导作用,但政府在塑造经济发展方向、旅游业管理程度方面发挥了积极作用,并且早在 1976 年政府就开始关注"可持续的旅游业",远早于 1992 年对该概念的定义(Mak,2008)。

---

① 由于篇幅限制,无法包含一个更详细的可以显示随时间变化的各州排名的表格。

　　也许是因为政府很早就参与了夏威夷旅游业的发展,或因为夏威夷是一个能够更容易监测和衡量其经济活动的岛屿经济体,因此我们可以找到与夏威夷旅游业相关的历史统计数据。1911 年左右夏威夷促进委员会(Hawaii Promotion Committee)开始进行数据收集,该委员会由檀香山商会于 1903 年成立,旨在促进夏威夷旅游业发展。它的继任组织包括夏威夷旅游局(Hawaii Tourist Bureau, 1919)、夏威夷游客局(Hawaii Visitors Bureau, 1945)以及最终的夏威夷观光旅游局(Hawaii Visitors and Convention Bureau, 1997),它们继续进行数据收集工作,其数据被认为是"世界上最好的旅游统计数据"①(Mak,2008:111)。此外,罗伯特·施米特在 1977 年编制了《夏威夷历史统计》(*Historical Statistics of Hawaii*),与《美国历史统计》(*Historical Statistics of the United States*)相对应,涵盖了相同的人口、经济和社会主题。编制者通过讨论每个主题类别统计数据的发展情况,并提供相关定义、注释和来源,以及参考适当的出版资料,将这些数据表格补充完整。人们可以找到 1778—1779 年的人口估计、1832—1976 年的年度数据、1910—1975 年的主要出口行业(糖、菠萝、国防和旅游)的收入、1939—1975 年州内生产总值的年度数据以及 1922—1975 年的年度游客到达数量。此外,许多这些数据以及其他时间序列和更多最新统计数据都可以在夏威夷州政府的网站(http://dbedt.hawaii.gov/)上获得。

　　这些数据揭示了几个值得注意的问题。夏威夷一直以来都严重依赖出口(参见图 6.2)。在第二次世界大战前夕,夏威夷的四个主要出口产品(即菠萝、糖、国防和游客支出)的产值相当于该州总产值的 50%—60%,这种依赖性表明夏威夷很可能会不断寻找能够产生出口收入的商品和服务。尽管当时游客支出是其中最小的部分,约占总产值的 5%,但夏威夷具有利于其扩张的条件。第二次世界大战后不久,夏威夷旅游业开始扩张。游客人数的增长在 20 世纪 80 年代一直相当快,在 20 世纪 90 年代和 21 世纪初期停滞不前,但自 2010 年以来又经历了一次增长高峰(参见图 6.3)。游客支出的价值在战争期间下降到零,然后上升到夏威夷总产值的 30% 左右,是战前

1507

---

①　在 1998 年,观光旅游局的研究职能被移交给了该州的商业、经济发展和旅游部门(Mak,2008)。

四大出口中唯一至今仍具有重要性的出口(参见图6.2)。

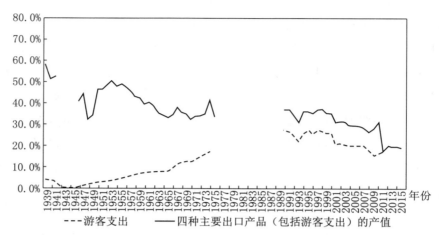

注:游客支出包括来自美国大陆的旅行者的支出,因此总额不是国际账户中显示的价值。主要出口产品包括糖、菠萝、国防和游客支出。
资料来源:Mak,2015:Table 1,http://dbedt.hawaii.gov/economic/databook/db2016/。

图6.2　1939—2015年间夏威夷州主要出口产品占总支出的份额

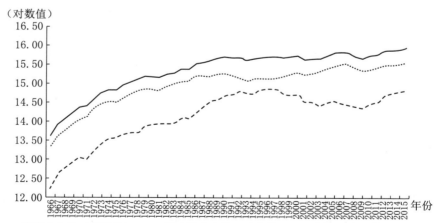

注:国内游客是指来自美国大陆的游客。国际游客主要来自日本。
资料来源:Mak,2015:Table 1;Schmitt,1977:Table 11.7。

图6.3　1966—2015年间夏威夷州游客人数(对数值)

这些历史数据已经被经济史学家用来解释旅游业的兴起、近20年的停滞、政府的作用以及旅游业对当地经济和人口的影响。虽然这些分析不是纯粹的计量史研究,但学者们在很大程度上依赖统计数据,并且至少是隐晦地使用经济模型来解释夏威夷旅游业历史的主要模式。

根据詹姆斯·马克(James Mak,2008)的论述,夏威夷旅游业基本上是第二次世界大战后才兴起的。早期前往夏威夷的旅行者主要是水手,游客很少,其中大部分人只是路过。可以说,夏威夷的旅游业始于1867年,当时夏威夷和美国大陆之间开始了定期的蒸汽船航线。随着蒸汽船服务的改善,夏威夷有限的旅游增长一直持续到19世纪末;虽然人们仍然需要乘坐货船,但它更频繁、更舒适、更快捷。直到1927年,第一艘客船"马洛洛"号(Malolo)才首航,它能够容纳650人。泛美航空的服务始于1936年,但仅可搭载7名乘客,票价为356美元。尽管有了固定班机,但直到第二次世界大战结束很久之后,大多数游客才乘船只抵达夏威夷。战争使得夏威夷的旅游业出现停滞,直到战后一年多时间才恢复正常。美联航在1947年推出了比泛美航空更快、更便宜的DC-4客机,票价仅225美元。1948年,西北航空开始了从西雅图和波特兰到夏威夷的航班。

1508

所有这些事件只是夏威夷即将到来的旅游繁荣的前奏,为1959年夏威夷建州后大众旅游业的发展奠定了基础。例如,在19世纪60年代末旅游业出现后,当私人资本对投资一流的酒店不感兴趣时,夏威夷酋长却愿意进行这类投资,他们在檀香山市中心建造了夏威夷酒店。该酒店于1872年竣工。不久之后,他们在威基基(Waikiki)地区建造了一个小型的附属酒店,并于1894年进行扩建,使其成为夏威夷群岛上第一家大型海滩酒店(Mak,2008)。在建州之前,住宿似乎并没有成为制约夏威夷旅游业发展的因素。游客数量从19世纪80年代约2 000人增长到1922年约9 676人(Schmitt,1977:Table 11.7)。虽然这种增长可能没有推动夏威夷经济的发展,但它表明政府可以在发展旅游业方面发挥作用。

随着1959年夏威夷建州,航空公司运力增加、机票价格下降,"从美国大陆前往夏威夷旅行的游客数量大幅增加"(Mak,2008:16)。1959年,泛美航空开始提供喷气式客机服务,到了20世纪60年代中期,几乎所有的螺旋桨飞机都被喷气式飞机取代,旅行时间从几天(乘船旅行)缩短到5小时左右。在20世纪60年代,民航局规定的机票价格下降了46%,其中大部分

1509 票价下降是发生在 1960—1965 年间。然而,尽管有了这些有利条件,但有点令人惊讶的是建州前 10 年和建州后 10 年的游客抵达数量的增长率基本相同。①那么,在 1959 年之后,机票价格下降、航空公司运力增加以及美国实际收入增加对夏威夷旅游业的影响到底是什么? 为什么旅游业在 20 世纪 60 年代没有加速增长,而是延续了相同的趋势? 旅游业的增长是否受到了其他因素的制约,例如岛屿上的供应限制? 这些问题似乎适合进行反事实分析,但经济史学家们并没能够回答这些问题。

交通的改善继续促进夏威夷旅游业的发展。1969 年,美国民航委员会允许另外 5 家客运航空公司从美国大陆飞往夏威夷,这意味着更多的城市可以直接或转机到达夏威夷。1970 年,泛美航空推出了波音 747 巨型喷气式客机,虽然仍需要 5 个小时的飞行时间,但可以搭载更多乘客。而在 20 世纪 70 年代末,航空业解除管制,这导致机票价格进一步下降,特别是长途航线和休闲旅行航班的价格。

夏威夷的年游客量从 1959 年的 24.2 万人上升到 1990 年的 670 万人,其部分原因是日本游客从 20 世纪 60 年代末开始大量增加。这种激增是由于日本直到 1964 年才放松出境旅游的禁令,以及放松对海外消费额度的限制(Mak,2008)。一旦限制解除,条件就对夏威夷旅游业非常有利。大型喷气式客机已于 1970 年开始引入,全包式旅游的出现就是为了专门利用这种机型的运力。随着日本贸易顺差的增加,日元升值,旅行费用更加便宜。

除了 1993—1994 年出现下滑外,日本游客的到访量一直持续增加,直到 1997 年。然而,整个 20 世纪 90 年代,夏威夷旅游业都面临困境。正如格兰迪(Grandy,2002:40)所述,从 1991 年开始,"西行游客的到访量已经跌至谷底",即来自美国本土的游客数跌至谷底(另见 Grandy,2002:Fig. 12,p.22)。正当美国本土游客到访量在 20 世纪 90 年代末开始回升的时候,日本游客到访量却在 1997—2003 年间出现了下降,马克(Mak,2008:23)将这

---

① 参阅 Mak,2008。在正式建州之前的 10 年中,即 1949—1959 年,夏威夷的年增长率为 22%,而在建州后的 10 年中,即 1959—1969 年,年增长率为 20%[根据施米特研究(Schmitt,1977:273—274,Table 11.7)中的数据计算]。

一现象描述为"有点神秘"。总的来说,20世纪90年代是一个困难时期,这源于一系列事件——1991年第一次海湾战争,日本泡沫破裂,美国(尤其是加利福尼亚州)经济衰退。然后,1992年9月伊尼基飓风袭击了夏威夷,各航空公司对美国大陆航班的价格战使得飞往夏威夷的航班相对更加昂贵。最后,1997—1998年的亚洲金融危机抑制了旅游需求。

夏威夷旅游业的衰退也许还有其他原因:威基基变得破旧且需要翻新,而其他目的地(日本、澳大利亚、新西兰和加拿大)变得更具竞争力,并减少了夏威夷在旅游市场中的份额。21世纪伊始,随着2001年对世贸中心的恐怖袭击和2003年的亚洲"非典"疫情的发生,夏威夷旅游业情况并没有出现好转。但在"9·11"事件初始冲击之后,可能得益于美国人对出国旅行的恐惧,夏威夷旅游业在2003年之后显示出复苏迹象(Mak,2008)。

1510

20世纪50年代和60年代的游客高速增长似乎促进了夏威夷当时的经济增长。1959年,夏威夷人均收入比全国平均水平低20%。到1970年,其人均收入与全国平均水平持平,并且根据马克(Mak,2008:30)的说法,"……这种趋同主要是由于夏威夷旅游业的超常增长"[1]。在这段高速增长时期开始时,夏威夷旅游业占四大出口产业的16%,但到了1970年,它的占比已增加到38%。在此期间,游客支出增长了400%。如果坚持出口驱动的经济增长模式,对夏威夷旅游业的影响无疑是巨大的。

20世纪60年代夏威夷旅游业的快速增长导致了一些居民和政治家的质疑,他们开始怀疑无限制的旅游业增长是否对夏威夷有益。即使在刚刚开始经历旅游业增长的毛伊岛(Maui),人们也担心旅游业可能会"破坏毛伊岛的魅力和美丽"(Blackford,2001:24)。尽管游客到访量每年只增长8.8%,但在20世纪70年代,当地出现了进一步的不满情绪。由一个公益组织编写的《巴比报告》(Babbie Report)试图证明,旅游业的增长以及由此带来的居民人口增长导致了生活质量的下降(Babbie,1972)。该报告进一步提出,只有通过遏制人口流入(这意味着就业增长停滞,也意味着旅游业增长的停滞),生活质量才能稳定(Mak,2008)。还有人认为,增长过快会削弱阿

---

[1] 该比较使用了当前价格产出值,暗含了夏威夷的价格上涨率与美国相同的假设。

罗哈精神＊,这将大幅减少群岛的旅游。

　　到了 20 世纪 80 年代,人们开始进一步担忧夏威夷的经济过度依赖旅游业。为了解决这个问题,他们采取各种应对措施,包括创建毛伊岛经济发展委员会,该委员会负责通过吸引高科技公司到该地区发展来试图创造一个更加多元化的经济,并同时促进农业多元化(Blackford,2001)。尽管在高科技企业上投资了近 5 000 万美元,但这些计划都没有取得很好的效果,至少到 20 世纪末还没有。夏威夷的另一项努力是由州规划办公室制定的一项政策,要求开发商每建造一个酒店房间,就必须创造一个与旅游无关的就业岗位,但马克认为这项政策对旅游业的发展影响不大。①正如上文所述,由于其他事件的影响,旅游业增长放缓,这可能使这个政策变得无关紧要。

　　尽管夏威夷为使经济多元化作出了各种努力,20 世纪 90 年代,游客到访量持续放缓,但在 20 世纪 90 年代末,旅游业仍然是夏威夷最主要的出口产业。旅游业的规模接近 100 亿美元,是其他三个主要出口产业规模的 2.5 倍,相当于夏威夷州内生产总值的 35％。鉴于旅游业对夏威夷经济的重要性,其增长放缓和停滞是一个更为严重的问题。在 20 世纪 90 年代,随着经济持续困难,夏威夷试图振兴旅游业。②其主要努力是创建夏威夷旅游局(Hawaii Tourism Authority),其资金来自酒店税(Mak,2008)。该机构于 1999 年提出的首个计划旨在促进游客的到来,使旅游产品多样化,并增加游客的每日人均消费。后者意味着提供更高质量的旅游产品和服务,特别是酒店和度假区。一些关于住宿和整体平均消费的证据表明,不同岛屿选择了不同的发展途径,其中毛伊岛选择了高端市场(Mak,2008)。然而其他证据展现了夏威夷在吸引更多中国游客方面所作的努力,表明最大限度地增加游客到访量仍然比吸引高消费游客更为重要。

1511

＊　阿罗哈精神(Aloha Spirit)是夏威夷文化中非常重要的概念,代表着友善、尊重、关怀与和平。阿罗哈精神强调人际关系的重要性,以及对自然环境和社区的尊重。在夏威夷,阿罗哈精神被视为一种生活方式,指导着人们的行为和态度。——译者注

① 原则上,开发商可以选择以现金(2.5 万美元)支付相当于非旅游工作的等价物。在实际中,还可以通过其他方式来满足该要求。

② 参阅格兰迪(Grandy,2002)对这些努力的讨论。

夏威夷州政府和地方政府也采取了其他行动,包括在檀香山建造一个会议中心,增加营销资金,并采取税收激励措施鼓励酒店装修和建造一个世界级水族馆(Grandy,2002)。这些举措中的每一项似乎都是值得进行计量史研究的事件或政策。有趣的是,马克提供了一个反事实分析的叙述,以评估政府为振兴旅游业而作的努力。他提出了一个问题:1999年用于促进旅游业发展的支出有了相当大幅度的增长,这是不是随后旅游业增长的原因?但他随后放弃了对这个问题的回答,认为这很难确定,因为涉及太多的因素。这些因素包括美国和日本的经济状况、日元兑美元的汇率、亚洲金融危机的持续影响以及尚未发生的危机,如2001年的"9·11"恐怖袭击事件(Mak,2008)。

总的来说,马克对政府计划和政策的作用持保守态度,部分原因是政府并没有对旅游业的发展实施严格的控制。土地使用法是政府控制旅游业发展的主要手段,但其限制作用并不大。[①]那么,为什么私人部门能够在一个有大量外部效益和成本的行业中如此成功?似乎有两个一般性的原因。旅游规划将所有的利益相关者聚集在一起,帮助居民了解旅游业的作用和价值,并帮助形成夏威夷旅游产品的共同愿景。也许更重要和更具体的是,夏威夷一些主要私人旅游开发项目已经考虑到了我们通常所认为的外部性,如保护或增强风景美观度。由于土地所有权的高度集中,这些收益的内部化得以实现。仅72个私人所有者控制着夏威夷46%的土地。最极端的是,一家公司拥有拉奈岛(Lanai)98%的土地。这个曾经是菠萝主要产地的岛屿,在政府几乎没有参与或监管的情况下,被改造成为世界上最独特的度假胜地之一。这些土地所有者有动力去这样做,因为他们可以获得所有的外部收益(Mak,2008)。

结 语

在1967年达斯汀·霍夫曼主演的电影《毕业生》中,有一个鸡尾酒聚会

---

① 参阅布莱克福德(Blackford,2001,ch.3)对土地税问题以及夏威夷原住民土地问题的讨论。

的场景,一个朋友把新毕业生拉到一边,给他提供关于未来的建议,说道:"我只想对你说一个词,就只有一个词……塑料……未来在塑料行业。"如果今天重新拍摄这部电影,或者至少重拍这一幕,提供建议的朋友更有可能会说的是"旅游业"。虽然在标准的产业分类中,旅游业并没有被认定为一个产业,但旅游业如今在每个国家都是一项重要的经济活动,在一些国家尤其如此。虽然旅游业的重要性在很大程度上是第二次世界大战后出现的一种现象,但它已经存在了几个世纪,因此具有悠久的经济史。然而,经济史学家和计量史学家在这一领域的研究并不多。

在旅游业中,计量史研究具有很大的潜力。第二次世界大战后,随着旅游业重要性的增加,相关数据也越来越丰富,因此有大量的原始资料可供利用。而战前时期的数据较为稀缺,但这正是计量史学家所喜欢解决的问题,他们既要扩大统计数据库,又可以利用富有想象力的技术来处理有限的数据。

其他经济学家已经开始从人们普遍感兴趣的角度来进行旅游研究,如对价格和收入弹性的估计,以及检验旅游增长可以推动更广泛经济增长这一假设的有效性。尽管这些研究并不属于经济史范畴,但它们确定了相关的时间序列和数据来源,并强调了当前所面临的问题,而这些问题将从更长期的历史视角中获益。

我们还试图证明,存在一些有趣的长期研究可供开展。我们聚焦于海滨旅游的历史,从英国海滨度假地的兴起开始,随后该市场的大部分转移到西班牙和其他地方的大众旅游度假地,以及夏威夷旅游业的兴起及其对该州经济的影响。在这两个案例中,学者们已经评估了旅游业合适的测量标准,评估了可用的数据,并汇编了相关统计数据。尽管如此,计量史学家们还有许多工作要做。量化评估造成海滨度假行业增长和分布的各种因素的相对重要性,这只是其中一项工作。此外,还可以对旅游业发展进行反事实分析。如果夏威夷的产业发展没有如此严重地转向旅游业,它是否会更加繁荣?如果英国的海滨度假地(如果有的话)没有开展度假业务,哪些英国海滨地区可能会发展更好?

在旅游业的历史中,还有许多其他我们没有涉及的话题,但这些话题可能会吸引计量史学家。一个经济体向旅游业的转变对劳动生产率和工资水平有什么影响，对女性劳动力参与的影响是什么？转向旅游业是否会减少或增加环境破坏的可能性？旅游业的增长能否无限期地持续下去，还是因为其对居民人口的影响而不可避免地停滞不前？在旅游业的各个方面，创建新的数据库，应用最新的统计技术进行分析，并运用经济理论——计量史学已准备好为旅游业相关研究作出贡献。

参考文献

Adams, P. D., Parmenter, B. R. (1995) "An Applied General Equilibrium Analysis of the Effects of Tourism in A Quite Small, Quite Open Economy", *Appl Econ*, 27:985—994.

Anastasopoulos, P. G. E. (1984) "Interdependencies in International Travel: the Role of Relative Prices: A Case Study of the Mediterranean Region", PhD. Dissertation, New School for Social Research.

Babbie, E. (1972) *The Maximilian Report*. Citizens for Hawaii, Honolulu.

Balaguer, J., Cantavella-Jordà, M. (2002) "Tourism as a Long-run Economic Growth Factor: the Spanish Case", *Appl Econ*, 34:877—884.

Beatty, C., Fothergill, S. (2003) "The Seaside Economy: The Final Report of the Seaside Towns Research Project", Sheffield Hallam University, Centre for Regional Economic and Social Research.

Beatty, C., Fothergill, S., Gore, T., Wilson, I. (2010) "The Seaside Tourist Industry in England and Wales", Sheffield Hallam University, Centre for Regional Economic and Social Research.

Bhagwati, J. (1988) "Export-Promoting Trade Strategy: Issues And Evidence", *The World Bank Research Observer*, 3(1):27—57.

Blackford, M. (2001) *Fragile Paradise: The Impact of Tourism on Maui, 1959—2000*. University Press of Kansas, Lawrence.

Blake, A., Sinclair, T.M., Campos-Soria, J. A. (2006) "Tourism Productivity: Evidence from the United Kingdom", *Ann Tour Res*, 33(4):1099—1120.

Box, G., Jenkins, G. (1970) "Time Series Analysis: Forecasting and Control", Holden-Day, San Francisco.

Brida, J. G., Cortes-Jimenez, I., Pulina, M. (2016) "Has the Tourism-led Growth Hypothesis Been Vali-dated? A Literature Review", *Curr Issue Tour*, 19(5):394—430.

Brown, D. (1995) "The Twentieth-century Tour: The Decline of The Great Hotels", in Tolles, B. (ed.) Historical New Hampshire. New Hampshire Historical Society, Concord, pp.125—140.

Burk, K. (2005) "The Grand Tour of Europe. April 5 Lecture at Gresham College", https://www.gresham.ac.uk/lectures-and-events/the-grand-tour-of-europe. Accessed 27 Jan. 2018.

Business Research Division (1969, 1971, 1973, 1975, 1978, 1981, 1984) "Travel Trends in the United States and Canada", University of Colorado, Boulder.

Capo, J., Riera, F. A., Rossello, N. J. (2007) "Tourism and Long-term Growth: A Spanish Perspective", *Ann Tour Res*, 34(3):709—726

Carter, S., Gartner, S.C., Haines, M.R., Olmstead, A.L., Sutch, R., Wright, G.(eds.) (2006) *Millennial Edition of Historical Statistics of the United States*. Cambridge University Press, New York.

Casson, L. (1974) *Travel in the Ancient World*. George Allen & Unwin, London.

Chan, F., Lim, C., McAleer, M. (2005) "Modelling Multivariate International Tourism

Demand and Volatility", *Tour Manag*, 26(3): 459—471.

Christensen, L. R., Jorgensen, D. W., Lau, L. J. (1975) "Transcendental Logarithmic Utility Functions", *Am Econ Rev*, 65 (3): 367—383.

Cocks, C. (2001) *Doing the Town: The Rise of Urban Tourism in the United States*, 1850—1915. University of California Press, Berkeley.

Cooper, C. (1997) "Parameters and Indicators of the Decline of the British Seaside Resort", in Shaw, G., Williams, A. (eds) *The Rise and Fall of British Coastal Resorts: Cultural and Economic Perspectives*. Mansell, London, pp.79—101.

Costa, D. (1997) "Less of a Luxury: The Rise of Recreation since 1888", NBER Working Paper 6054.

Crouch, G. I. (1994) "Demand Elasticities for Short-haul Versus Long-haul Tourism", *J Travel Res*, 33(2):2—7.

Crouch, G. I. (1995) "A Meta-analysis of Tourism Demand", *Ann Tour Res*, 22 (1): 103—118.

Culiuc, A. (2014) "Determinants of International Tourism", IMF Working Paper.

Deaton, A., Muelbauer, J. (1980) "An Almost Ideal Demand System", *Am Econ Rev*, 70(3):312—326.

Demetriadi, J. (1997) "The Golden Years: English Seaside Resorts 1950—1974", in Shaw, G., Williams, A. (eds.) *The Rise and Fall of British Coastal Resorts*. Mansell, London, pp.49—78.

Dulles, A. (1965) "America Learns to Play", Appleton-Century-Crofts, New York.

Dupont, B., Weiss, T. (2013) "Variability in Overseas Travel by Americans, 1820—2000", *Cliometrica*, 7(3):319—339.

Dupont, B., Gandhi, A., Weiss, T. (2011) "The Long-term Rise in Overseas Travel by Americans, 1820—2000", *Economic History Review*, 65(1):144—167.

Dwyer, L. (2015) "Computable General Equilibrium Modelling: An Important Tool for Tourism Policy Analysis", *Tourism and Hospitality Management*, 21(2):111—126.

Forsyth, P., Dwyer, L., Spurr, R. (2014) "Is Australian Tourism Suffering Dutch Disease?", *Ann Tour Res*, 46:1—15.

Fowler, W. M. Jr (2017) "Steam Titans: Cunard, Collins, and the Epic Battle for Commerce on the North Atlantic", Bloomsbury, New York.

Frechtling, D. (1976) "Proposed Standard Definitions and Classifications for Travel Research. Marketing Travel and Tourism, Seventh Annual Conference Proceedings", Travel Research Association, Boca Raton.

Fujii, E., Khaled, M., Mak, J. (1985) "An Almost Ideal Demand System for Visitor Expenditures", *JTEP*, 19(2):161—171.

Gatt, W., Falzon, J. (2014) "British Tourism Demand Elasticities in Mediterranean Countries", *Appl Econ*, 46(29):3548—3561.

Grandy, C. (2002) *Hawai'i Becalmed: Economic Lessons of the 1990s*. University of Hawai'i Press, Honolulu.

Gunter, U., Smeral, E. (2016) "The Decline of Tourism Income Elasticities in a Global Context", *Tour Econ*, 22(3):466—483.

Hawaii Department of Business, Economic Development & Tourism. http://dbedt.hawaii.gov/. Accessed 12 July 2018.

Jakle, J. (1985) *The tourist: travel in twentieth-century North America*. University of Nebraska Press, Lincoln.

Kass, D. I., Okubo, S. (2000) "U.S. Travel and Tourism Satellite Accounts for 1996 and 1997", *Surv Curr Bus*, 80:8—24.

Keum, K. (2010) "Tourism Fiows and Trade Theory: A Panel Data Analysis With the Hravity Model", *Ann Reg Sci*, 44(3):541—557.

Kimura, F., Lee, H. (2006) "The Gravity Equation in International Trade in Services", *Rev World Econ*, 142 (1):92—121.

Krueger, A. (1980) "Trade Policy as an Input to Development", Am Econ Rev, 70(2):

288—292.

Lim, C. (1997) "Review of International Demand Models", *Ann Tour Res*, 24(4):835—849.

Lim, C.(1999) "A Meta-analytic Review of International Tourism Demand", *J Travel Res*, 37(3):273—284.

Lim, C., McAleer, M.(2001) "Cointegration Analysis of Quarterly Tourism Demand by Hong Kong and Singapore for Australia", *Appl Econ*, 33(12):1599—1619.

Lyth, P. (2009) "Flying Visits: The Growth of British Air Package Tours, 1945—1975", in Segreto, L., Manera, C., Pohl, M.(eds.) *Europe At the Seaside: The Economic History of Mass Tourism in the Mediterranean*. Berghahn Books, New York, pp.11—30.

Mak, J.(2008) *Developing a Dream Destination: Tourism and Planning in Hawaii*. University of Hawai'i Press, Honolulu.

Mak, J.(2015) "Creating 'Paradise of the Pacific': How Tourism Began in Hawaii", University of Hawai'i at Manoa, Working Paper no. 15-03.

Manera, C., Segreto, L., Pohl, M.(2009) "The Mediterranean as a Tourist Destination: Past, Present, and Future of the First Mass Tourism Resort Areas", in Segreto, L., Manera, C., Pohl, M.(eds) *Europe at the Seaside: The Economic History of Mass Tourism in the Mediterranean*. Berghahn Books, New York, pp.1—10.

Marrocu, E., Paci, R.(2011) "They Arrive With New Information: Tourism Fiows and Production Efficiency in the European Regions", *Tour Manag*, 32(4):750—758.

McKinnon, R.I.(1964) "Foreign Exchange Constraints in Economic Development and Efficient Aid Allocation", *Econ J*, 74(294):388—409.

Meng, S. (2014) "The Role of Inbound Tourism in the Singaporean Economy: A Computable General Equilibrium (CGE) Assessment", *J Travel Tour Mark*, 31(8):1071—1089.

Morley, C., Rossello, J., Santana-Gallego, M.(2014) "Gravity Models for Tourism Demand: Theory and Use", *Ann Tour Res*, 48:1—10.

Narayan, P. (2004) "Economic Impact of Tourism on Fiji's Economy: Empirical Evidence from the Computable General Equilibrium Model", *Tour Econ*, 10(4):419—433.

North, D.(1961) *The Economic Growth of the United States, 1790—1860*. Prentice-Hall, Englewood Cliffs, NJ.

O'Hagan, J.W., Harrison, M.J. (1984) "Market Shares of US Tourist Expenditure in Europe: An Econo-Metric Analysis", *Appl Econ*, 16(6):919—931.

OECD(2016) "OECD Tourism Trends and Policies 2016", OECD Publishing, Paris. https://doi.org/10.1787/tour-2016-en.

Oh, C. (2005) "The Contribution of Tourism Development to Economic Growth in the Korean Economy", *Tour Manag*, 26(1):39—44.

Okubo, S., Planting, M. (1998) "US Travel and Tourism Satellite Accounts for 1992", *Survey of Current Business*, July:8—22.

Osborne, S., Markowitz, S. (2017) "US Travel and Tourism Satellite Accounts for 2013—2016", *Survey of Current Business*, June:1—6.

Peng, B., Song, H., Crouch, G.I., Witt, S.F.(2015) "A Meta-Analysis of International Tourism Demand Elasticities", *J Travel Res*, 54(5):611—633.

Platzer, M.D. (2014) "US Travel and Tourism: Industry Trends and Policy Issues for Congress", Congressional Research Service, Washington DC.

Richards, G. (1972) "Tourism and the Economy: An Examination of Methods for Evaluating the Contribution and Effects of Tourism in the Economy", University of Surrey, Surrey.

Sakai, M. (2009) "Public Sector Investment in Tourism Infrastructure", in Dwyer,

L., Forshyth, P. (eds.) *International Handbook on the Economics of Tourism*. Edward Elgar, Cheltenham, UK.

Schmitt, R.C. (1977) *Historical Statistics of Hawaii*. University Press of Hawaii, Honolulu.

Segreto, L., Manera, C., Pohl, M. (eds.) (2009) *Europe at the Seaside: the Economic History of Mass Tourism in the Mediterranean*. Berghahn Books, New York.

Serra, A. (2009) "The Expansion Strategies of the Majorcan Hotel Chains", in Segreto, L., Manera, C., Pohl, M. (eds.) *Europe at the Seaside: The Economic History of Mass Tourism in the Mediterranean*. Berghahn Books, New York, pp.125—143.

Shaw, G., Williams, A. (eds.) (1997) *The Rise and Fall of British Coastal Resorts: Cultural and Economic Perspectives*. Mansell, London.

Sinclair, M. T. (1998) "Tourism and Economic Development: A Survey", *J Dev Stud*, 34(5):1—51.

Sinclair, M. T., Stabler, M. (1997) *The Economics of Tourism*. Routledge, London.

Song, H., Li, G. (2008) "Tourism Demand Modelling and Forecasting: A Review of Recent Research", *Tour Manag*, 29(2):203—220.

Song, H., Wong, K. F. (2003) "Tourism Demand Modeling: A Time-varying Parameter Approach", *J Travel Res*, 42(1):57—64.

Song, H., Romilly, P., Liu, X. (2000) "An Empirical Study of Outbound Tourism Demand in the UK", *Appl Econ*, 32(5):611—624.

Song, H., Kim, J. H., Yang, S. (2010) "Confidence Intervals for Tourism Demand Elasticity", *Ann Tour Res*, 37(2):377—396.

Stone, R. (1953) *Cost and Production Functions*. Princeton University Press, Princeton.

Syriopoulos, T. C., Sinclair, M. T. (1993) "An Econometric Study of Tourism Demand: The AIDS Model of US and European Tourism in Mediterranean Countries", *Appl Econ*,

25(12):1541—1552.

Tang, C-H., Jang, S. (2009) "The Tourism-economy Causality in the United States: A Subindustry Level Examination", *Tour Manag*, 30(4):553—558.

Thiel, H. (1965) "The Information Approach to Demand Analysis", *Econometrica*, 33(1):67—87.

Towner, J. (1966) "Tourism History: Past, Present and Future", in Seaton, A. V. (ed.) *Tourism: The State of the Art*. John Wiley & Sons, Chichester, pp.721—728.

Towner, J. (1985) "The Grand Tour: A Key Phase in the History of Tourism", *Ann Tour Res*, 12(3):297—333.

Towner, J., Wall, G. (1991) "History and Tourism", *Annals of Tourism*, 18(1):71—84.

UNCTAD(2017) "Economic Development in Africa: Tourism for Transformative and Inclusive Growth", United Nations, New York and Geneva.

Urry, J. (1997) "Cultural Change and the Seaside Resort", in *The Rise and Fall of British Coastal Resorts: Cultural and Economic Perspectives*. Mansell, London, pp.102—113.

U. S. Bureau of Economic Analysis (2017) https://www.bea.gov/industry/index.htm. Accessed Sept. 2017.

U.S. Census Bureau (various years) "Statistical Abstract of the United States", Government Printing Office, Washington, DC.

U. S. Department of Commerce (various years) "Survey of International Air Travelers Program", Retrieved from https://travel.trade.gov/research/programs/ifs/index.asp.

U. S. Travel Data Center https://www.ustravel.org/. Accessed 12 July 2018.

Valenzuela, M. (1998) "Spain: From the Phenomenon of Mass Tourism to the Search for A More Diversified Model", in Williams, A., Shaw, G. (eds.) *Tourism and Economic Development*, 3rd edn. Wiley, New York, pp.43—74.

Vanegas, M., Croes, R. R. (2007) "Tourism, Economic Expansion and Poverty Reduction in Nicaragua: Investing Co-integration and Causal Relations", Department of Applied Economics, Staff paper series ♯P07-10, University of Minnesota.

Vogel, H. (2016) *Travel Industry Economics: A Guide for Financial Analysis*. Springer, New York.

Walton, J.K. (1983) *The English Seaside Resort: A Social History 1750—1914*. Leicester University Press, Leicester.

Walton, J. (1997) "The Seaside Resorts of England and Wales, 1900—1950", in Shaw, G., Williams, A. (eds.) *The Rise and Fall of the British Coastal Resorts: Cultural and Economic Perspectives*. Mansell, London, pp.21—48.

Weiss, T. (2004) "Tourism in America Before World War II", *J Econ Hist*, 64(2):289—327.

Williams, A., Shaw, G. (1997) "Riding the Big Dipper: The Rise and Decline of the British Seaside Resorts in the Twentieth Century", in Shaw, G., Williams, A. (eds.) *The Rise and Fall of the British Coastal Resorts: Cultural and Economic Perspectives*. Mansell, London, pp.1—20.

Wong, K. F., Song, H., Chon, K. S. (2006) "Bayesian Models for Tourism Demand Forecasting", *Tour Manag*, 27(5):773—780.

World Tourism Organization (2017) UNWTO Tourism Highlights: 2017 Edition https://www.e-unwto.org/doi/book/10.18111/9789284419029.

World Tourism Organization (2018a) About the World Tourism Organization. http://www.world- tourism.org. Accessed 27 Jan. 2018.

World Tourism Organization (2018b) http://www.oecd.org/cfe/tourism/tourism-statistics.htm. Accessed 27 Jan. 2018.

Yazdi, S. K., Khanalizadeh, B. (2016) "Tourism Demand: A Panel Data Approach", *Curr Issue Tour*, 20(8):787—800.

索　引

本索引词条后面的页码,均为英文原著页码,即中译本的正文页边码。

C

D

E

F

W

X

Y

Z

图书在版编目(CIP)数据

创新、交通与旅游业 /（法）克洛德·迪耶博，（美）
迈克尔·豪珀特主编；陈芑名译. — 上海 ：格致出版
社 ：上海人民出版社，2023.12
（计量史学译丛）
ISBN 978 - 7 - 5432 - 3511 - 3

Ⅰ.①创… Ⅱ.①克… ②迈… ③陈… Ⅲ.①工业技
术-技术革新-研究-世界-近代 ②交通运输业-经济发
展-研究-世界-近代 ③旅游业发展-研究-世界-近代
Ⅳ.①F414 ②F511.3 ③F591

中国国家版本馆 CIP 数据核字(2023)第 186177 号

责任编辑 唐彬源
装帧设计 路　静

计量史学译丛
创新、交通与旅游业
［法］克洛德·迪耶博 ［美］迈克尔·豪珀特 主编
陈芑名 译

出　　版　格致出版社
　　　　　上海人民出版社
　　　　　（201101 上海市闵行区号景路 159 弄 C 座）
发　　行　上海人民出版社发行中心
印　　刷　上海盛通时代印刷有限公司
开　　本　720×1000　1/16
印　　张　14
插　　页　3
字　　数　209,000
版　　次　2023 年 12 月第 1 版
印　　次　2023 年 12 月第 1 次印刷
ISBN 978 - 7 - 5432 - 3511 - 3/F · 1542
定　　价　68.00 元